U0399442

汉字王国

讲述中国人和他们的汉字的故事

[瑞典]林西莉　著

李之义　译

生活·讀書·新知　三联书店

写
在
前
面

　　这本书是一个外国人写的——瑞典汉学家林西莉女士，她的瑞典名字是塞西丽亚·林德奎斯特。她上个世纪50年代跟随汉语学家高本汉学习，从那时起就迷上了汉字。她总想弄清楚，一个个汉字为什么是这个样子？那一笔一划代表着什么？它们最初的形式如何？即便是最简单的"一"、"三"、"五"、"七"，在她眼里也充满了神奇。

　　后来她到北京大学学习汉语，并在中央音乐学院学习中国古琴。

　　当她回到瑞典，从事汉字教学时，就决定从汉字早期的形态讲起，并从这些字讲到中国古代人的日常生活，他们的房子、独轮车、衣服以及他们使用的工具，讲到产生这些文字的自然场景：乡野、山川、家畜与植物。结果是，这样的讲解产生了奇效，学生的兴趣大大增加，对汉字的理解也变得轻而易举了。

随着教学和学习的深入，林西莉越来越感到一种巨大的吸引力：为什么人们在田野上并排种植各种不同的庄稼？为什么人们把自来水的开关称之为"龙头"？为什么人们把怀孕叫做"有身子了"？"身"和"孕"有什么关系？为什么许多中国人见了面不问"你好"，而问"你吃了吗"？

她一次一次地回到中国，更多地了解令她越来越感到神秘有趣的一切。

这本书就是林西莉在教学和研究的基础上用了八年完成的。她所讲解的都是一些最基本的汉字，如关于人的身体、水与山、农耕和家畜、车和船、路、酒和器皿、麻与丝、竹与树、工具与武器、房子与屋顶、书籍与乐器……她对每一个字都进行了刨根问底的探讨，并以散文的笔法，写下它们的来龙去脉，阐释它们的美。她还集录了几百幅图片，这些图片直观地表现出相关汉字的造型来源，一目了然。还没有一本关于汉字的书收有这样多指示明确的图片。

由于林西莉从最基本的汉字讲起，从中国古代人的生活和环境讲起，所以她讲述的就不仅仅是文字本身，而且讲述了中国文化。在西方国家，人们把这本书当作了解中国的入门书，从1989年出版以来，已有英、法、德等十多种译本。中文本1998年出版，译者李之义是林西莉的朋友，曾因将多种瑞典著作介绍到中国，受到瑞典政府的褒奖。他说翻译《汉字王国》是一件乐事。

中国原外交部长、国务院副总理钱其琛也注意到了这本书，他曾在一篇文章中写到："最近读到瑞典学者林西莉写的《汉字王国》一书。她在引言中特别指出，从汉字的象形结构中去理解汉字的来龙去脉，就能从汉字的形象中悟得其意蕴，也就能更加理解和记住汉字。她的见解确实很有道理……汉字具有抽象性和形象性、哲理性和艺术性统一的重要特征，是最少争议的连接所有中国人的文化纽带和文化标志。"

由于以上的特点（文字通俗、图文搭配巧妙、选字与古人日常生活密切相关），这本书不但令专家学者感兴趣，即便是中学生、小学生也能看懂。可以说，这是一本有趣、实用的汉语知识读物。

生活·讀書·新知 三联书店编辑部

2008年10月

眷目

小引	8
甲骨文和金文	11
人和人类	23
水与山	55
野生动物	75
家畜	129
车、路和船	147
农耕	171
酒和器皿	211
麻与丝	227
竹与树	243
工具与武器	263
屋顶与房子	285
书籍与乐器	323
数字和其他抽象的字	357
意与声	375
索引	395
译者后记	400

小引

汉字为什么是这个样子？从我50年代末跟高本汉（Bernhard Karlgren）开始学习汉语起，这个问题一直吸引着我。高本汉每教一个字都要解释它的结构以及人们所知道的它的最初形式。他讲汉字的来龙去脉，使它们变得活生生的，很容易理解。当时他本人作为世界最知名的汉语语言学家之一已有几十年，但是他对汉字的热爱仍然充满青春的活力，他以似乎永不枯竭的激情在黑板周围的粉尘中进行着汉字分析。

1961年至1962年我在北京大学学习汉语，后来在音乐学院学习古琴。我惊奇地发现，即使一些受过很高教育的中国人对自己的语言的根也知之甚少。人们在小学、中学和大学机械地进行着汉语教学，却很少加以解释。

我在旅居亚洲和拉丁美洲之后又回到了瑞典，于70年代初期开始从事汉语教学。我发现我的学生的反应跟我过去完全一样——我对汉字的结构和早期的形式讲授得越多，他们越容易理解和记住这些汉字。当我同时也讲解这些文字所来自的那个世界，讲述古代中国人的日常生活——他们的房子、车辆、衣服以及他们使用的工具，讲述产生这些文字的自然场景——乡野、山河、动物与植物时，效果就特别好。

我越深入学习汉字，越被汉字所反映的现实以及我作为学生所看到的但实际并没有理解的一切所吸引。为什么人们要在田野上并排种植各种不同的庄稼?为什么人们把自来水的开关称之为"龙头"？为什么有几百万人在能够住进真正的房子的情况下仍然固执地住在山坡两旁的窑洞里？我如饥似渴地研究这方面的材料，博览群书。技术方面的材料也没少看。我这个学文科的学生本来对这些是不感兴趣的。我一次又一次地回到中国去，更多地了解我还没有搞明白的一切。

每去一次跟汉字的距离就更接近一步。

在将近十五年前我开始写这本书的时候，我的目的是对有关汉字的象形起源做一简明、通俗的论述。但是我很快发现传统解释经常是过时的，特别是还没有人根据近几十年的考古新发现从语言学的角度加以修正。考古在中国是一门年轻的科学，人们在20年代才进行第一批正规的发掘工作，但是随后几十年的内战和外敌入侵使这项工作基本停顿下来，到50年代才恢复。在我的书中是首次根据那个时候以来发现的大量考古资料讨论汉字的核心部分。

在我生活的很长时间里，我把自己首先看做是艺术史家。对我来说寻求汉字被创造时的外观和实物来进行解释是很自然的。

在考古材料中，人们常常看到一些形象，它们与最初的汉字形态表达了对于现实的相同的认识。我的书是第一次系统地表述这种情况。

一旦注意到这些形象，人们就会发现，它们在以后的几千年中反复出现。中国文化有惊人的连续性。直到今天人们在广告、民间艺术和周围的日常生活中，还能看到一些画面，它们在把握和反映现实的方面与三千多年以前的文字创造者们完全相同。

但是它们是书面语言的基本要素，就像化学周期表中的基本元素一样，反复出现在新的和引人入胜的结构中。一旦逐个地认识了它们，它们不仅会成为理解书面文字的钥匙，而且也有助于了解这些文字被创造时的实际和今天中国的生活。

应该着重指出，汉字书面语言中的语音成分在早期也有发展。书面文字与口语之间的复杂关系不是本书讨论的内容。但是我仍然用特别的一章（《意与声》）来讨论与此有关的令人感兴趣的问题。高本汉的有关著作对于再现汉字的语音起源也是至关重要的。

本书的中心是讲述一个"故事"，这就是在汉字的起源及其发展中的中国文化史。我选择了使用自己的话讲述这个"故事"，而不采用学究式的论文体，它是我个人经验、经历和观点的一部分。

林西莉

由昌文和变文

这个汉字的意思是太阳，最初它是一幅画。

这个汉字的意思是月亮，最初它也是一幅画。

何以见得？

了解汉字的起源主要有两个来源：甲骨文和金文

甲骨文

1899年的一个夏日，《老残游记》的作者刘鹗到北京达仁堂中药店为患疟疾而住院的朋友王懿荣买药。这副药里包含一种几个世纪以来就有的普通成分"龙骨"。刘鹗站在那里，看着把"龙骨"捣碎。他惊奇地发现，骨上有类似汉字的刻纹！

王懿荣的烧一退，两位先生就进城把北京各家药店的每一块骨头都买下来。在这些骨头上一共刻有一千零五十八个奇怪的古老文字，比当时人们了解的任何文字都古老。

当时中国人对自己文字起源的了解主要来自成书于公元121年左右的《说文解字》，该书对大约九千个字做了一般性解释。在一千六百多年当中，中国的学者很敏锐但也很刻板地持续讨论《说文解字》对这些字的解释，而没有多少新的资料来源。一层又一层的解释文章摞起来像一座小山那么高。

北京中药店里的"龙骨"第一次直接触及古代文字的起源。我们可以看到，人类在很久以前把太阳写成这样：

把月亮写成这样：

中国文明可能不是最早的。据我们所知，古埃及和两河流域的人们定居下来更早，他们饲养家畜和发展文字。但是苏美尔、巴比伦和亚述很早以前就消失了。相反，今日中国文明则是六千至七千年前诞生在黄河流域的那种文明的延续。

今天已经没有人使用苏美尔人的楔形文字或者埃及人的象形文字，但是今天中国的汉字直接建立在最早出现于中国的文字的基础上。在很多情况下汉字和这些古老文字仍然很相近，只须稍做解释中国人就能明白。

因此当1903年刘鹗以《铁云藏龟》的书名发表自己的甲骨文著作时引起轰动也就不足为怪了。

当时人们对甲骨的来历和年代都一无所知。但是活跃的语言学家，特别是活跃的文物商人向安阳郊外的小屯蜂拥而去，充满传奇色彩的商朝最后一个国都公元前一千多年以前就坐落在那里。

在小屯附近有一个大土堆，穷苦的农民在那里挖"龙骨"，拿到城里的中药店去卖。从公元500年以来他们一直那样做，但是人们自始至终没有注意到上面刻的文字。可能是因为农民自己不识字，他们经常磨去上面的字，以便使骨头更光滑，更容易卖。

1928年对小屯的挖掘是中国历史上首次这方面的科学性挖掘。人们发现了丰富的兽骨和龟甲，统称为甲骨。商王确信自己死去的祖先的灵魂在苍天神灵的周围，当他想与他们的灵魂联系时就使用甲骨占卜。通过灵魂的传递，商王可以向祖先提出问题和愿望，包括征战、狩猎、建筑和祭祀、天气、年成的丰歉、梦兆和生老病死等等。

问卜的人磨光一块骨头，通常是一块牛的肩胛骨或龟的腹甲，在上面挖一排一排的深槽。他们大声地向祖先喊着商王的问题，同时将一根烧得通红的铜棒放到槽里。由于太热甲骨会出现裂纹并发出清脆的响声——人们称做甲骨"说话"。从裂纹当中问卜者能读出答案。他们事后经常把问卜和答案都用刀子刻在所用的甲或骨上，有时候还记录占卜的结果应验还是不应验，然后人们把它们存起来。

人们在龟腹甲上钻洞。在假想的中轴线两侧对称地排列着长串的洞。它们是由一种较长的椭圆形洞和一种较小的圆洞组成。其目的是使甲壁变得薄一些，当烧灼的铜棒放到洞内时比较容易裂开。钻洞要求很高的技巧，因为洞的形状反过来能够决定裂纹的方向和形状。最重要的是不能把壁钻透。每个洞底都必须留有一层很薄的甲壁，不到半毫米厚，因为祖先对王的回答将以裂纹的形式表现出来。

人们一般是从上至下或从右至左书写。时至今日许多中国人还是这样写。

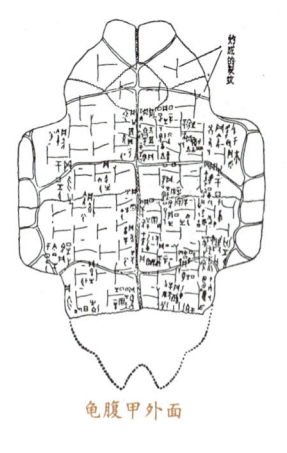

龟腹甲外面

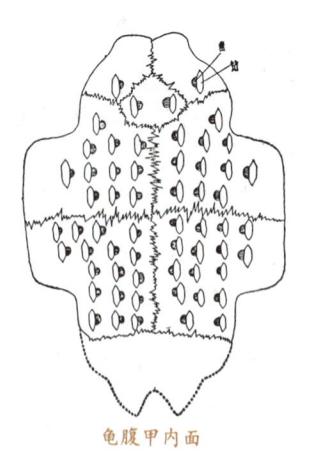

龟腹甲内面

商王的问题写在甲的外面，人们还可以看到上面出现的裂纹。卜字就是这样的裂纹。人们今天写这个字与三千多年前写的十分相像。字形的区别主要是因为人们不再用刀刻字，而是用柔软而圆润的笔蘸着墨写。

古代这个字读"噗"——当甲骨裂开，龟讲话时就发出这样的声音。

这些甲骨文清楚地反映了龟背甲骨上的细小裂纹

大约在公元前1100年——最近有人说是1027年——商朝灭亡。档案馆、祖庙和其他建筑全部坍塌。当洹水河泛滥时，废墟上盖了一层厚厚的细黄的淤泥。所有的东西都被埋没了三千年。

根据最近的统计，在小屯及其附近地区进行的各种挖掘中，人们共找到大约十七万五千块甲骨，其中大约有五千块有卜辞。一直放在我的写字台上的辞书《甲骨文编》收录了四千多个字，其中有三分之一的字在1934年的辞书出版时已经被人们确认。此后又有一定数量的字被确认，但时至今日，仍然有半数的字人们无法确切知道它们的含义。

占卜仪式和对祖先的祭祀占商王们很大一部分时间。一年里分为很多节期，每个节期六十天，而每一天都要按照某种固定的程序祭祀不同的祖先。为了保证计划的祭祀仪式令祖先满意，事先要询问祖先。

狩猎、征伐和收成的丰歉等等都要举行占卜仪式。他们每十天都要求知道未来的节期将会发生什么。有一个大约公元前一千三百多年以前商武丁年间的卜辞包括商王的问、甲骨的答和一个应验情况的记载。

在"癸巳日"商王询问：

"最近十天会发生灾难吗？"

占卜人读甲骨上的裂纹说：

"会有灾难。可能有令人不安的消息传来。"

到了第五天丁酉，果然从西部传来令人不安的消息：

"土方围困我们东部边境，已经攻击两个村庄。土方还掠夺了我们西部的田野。"

卜辞

本书所有甲骨文都是按原大复制的

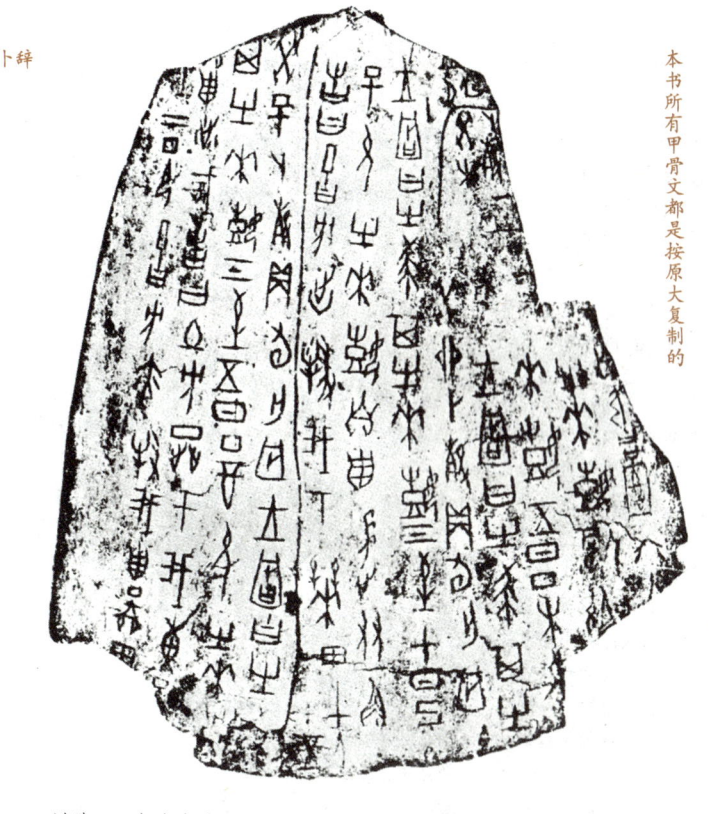

　　刘鹗1903年发表的甲骨卜辞使用的是一种复制的方法，通常称做拓片，很像儿时我和我的小伙伴儿玩儿过家家，我们做一些买东西的纸钱：把纸放在一个真正的硬币上，用一支软铅笔在上面不停地画，直到硬币上的图案显现出来。

　　中国人现在还用这个方法，每当他们休闲时，在公园或寺庙看见好看的雕刻就神不知鬼不觉地做拓片。文字一般都深深地刻在石头上，就像把甲骨文刻在龟甲和牛的肩胛骨上一样，很容易复制。

　　人们在制作真正的拓片时，把一张稻草做的薄薄的、湿润的纸放在要复

制的东西上，仔细地把纸按到底，要使纸接触所有的凸面，然后拿一个圆垫蘸上墨水，在上面拍打或涂抹，使墨水分布均匀。要求手劲既轻又稳，不能使墨水流到凹面，以免把应该是白的地方变黑。当纸稍微干一些的时候，小心地把纸揭下来——拓片就做好了。这时候文字是白色的，周围的面是活灵活现的黑色，石头或甲骨上凹凸不平的地方都能显露出来。

绝大多数表面凹凸不平的东西都能用这个办法复制——如斧头、刀子、硬币、浮雕，甚至圆形的青铜器皿——但是要求很高的技巧。这种拓片比照相或绘制更清楚，看上去会有一种身临其境的感觉。这本书里的很多插图就是这样的拓片。

《铁云藏龟》里的拓片，1903

金文

1928年至1937年在安阳城外的发掘主要是为了寻找甲骨文，但是人们也发现了大量惊世的精美青铜器。这些青铜器的使用都与当时人们用美酒佳肴祭祀祖先的神灵而举行的仪式有关。

宋朝（960—1279）以来中国的知识分子收集了很多古代青铜器进行研究——特别是研究上面的铭文。直到发现甲骨文，人们才有了能够解释汉字起源和发展的唯一的材料。安阳的发掘使专家们第一次获得了大量纯正而又清楚标明年代的青铜器。这些发现不仅为人们能够重新确立中国古代史，而且也为确立中国文字历史奠定了坚实的基础。

铭文经常只有一个字，可能是姓氏或族徽。但是也有比较长的，记述器皿问世的经过，谁下令制作的，为了纪念某个人或某个事件。据20世纪70年代统计，大约有五千件带有铭文的商周青铜器，铭文中出现过近两千个与今天的汉字相对应的各种金文，还有一千多个被认为是族徽，没有相应的现代汉字。

铭文的"太阳"是这样写的：

而"月亮"是这样写的：

半坡博物馆展台上的陶片

　　这些出现在商代青铜器上的文字比甲骨文更具有形象性。从事数十年古文字研究的学者董作宾认为，人们应该把金文看做商代较古的文字，而更简洁和抽象的甲骨文年代较近。

　　其他学者认为，人们有意识地在青铜器上使用一种早已过时的文字，以达到装饰的作用，就如同人们今天刻印章时仍使用古老的字体一样。制作方法也可能有自己的意义：甲骨文是用刀子刻在坚硬的甲骨上，而金文则借助一把勺子在柔软泥土制成的模子上浇铸成型。

　　商朝灭亡以后，人们几乎完全停止使用甲骨占卜。但是在以后的八百多年中人们继续浇铸青铜器祭祖。在这漫长的时间里金文的形式也在简化，到周朝后期，明显的古老形象早已消失殆尽。

　　本书中所有的金文都是来自青铜器，按原件大小复制；为了能够感觉它们，用棕色印刷。

　　无论在青铜器上还是在甲骨上，我们遇到的文字都是高度发展的，一定都有过一段很长的前期发展史，不管它的样子显得多么原始。不过对于这种前期发展史我们只是一知半解。人们在西安郊外的半坡村发现了刻画符号的彩陶陶片，与某些文字很相似。经碳14测定，陶片被确定为公元前4800年至公元前4200年制作的。部分学者确信，这些刻画符号是甲骨文和金文的前身。另一些学者认为，这不是文字，而是陶器的制造者于烧制前在泥土上绘的图形或符号，以便较容易地确认是为谁家制造的。这个问题至今还是个谜。

安阳附近最初的发现地点至今仍未发掘完毕。1976年人们在离祖庙不远的地方发现了武丁的妻子妇好的墓。它是迄今为止发掘的所有商代墓室中葬品最丰富、保存最完好的，也是唯一一个与著名历史人物有直接联系的。

1984年夏季的一个上午，我与安阳考古所首席考古学家郑振香一起到妇好墓去。路边只有一个简单的路标。墓地所在的田野上，空气湿润，麦子和玉米长势旺盛。附近有几个农民正在耕地。

"现在是盛夏，"我说，"为什么他们现在耕地？"

"在这片田地下面"，她说，"我们又找到一个墓地。它比妇好墓大得多，位于地下十四米处。但是当我们发掘的时候遇到了麻烦。在九米深处我们发现一个流着地下水的沙层。我们认为，我们现在拥有的手段无法把水引开，从而避免淹没墓地。所以只好把土填回去。"

"很清楚，我们想知道到底这是谁的墓，"她继续说，"很可能是武丁王自己的。但是有消息说每天都有三千件新发现的文物送到全国各地的博物馆，终年都是这样，首先必须考虑它们。这个墓埋在地底下。总会有一天我们能把它发掘出来。"

中国古代史的绝大部分埋在地下，无人知晓和未经研究。但是与刘鹗1899年到药店买药时人们所知道的东西相比，一个全新的世界已经展现出来：古汉字世界。

小篆　　　　隶书　　　　楷书　　　　行书　　　　草书

在我们开始人类与人体有关的汉字一章之前，仅补充一点。金文是汉字第一种标准字体小篆的源头。小篆在公元前200年被确定下来。当时秦始皇征服了黄河流域的一批小国，为了巩固自己的统治并且有效地治理国家，他下令进行一系列改革，其中包括统一文字。

在此之前，不同的王国字体各异，但是现在人们给三千个常用字规定了一种统一的形式。小篆字体优美，直到今天人们仍然以装饰为目的经常使用，如印章等。但是，日常使用起来，小篆显得很呆板，所有的笔画都一样宽，所有的字都一样大，局限性很强。因此没过多久，就出现了一种新的更加自由的字体——隶书，它又成为另一种新字体楷书的起点。从汉末到现在楷书一直是中国的标准字体。我们在这章首页看到的"日"和"月"两个字就是用楷书字体写的，本书选的其他字也是这样。

一般来说，人们在汉朝开始用毛笔蘸墨书写。毛笔有其独一无二的柔性，只要稍微改变对纸的压力，就能使笔画变细或变粗。这就又引出两种更自由的字体：草书和行书。不管它们怎么龙飞凤舞，都离不开楷书，是楷书的速写形式。

直到1949年革命成功以后，新政府面临着教会几亿人读书写字的巨大任务时，才推行文字改革，这是自秦始皇以来的第一次。在50年代人们简化了二千二百个汉字。有很多是过去几百年常用的简体字，但从未被官方认可；还有一些是新规定的。很多新的简化字引起学界强烈不满，出现了繁简字体并存的局面。毛泽东和朱德这些革命家坚持使用未简化的繁体字，很多知识分子也是这样。但是在乡村的农民当中——50年代文字改革家们主要考虑的对象——简化字被迅速推广开来。

丫头片子

（注：本书中的古字，黑色字表示甲骨文，棕色字表示金文）

人

　　很多最古老和最清楚的字都是人类与人体不同部位的形象。就让我们从"**人**"字开始。在我不知道古代的汉字是怎么写的时候，我认为人字是腿的形象，我看见前面的路上有一个人在大步往前走。但是我错了，当我了解了甲骨文和金文是怎么样写的以后，我发现"人"字是人的剖面的形象。她直立着，手下垂或者轻轻举到前面。个别的情况下头朝前一些，但是在绝大多数情况下仅仅能看到身体，就像从稍远的地方看大街上或者田野上的一个人一样。

站立着的人。新石器时期的泥塑。
东方博物馆，斯德哥尔摩。高十厘米。

"人"字出现在很多合成字里。它经常以在古代中国谁都明白的形式出现，尽管已经过了三千年。

旁边的泥人比甲骨文还要早些，但是与安阳郊外小屯村出土的甲骨文属同一时期。这个面目友善的小人歪着头站在那里呼喊着，目光有点呆滞。耳朵很大，长发梳到脑后，盘成发髻。手臂很长，此时无事可做，垂下来，抱着身体。

这是中国艺术中最早表现人物的作品之一，简单得像一个字。

从

通过把人字上下颠倒或转动以及把人字与人字组成不同的结构，古代中国人创造了很多新字：两个人，一个跟着一个，组成"**从**"字。在甲骨文和金文中，两个人有时候朝左走，有时候朝右走。在公元前200年统一文字之前，字形不稳定的情况是常见的。

化

两个人，一个在上，一个在下，好像两个人磨破了脚躺在那里，意思是变化。它还可以组成"**化学**"——化学是关于物质变化的学说——它还可与别的字组成与变化有关的很多词。

两个人站在一排：**比**。

最下边的两个人背靠背，面朝相反的方向。这个字的最初的意思是背后、后面，但是随着时间的变化，它有了"**北**"的意思。这与中国的民居和其他场所都是坐北朝南有关。这个传统可以追溯到文明之初，在地理现实中可以找到根据。寒冷的西伯利亚大风和春天蒙古高原的黄色沙暴都来自北面。人们为了保护自己就要背对着它们。北面是后边，是背后，是黑暗和寒冷。因此人们面朝南，对着太阳，连皇帝上朝理政时也总是面南背北。

我们在"**大**"字里看到一个人，叉着腿，伸着双臂，好像一个守门员等着接球。或者仅仅为了引人注意而吸足了气以显示自己伟大？

同一个形象，上面又加了一个笔画，组成"夫"字。人们认为这一笔画是为了把成年人的头发别起来的簪子。

但是簪子并不像"夫"字暗示的那样使用，不仅男人不使用，在很大程度上女人也不全使用，这一点在商周的墓室出土的文物中可以得到证明。发髻和簪子标志着成年了，很像过去姑娘一把辫子盘起来就意味着结婚了。发簪标志着一个界线。地位越显赫的人发簪越多越精美。商王武丁的妻子、妇好墓的主人就有七种不同样子的四百九十九根发簪，足够梳成多种漂亮的发型。

在一般情况下人们使用简单的磨圆的骨簪，但是也有出席官方仪式的发簪，在这类发簪的顶端装饰着美丽的玉球，通常采用鸟的形式。这些发簪属于最早几代王朝墓室中通常的出土文物。人们借助它们出土的数量和多种不同的形式差别来判断出土文物的地点及年代。

在妇好墓出土的近两千件文物中，人们找到了两个玉人，一男一女。他们的腿稍曲，正面对着我们。男人的双手顺着大腿直接垂下，女人满不在乎地向观众亮出自己的性器官。

商代妇好墓出土的玉人，
安阳，高十二点五厘米。

　　我们在"大"和"人"字里看到的一个人向两侧平伸双臂的形象也出现在其他字里，例如**夾**字。我们看到三个人，中间一个大人，侧平伸着双臂，两边各有一个小剖面人，用力支撑着。

　　在"**立**"字中，我们看到那个人双腿平稳地站在地上，地作为一横显得很突出。在甲骨文和金文中这个形象很清楚，容易理解。但是因为这个字的字形很早就变化了，人们没有看到过这个字的最初形式，所以很难理解它为什么是"立"的意思。

　　"**交**"字也是这样，最初的形象是一个人交叉双腿。很早以来这个字的意思转化了，有了"结交"、"交流"和"交通"的意思。

与"人"和"大"字有密切关系的是"天"字。后来也指苍天，自然界万物和人类世界的最高主宰者。

人们从什么时候开始崇拜苍天，现在还不清楚。但甲骨文中有这个字就表明早在商代就已经开始了。从周朝初期，这个字就与社会生活联系密切。帝王被视为天子，其任务是统治国家。这个说法一直延续到辛亥革命君主制被推翻。

甲骨文中的"天"字头是方的，或者仅是一道，而金文则更写实，一个大人，长着健壮的圆脑袋。

人的眼睛的造型非常有特点，这种特点不仅出现在其他动物雕塑和相同时期装饰于一些铜器的兽类假面上，也表现在"目"字上。同样大的眼虹膜，同样长的曲线，一直伸到鼻根。由于公元前200年的统一文字，"目"的右上角高起来的所有线条都变成了直的。尽管如此，人们不需要太多的想象就能在今日"目"字的后面看到古代的"目"字。

　　这里坐着一个小人，可能是一个奴隶，双手虔诚地放在膝上。他眼睛很大，目光朝上，好像坐在那里已经很久，等待着什么。这件仅有五厘米半高的雕塑出自妇好墓，三千二百年前妇好被埋葬时所带的陪葬品有她来世需要的一切，仆人、礼器、铲子、战斧（她本人是有名的统帅）、玉饰和象牙雕刻品。

商初青铜器上的兽形假面。拓片。

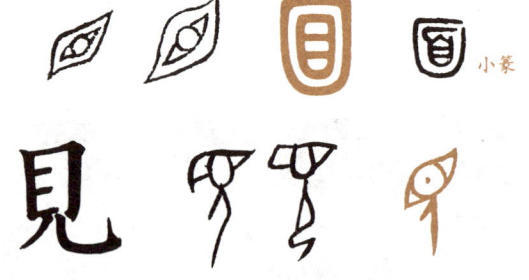

小篆

一个站着或坐着的人和一只大眼：**见**。

眉

一只眼睛上有睫毛：**眉**。

最古老的"眉"字一般只局限于眼睛本身和眉毛，但是在很多甲骨文上我们可以看到整个人。那个人跪着，很像那个小奴隶。身子很小，但眼睛和眉都很大，从而起到夸张作用。同样的形象也出现在金文里，由于某种原因它的意思未被确定。我自己认为它仍然是眉的意思。我们在其他眉字里看到的一切主要部分这里都有。在金文中这个字的作用是表示姓氏。青铜器的拥有者可能由于自己不同寻常的浓眉而有了这个姓氏吧?

面

人面。小屯考古所，1984。

眼的形象也是"**面**"字的出发点。在甲骨文上，眼的周围是荒无人烟的大地。面皮一直上升到眉，向下到面颊，整个面孔就是一个平面，它起到目的背景作用，是面的最有特点的部分。

我第一次实际接触到"面"字和看到它简洁得多么富有天才性，是在安阳郊外的小屯考古所。这一天人们在修复挖掘中发现的各种文物。在一个展台上有一些沾着薄薄尘土的展品，它们反映了三千多年以前生活在这个地区的一个人的生活片断，其中有一个面模及其复制品放在绸布上。这是一个为数不多且保存完好的商代真人像。是一个死人面模? 可能，谁能保证呢，也许是个随葬的奴隶或驭手。

我现在仍然不知道我为什么如此被这张面孔所吸引。可能仅仅因为在各种陶片、铜制箭头和战车护板当中，我遇到了一个活人——她当然是死人的苍白的脸上长着一双迷蒙的眼睛，紧闭的嘴和高高的颧骨——开朗然而不能交流。这张相片一直吸引着我。我把它挂在写字台前的墙上，我们两张脸天天越过漫长的时代而相遇。

"耳"字的第一个统一形式。小篆。

"耳"字出现在甲骨文和金文中则有多种不同的形式，差别相当大。有些猛一看与耳朵的形状相差甚远，但是考虑到外耳七扭八歪的构造，那些字形的样子也就不足为怪了。

金文的"耳"字上的很多最具特性的线条——比如上耳和下耳的柔和的曲线——再现于上面人耳的图像中。该图像选自1905年出版的一本中国百科全书。

最初几个朝代有明文规定人们应该怎么把握和再现实物的不同部分。不管是造字还是画图都出自某种形式的直观。因此文字和艺术装饰的各种不同形式之间经常有很大雷同。

秦始皇时代"耳"字有了最初的统一形式。这种形式与甲骨文和金文有很大差别。但它是"耳"字的雏形。

商代后期青铜器上的人面。拓片。

初夏的一天，我沿着北京的北海骑车，在人行道旁遇到这样一出小小的插曲。在老城区的许多地方房屋建在高出马路的台阶上，孩子们坐在外边写作业，老人缝衣服等等。在房子的外面有人修了特别好看的小花圃，和双人床差不多大小。玫瑰飘香，蔓生植物爬向屋顶。在架子上有仙人掌和兰花，还种着几盆青蒜。墙上有鸟笼，小鸟争相鸣叫，好像要超过汽车声和丁丁当当的自行车铃声。

每次经过这里，我总是慢慢骑，以享受这伊甸园式的情调。这一天，一家人正坐在小板凳上吃晚饭，我跳下车，和他们谈论起花。

"是谁修了这个花圃？"我问。

男人自豪地笑了，指着自己的鼻子：是我。

在相同情形下，我们瑞典人可能会轻轻拍拍胸脯，但中国人恰恰是指着鼻子。这种手势由来已久，因为汉字的"自"最初的意思是"**鼻**"，是一个鼻子的正面图，有鼻翼和鼻梁。我们西方人的鼻子比面部突出很多，所以我们考虑它自然会想到侧面。中国就不是这样，那里绝大多数人的鼻子在脸上并不突出，对他们来说正面图最能表现鼻子的特征。

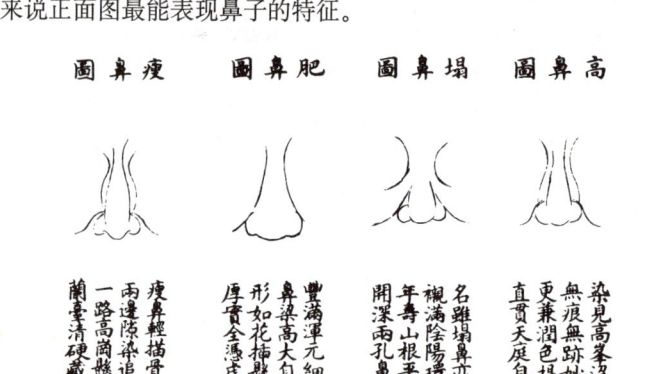

1818年出版的画各种鼻子的范本，有高鼻、瘦鼻、肥鼻、雀斑鼻、塌鼻、蒜头鼻，它们都是从正面看时的样子。

这是个"**口**"字，第一眼看上去像孩子画的一张大笑的嘴。兴奋的嘴角现在已经消失。它看起来可以是任何四方的东西。它转义可以变成"开口"的口，"入海口"的口，与其他字组成合成词"门口"、"出口"和"入口"等等。

人口

在古代要让所有的人都吃饱是很困难的，孩子们经常站在那里，张着饥饿的口等着吃的东西。想到人自然想到填饱口。在语言当中保留它作为纪念。在中国，当有人问我家有多少人时，我回答我们有四口——而不是我们瑞典语中的四"个"。我看到孩子们饥肠辘辘地等着我带着食品袋回家做饭。

居民在中文里叫人口。现在中国有十亿多人，十亿多张口要吃饭。

一点东西在口里就成了"甘"字，意思是甜，好吃。

我们在早期文字里见到的再现眼睛、眉毛和耳朵的同样内容也表现在一把同时代铜钺的沉重铜片上。这张脸狰狞而凶残，它也许与用人殉葬有关系。人们在一个王公的大墓进口处发现了这把铜钺，再往里，在死者周围放着来世继续跟随他的四十八个殉葬的人。

铜钺上的龇着稀疏的方牙的嘴极像甲骨文里的"齿"字，但是这个字很早就变形了，1950年代文字改革以后这个戏剧性的古老形象已经荡然无存。

人面镂空铜钺。山东省博物馆，济南。

心

"心"字的样子现在似乎完全不可理解。可能是因为我们实际上并不经常看见真的心，不管我们怎么具体地感受到体内心脏的跳动，心的形象仍然是抽象的。谁能画出不同的心室和脉搏的确切位置呢？

我们印象中的心与我们春天刻在桦树干上的心有更多的联系，经常穿着一支箭。因为"心"的意思是爱情，与此有关的还有想念、忧伤和疼痛。

在中国，心也表示各种不同的感情，与它有关的很多合成词都与感情和感觉状况有关，就像表现触及人的内心世界和他的道德之心一样。

甲骨文的"心"字与我们通常印象中的心没有太多的不同。

鼻和心：组成"**息**"字，"叹息"的息，"休息"的息。不错，当我们在菜园里干完活坐下来休息或当我们总算爬完了所有楼梯的时候，鼻子和心确实有某种感觉。

"手"。从甲骨文上我们可以看到，这个字起初确实是一个长着五个指头的手的形象。但是这个形象能不令人吃惊吗？为什么手指稀疏得像花茎上的叶子？为什么我们看不到对于手的功能起决定性作用的拇指呢？对一个人来说，在所有的手指中，它应该是最显著的。

一只手该是个什么样子，在我们的想象中是千差万别的。我自己想它是这个样子，是左撇子，像我似的。

但是稍微思考以后，我感觉到画一只手有许许多多方法，就像我前面一句话说的一只手该是什么样那么自然。手，人最重要的工具，要仅仅在一个图形中描绘它并不那么简单。

我坐在书桌前，我自己的手和汉字的手都在面前，我思索着现实和汉字的关

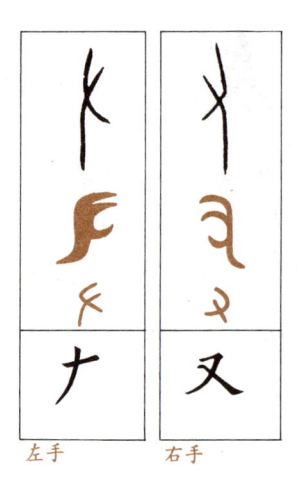

左手　　　右手

系。图形一下子消失了，而我看到这个字并不像我开始所想象的那样不完整。把中指看做手掌的中轴，就会发现所有的手指被均匀地分在两边。我的关于手的构造的知识——骨、筋和肌肉——使我误入歧途。如果我要理解古代的人如何看待和表示自己及其世界，那我必须把自己从三千年后在瑞典成长和接受的教育中积累起来的常规知识里摆脱出来。

但是还有另外一个角度看这个问题。早在商代，手这个字已是一个文字而不是一幅画了。正像其他字一样，在它的背后很可能有一个包含各种简化过程的漫长历史。这一点可以从关于手的其他汉字中看到。

在上面的汉字中，其意思为左手和右手，人们只能看见五个手指中的三个。

　用于偏旁经常写成这个样子。

从整体上看，左手保留了最初的形式，而在今天的汉字中，古老右手的特征已所剩无几。但是在很多用它组成的合成字中，

友

它的意思仍然是手。其独立的意思是重复——表示在白天的劳动当中一次又一次地重复自己的动作。

表示手的不同的字能组成很多合成词。其中之一是"朋友"、"友谊"。"**友**"的最初的意思是伸出两只手以真正朋友的方式共同做一件事情，后来发生了变化，看起来就像左手和右手相交——字形也很好看。

看

我们看到了另外一个汉字，一只手遮盖着眼睛，就像当阳光太强又要看清远方的东西的时候，我们所做的那样。这个字的意思是"**看**"，也当"看书"和"看望"使用。看起来是一字多义，但是我们稍加思索就会知道瑞典人以同样的方法使用这个"看"字。我们说我们"看"报，尽管我们事实上是读，而当一个邻居来拜访的时候，他说，他只是来"看"一下，想问问他能不能借一把剪树篱的铁剪。

取

我们在"**取**"字当中看到了右手，它朝一只耳朵伸过去想抓住它。别动！这个字最初也用做娶妻——字形有某种戏剧性——但是为了表达这个意思人们早在商代通过加一个"女"字设计出一个新的字，我们很快就会看到。

反

把一只手弯过来，或者颠倒一下就成了"**反**"字。

攴

"**攴**"字也有一只右手，高举着一把锄头或斧子。它从来不单独出现，但是能与很多其他字组成具有强烈攻击性意思的合成字："敲"、"攻"、"散"、"收"、"败"、"赦"、"敝"、"放"等很多很多。人们可以看到，在秩序恢复之前一定会有这些可怕的场面出现——它也包括"攴"的意思，如"牧"、"政"、"救"。人们经常说，一切权力都建立在暴力之上。当我们看到人们是怎么样使用"攴"字的时候，无疑准备赞同这种观点。

　　"父"字也有一只手，但是另一部分是什么意思，专家们有不同观点。可能是一个东西，代表权力和权威，可能是一件武器，可能是象征祖先。

　　一只手抓着一根树枝：支。

　　"爪"字起初也是手的形象，如同一只爪朝下抓着。在由它组成的合成词里，其意思仍然是手。写成这样：

　　两只手互相靠近："廾"。这个字从来不单独出现，但是与其他字组成很多合成词，我在下边会讲到。

鬥   斗

手和手臂可以有很多用处。这两个肌肉丰满的汉子在一场轻松、近乎舞蹈式较量中互相抓着。他们颈项粗大，腰板笔直，弓着腿，双脚踏地，这样才能使上劲，真是惟妙惟肖。这件周代雕塑只有一掌高。它是中国古代为数不多的表现人的现实主义作品之一。

当我看到这些小人时，总会想到北京南城的游乐场天桥的快速摔跤，它是绝大多数亚洲式格斗的雏形，像杂技和魔术一样能吸引很多观众。完全不像我们这里进行的那种沉重、互相压挤和气喘吁吁的摔跤。动作敏捷、快速，人们还没来得及喘口气，对手早已倒在地上。

摔跤早在公元前700年的中国就是一项著名的体育运动，而它的历史肯定能追溯得更远。样子就像一件雕塑的简单草图的这两个甲骨文就是"鬥"字的前身。

摔跤手。周代铜雕像。大英博物馆。

止

这个字的最初的意思是脚，它也是——像我们能看到的早期文字一样——脚趾分开的一只脚的形象，有的时候是左脚，有的时候是右脚。这个字早在甲骨文和金文中就被彻底简化，但是我们从由藁城出土的一块陶片的照片上意识到它的前身是什么样子。该城是安阳北面一座商业古城。经碳14测定，该陶片产自大约公元前1300年。人们清楚地看见上面有一只脚，赤脚走路的人的自由而又直的脚趾。所有沿着沙滩散过步或曾光着湿脚丫走在地板上的人都能认出这种情景。

如今这个字主要用于站、立、"止"，但是在合成字里仍然保持其原来的意思——足。

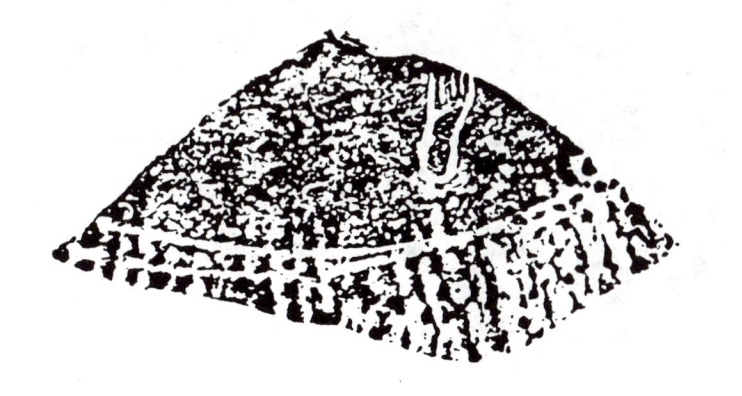

一只右脚长着一个分开的大脚趾，其后是一只左脚：**步**。

一只脚和一个人甩着双臂，大步向前：**走**。人们目前还不知道有无类似的甲骨文，但是有很多金文，它们都很清楚。

现在已经看不出与人体有任何联系的这个字最初也是一只脚的形象，从什么东西里出来，字里边一条弯弯的线条特别明显：**出**。

身

大家都会赞同这个字的意思是"**身**",但是辞书里一个字也没有解释我们看到的这个"**身**"。可能它仅仅是一个一般的挺着大肚子、举着手的胖子吧?

胖在中国从来都不被认为好看,哲学家孔子早在公元前五百多年就警告人们不要暴食暴饮。但是饥饿一直没有远离。因此人们还是抱着某种敬佩和嫉妒看待那些幸运者,他们有钱大吃大喝,尽管他们变得很胖。

这个喜佛纯粹是中国的创造,他大腹便便地坐在那里,肚子像两腿之间的一块发面,它一直特别受到饥饿阶级喜爱。想想看,他变得这样胖要吃多少东西!

普通人相遇现在仍然经常使用那句古老的问候语"吃饭了吗",如今的意思只是"你好",但是它使人想起那艰苦的年代,如果人们能每天有饭吃,就可以炫耀自己幸福。另一句快乐的问候语是"你发福了吧",现在的意思仅仅是"你好吗?看样子你过得不错"!我一直不喜欢这句问候——特别是当我真地胖起来以后就更不喜欢。

那么这个"身"字到底是怎么回事？仅仅是一般意义上的一个胖子的写照吗？当人们仔细看那些最古老的身字时，就会发现很多，啊，可以说绝大多数，肚子上都有一个突出的小点。看做肚脐的话，它的位置就错得离谱。古文字的创造者可不是毕加索。但是人们可以想一想，如果它是一个孕妇的形象，小点表示孩子，那就合乎逻辑，啊，几乎是漂亮。有什么能比把"身"这个概念描绘成一个挺着大肚子的孕妇更好呢？当肚子里有了一个活蹦乱跳的生命时，确实身子会感到很沉重！

如果这种解释正确的话，解释金文中的"身"字大概就可能了，它不仅再现了孕妇的沉重的肚子，还表现了乳房。有趣的是，中国人使用"有身子"这句话表示怀孕了。

今天人们无论如何看不出"**女**"字与"**母**"字有什么共同之处，但是起初它们几乎是相同的。两个字都表示一个人跪在地上，双手交叉放在胸前。两个小点表示乳房，这是这两个字的唯一区别。

"女"的姿势有些不清楚。伸出的双臂表示顺从，这是一部分专家们的意见，或者我们干脆把这些妇女的姿势看做日常在厨房的地板上干活儿、做饭和哄孩子。

因为前者的理论说，中国妇女在近二三千年过着屈从的生活，对男人唯命是从，她们生活中唯一的实际任务是生儿子。只有生儿子才能传宗接代，只有他们才能立祖宗牌位，生者通过这种牌位与祖先保持联系。生女儿被认为是一种不幸。过去人们经常溺死女婴——这是要男孩不要女孩的最主要办法——希望下次走运生个儿子。当有人问父亲家里有几个孩子时，他经常只回答有几个儿子，不把女儿计算在内。即使成长起来的女孩儿，一旦有了月经就被嫁出去，人们等待她为自己的新家生儿子。遇有饥荒岁月，人们把年龄很小的女孩儿卖给有钱的人家当使女，卖给妓院或茶楼。从19世纪末开始她们也被卖到纺织厂，为了餬口被迫在那里干活儿，困了就睡在机器旁。

两个"女"放在一起的意思是吵架。在过去的中国家庭里女人彼此之间有很多理由吵架。她们当中没有一个人是自愿到这个家庭来的，在家庭以外她们没有任何权利。婆婆因为自己的痛苦生活而报复自己的儿媳，极力保护自己争得的权力——不管这种权力是多么小——联合起来对付丈夫带回并住在家里的小老婆或姨太太。

三个"女"放在一起的意思是虚伪、没教养、通奸。"这个字"，高本汉说，"对女性实在不敬"。确实让人莫名其妙。这个字当中的三个"女"同样可能是指一部分男人的好色举动吧？这种解释至少是合乎情理的，特别是由这个字组成的合成词还有强奸的意思。

"女"字与"手"字放在一起的意思是"奴"。手代表奴隶主的权力——他手里有一个女人等于有权拥有她——或者代表女奴在他家里从事的繁重劳动吧。

"奴"字加一个"心"字是"怒"——很多妇女对被迫所过的生活的一种正当的反应。

成年妇女依附于丈夫和儿子,比如她们被称做"王家媳妇","儿他娘",或者干脆叫"屋里的"、"烧火的"……直到1950年颁布新婚姻法她们才有权利使用自己的名字,这法律明确规定禁止残害儿童,禁止买卖婚姻,在社会和家庭中男女在法律面前都是平等的。如今中国妇女都有自己的名字,结婚的妇女也保留自己的名字。

重男轻女的思想可以追溯很远。甲骨文上有这样一个卜辞,人们请上苍说出王的妻子是生儿子还是生女儿,有时候还有对甲骨的回答作评论:生儿子就记录"好",生女儿就记录"不好"。

早在商代家庭体系就建立在牢固的家长制基础上。但是如果我们进一步往上追溯到人们已经定居下来的新石器时代,情况就变了。很多中国和西方的专家都认为,最古老的中国社会是母权制。作为这种论点的证据,人们引用《庄子》中的一段话。这是中国最古老和最有意义的书籍之一,可能成书于公元前300年。这段文字在谈到最早定居下来的人类时说"知其母,而不知其父"。对于现代人类学家来说,这点材料不足以证明就是母权制,而他们认为新石器时期的埋葬形式更有意义。女人经常是单独埋葬，周围是随葬品，与后来完全不一样：她们被放在旁边，对着死去的丈夫，显然男人更加重要。

人们认为在中国的西南少数民族地区发现了进一步的证据，人们熟知的一些中国古代的生活习惯和工具至今仍然保留着。在一部分纳西族人当中是妇女组织和管理生产。她们也掌管家庭生活。外祖母是家长，在她的家里生活着她自己生的孩子，她的女儿和女儿的女儿。妇女可以自由地选择自己的男人而孩子完全归妇女所有。她们不结婚，男人在夜里拜访她们，但是天一亮他们又回到自己母亲那里——他们是在那里生活和劳动。财产归妇女继承，孩子随母姓。成年的男人被称做"舅舅"，母亲和"舅舅"共同照顾孩子，但是和中国古代一样，人们经常是知其母不知其父。这自然是说，家族的最高神是女神。

关于中国妇女的地位和中国古代可能存在的母权社会制度问题过于广泛和复杂，我这里不赘述，只能说，这个题材很大，很有意思，从整体看，人们知道得还很少。然而人们可以做一个有趣的观察：一大批跟妇女方面有血缘关系的合成字都包含"女"字，一部分是与女性有关的人，如娘、妣、姥、姐妹、媳、姨，另一部分是与男性有关的人，如、婿。"女"字还组成了家庭里有姻亲关系的人之间互相使用的特殊的问候语以及很多重要的字，如"婚"和"姻"以及——令人吃惊的——姓。与此相应的与男性血缘有较密切关系的字却没有。

这个题目真值得研究，但是很遗憾我们现在不得不到此止住。

子，令人依恋的生命，再现了一个婴儿的形象。我特别被这个字的古老形式所吸引。它使我想起了我自己的孩子小时候的情形和我的小弟弟小妹妹，他们伸着胳膊躺在床上或摇篮里，裹着棉毯。大大的头，令人怜爱的小躯体。

皇帝被认为是天子，被写成"天"和"子"两个字。

"女"和"子"组成"**好**"。文字的创造者是考虑一个人有了女人和孩子生活得不错，还是他考虑一个女人和自己的孩子在一起感到幸福？或者他是考虑这个女人能生孩子很好，很能干？

"人"和"子"组成"**保**"。

在甲骨文和金文中，我们在一部分情况下看到孩子抱在成人怀里，在其他情况下孩子被背在身后，直到今天中国人仍然这样背孩子。

早在1900年前后就有西方学者提出，中国人是从中东迁徙到中国的，差不多在同一个时期印欧人离开乌拉尔南部的家园移居到印度和欧洲。

对这种理论持否定态度的人当中有一个人指出，中国文化起源于中国。他就是瑞典人约汉·贡纳尔·安特生，国际知名的地质学家，1914年受雇于中国政府，勘探扩大采矿工业所需的煤炭和其他贵重矿产资源。他完成了这项任务。但是在中国长达十年的工作中，他逐渐对在各地考察中碰到的动物化石产生了兴趣，其中就有能入很多中药的"龙骨"。在寻找龙骨的过程中他被引入考古领域，这对他获得史前中国的各种知识有重大意义。

1921年春天，他第二次来到北京西南四十二公里处的周口店，在一个废弃的采石场考察带有化石的地层。在那里和山坡上其他几个洞里，他和他年轻的助手奥托·斯坦斯基发现了大批的山鸡、鹿、猪和其他动物骨骼化石。他还发现了四方的石英石，边角很锋利，很可能是用来割东西的。这个想法启发了他，人类最早的工具自然不是制造的，它们是从路边的木块和乱石中拣来的。他派斯坦斯基到山洞中工作。据他自己的著作《黄土地之子》中所述，他拍拍洞壁说：

"我似乎感到这里有我们一位祖先的遗物，你一定要找到它们，抓紧时间，坚持下去，直到这个洞被掏空，如果需要的话。"

斯坦斯基照办了。后来一大批资料被送到乌普萨拉，供进一步研究。人们在那里找到大约在五十万年以前生活在这个山洞里的一个类人的动物的一颗门牙和一颗白齿，这种动物被命名为"北京猿人"。

在离周口店第一次挖掘以后半年，"中国通贡纳尔"起程去处于黄河中游的河南省。在仰韶村附近人们不仅发现了有趣的化石，还发现了石斧和有着红黑对称花纹的陶罐。这些发现引他继续西行，来到甘肃省的兰州地区，在随后的年代里他在那里找到近五十个新石器时期的居住点和一个墓葬地。这些都属于世界上最鼓舞人心的发现。

周口店、仰韶和甘肃的发现是中国第一批田野考古的成果，它们清楚地表明，在史前很长的一段时间那里就生活着人，因此西来的论调是站不住脚的。

在随后于20年代和30年代进行的科学发掘中，安特生的发现被证实和完善。在周口店人们找到了四十来个人的遗和大约十万件石器，其中很多是石英石，与"中国通贡纳尔"的预言完全相符。

1941年秋天人们担心亚洲的战争会扩大，把所有的北京猿人头盖骨装入两个大木箱，准备运往美国，以躲避日本人的掠夺。后来这些东西全部失踪，没有人知其下落。如今只有斯坦斯基发现的两颗牙齿仍然保留在乌普萨拉。

"读者不必为失去这些珍贵文物而过分伤心"，年迈的古生物学家贾兰坡在自己的著作《中国猿人》中这样安慰读者，并指出1949年以来有了很多这类发现。

其中有不少是在泾河、渭河、黄河的交汇处发现的，山西、陕西、河南三省也在这里交界。这个地区是华夏文化的发祥地，在安特生的仰韶和甘肃的考古地之间有一个村子叫蓝田，人们发现了两个猿人的遗骨，很可能都是女的，她们明显地早于生活在周口店的猿人。在离此处不远的丁村和大同郊外的徐家窑十万年前生活着人类的祖先。我们到处可以找到人类生活的遗迹。如今已经有成百个新石器时期的发掘点，证明当时人类已经开始过定居耕作生活。有几处，如龙山和大汶口，位于山东半岛，其他的位于古老的文化发祥地。其中最重要的一个村子是半坡，位于渭河谷地，被碳14测定为公元前5000—公元前4000年。它是已经被发掘出来的那个时期的村子中最大的一个，在那里发现的地基、陶器和工具不仅与六千年来的人类生活而且与今天中国的生活和文字有很多相关之处。

山与水

没有什么地方像华北平原那样单调、平坦。没有山冈，没有河谷，只有一眼望不到边的黄灰色的土地。它东边与山东的山脉接界，西边与山西、陕西和河南的山脉相连。这些山不是特别高，但是它们从平原上拔地而起，相比之下显得比它们的实际高度更雄伟。作为这种地形的动脉，黄河流经华北平原，把这两个山区连接起来。

这个地区是华夏文化的发源地。统计数字表明，直到今天这个地区比中国其他地区耕地面积都大，人口更稠密。全国大约有三分之一的人口居住在这里。华北平原实际上是一个大三角洲，是由黄河冲积的。世界上没有一条河流像黄河那样携带那么多泥沙。尼罗河每立方米含一点五公斤泥沙，黄河平均含三十七公斤，在某些支流中，人们曾测得七百六十公斤。黄河在入海口每年能造二十三平方公里的新陆地。

这是一条危险的河流——人们确切地称它为"黄患"。当它流在它的发源地青藏高原时，它是驯服的。那里的山脉险峻，河水清澈。但是尔后——它在内蒙古的沙漠中拐了个大弯便奔腾南下，穿过黄土高原，那里的山坡上覆盖着细土，很容易被河水冲走。它穿过狭窄的河段向下流去，经过落差很大的四千公里河谷以后，冲过最后一道关，流入离入海口最后几千平方公里的平原，流速大减，河道变宽，携带的泥沙沉入河底。

泥沙的沉积使河底升高，从而也带来河水水面的升高。为了防洪人们沿河修了河堤，这个工作持续进行。河里的泥沙持续淤积，人们持续建造河堤。在很多地方河床高出周围地面十多米。当夏季的雨水比常年来得猛、下得时间长的时候，河堤很容易坍塌。但是这一切不是黄河的过错。1938年发生了一次最严重的灾难，当时这个国家的领导人蒋介石将军下令扒开郑州北面的黄河大堤，以阻止日军的前进。至少有八十九万人被淹死，一千二百五十万人无家可归，整个地区被泥沙覆盖几十年。然而并没有能阻止日本人。

有一个关于洪水的古老故事。事情发生在公元前2298年——很像《圣经》中洪水的故事的中国翻版。滂沱大雨使黄河泛滥，山脚下的平原和谷地被河水淹没，人民饥寒交迫。为了摆脱灾难所有的男人都离开家，他们在一个叫禹的人的领导下，挖沟渠，筑堤坝，开山辟地，经过八年艰苦奋斗（有的说十三年或三十年，说法不一），最后他们成功地把洪水引入大海，重新开始耕作。

这项工作刚开始的时候，禹正好新婚。他对国家和人民的责任感使他三过家门而不入，啊，有一次他都听到自己的儿子在哭，他也没有进去。其他人认为，他应该进去看一看，但是他回答说："如果我可以中断工作，那么其他人也可以这样。那我们怎么能把洪水引走呢？"这样他们又继续工作。

禹，或者后来被称之为"大禹"，成了夏代第一个皇帝。过去人们把这件事看做是神话，但是人们对这件事越来越认真。不久前人们在嵩山附近找到了有城墙和岗楼的一座旧城的遗址，根据资料记载，该城是夏朝国都的所在地，离这里仅几十公里的地方就是传说中的大禹故里。

大禹死后又发生多次洪水。从公元前602年到今天，不间断的历史记载表明，在过去的两千五百年当中每两三年就发生一次严重洪水。这些洪水表明黄河已经无法决定它到底从哪里流走。黄河二十六次改道，不是小的改道。大约在公元前2000年黄河在离北京很近的天津附近入海，但是公元前602年它厌烦了，它把入海口移到了山东半岛以南八百公里处的海岸附近。公元70年旧戏重演，入海口移到山东北面。这次一直稳定到1194年，这一年入海口又移到山东以南。就这样黄河在一个扇形平原上来来往往，搬来很多泥沙。经过部分小的改道以后，黄河占领了其他几条河流的河道，造成很多麻烦，尔后平静下来，从1324年以后的五百多年当中它一直比较驯服，平静地从山东南部入海。但是1855年平静结束了，它又朝北流去，到了今天的河道位置。在那里它被固定下来。在近几十年当中，人们在两千公里长的河岸上修起了防洪用的"万里长城"，固定河道，利用黄河发电和灌溉。有二百万人终年管理和监视黄河。

扬子江——根本不叫什么扬子江，这是欧洲人瞎编的，在中文里人们总是叫它长江——很长的河流——这条河从来不像黄河那样令人不安。它也无数次的泛滥，但是在它流向大海的路上，周围布满湖泊和沼泽，它们能蓄积大量江水，起到缓冲的作用。特别是不像黄河那样携带泥沙，因此能较好地保持河道。

长江本身是一条很大的河流。它是亚洲最长的河流，远洋货轮可以直达离海岸上千公里的武汉，较小的船只还可以再向上航行上千公里。它流经中国最富庶和人口稠密的几个省，这一点使19世纪进入中国的西方商人和传教士特别感兴趣。

水

但是这无济于事。对中国人来说，只有黄河是河。河里的水才是水，湖水和海水不是水。"**水**"字是有着河道、旋涡和沙岸的一个河的形象，当我们站在岸边看着河道的时候，看到的正是这样。

在合成字中这个字仅仅被写成三点——中国习惯语称做"三点水"。

洹水流经安阳，离发现甲骨文的地方只有几公里。

川

石刻文。周代。

还有很多其他的字用同样的方法表示河。其中一个字的意思就是"**川**"。中国西部一个省份的名字中就有这个字：四川——四条河之地——长江及其三条支流流经那里。

可能纯粹是巧合，表示水的字与表示河的字——出于相同的东西。我们在另一个字里看到一段河岸被弯弯曲曲的河叉围着。这个字完全符合"河"的概念，河流看起来完全是这个样子，但是它的意思却是"**州**"，河中小岛。后来这个字变成了行政管理单位的名字"州"，过去管理两千五百口人。如今这个字主要被当做地区用。

州

对于最初的定居者来说，河是生活的中心。河是很大的威胁，但也是很大的机会。在试图驯服和利用河的过程中成长起来的社会不同于我们的社会。我们说单个是强大的，想想那些森林中的伐木者和荒原上的开拓者就是这样。中国人会说单个是无力的，有成千上万只手才能保住河堤。几千人共同努力才能开河挖渠，引水灌溉。没有共同的努力便一事无成。

就是在这片肥沃的黄河泥沙冲积的土壤上诞生了华夏文明，但是当黄河泛滥时，也是在这片相同的土地上繁荣的村镇被掩埋。在一米厚的细黄泥底下它们一动不动地躺着。农民在上面种小米和玉米，当人们开渠或挖井，有时候会发现精美的青铜器，然后他们拿到附近的城市去卖给文物商人。华北平原上布满隐藏的城市，但是人们还只来得及挖掘出少数几个。

人们开始改造黄河，修了一连串发电站和水库以及几千公里的新河堤，特别是在通向大海的两岸种植了很多树，河道被固定住。

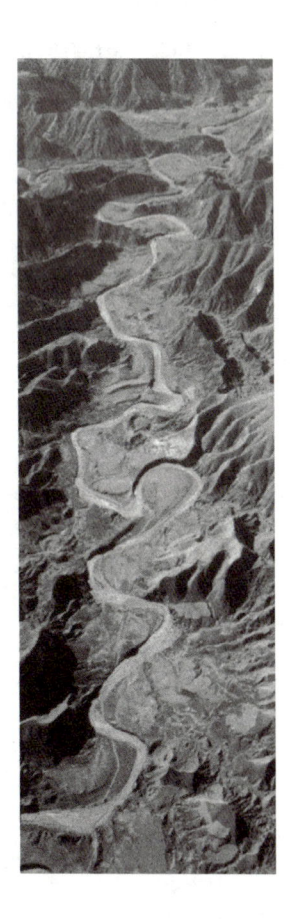

黄河流经山西、陕西等水土流失严重的山区。河水在松软的黄土地上留的印迹与我们在旁边看到的"州"字很相似。这里的石刻文是按周朝后期的实物原大复制的。

山

孕育了华夏文明的华北平原群山环抱。我们不知道哪一座是"**山**"字的原形，但是很多山看起来都像这个字，而且自古以来都被一种神圣的气氛所笼罩。

在山东半岛的西部，屹立着泰山。平原在那里延伸至大海。泰山是中国五岳之首，中国历代皇帝都在那里举行最隆重的祭天仪式，接受苍天赋予他们的统治天下的使命。他们在那里祈求五谷丰登，消除水灾和地震。

泰山很早以前就是一个重要的道教中心。山势雄伟、险峻，山谷宁静、祥和，对那些想躲避战乱和投入大自然怀抱的人有很大吸引力。对于道教徒来说，存在的一切都属于一个很大的整体，一切都是有生命的，一切都是互相依存的。通过仔细研究大自然的秩序，他们试图揭示大自然的规律，并使自己的生命与这些规律协调起来。庙宇和道观如雨后春笋般地出现，隐居者在峭壁上建造草屋。

从5世纪起佛教徒也去那里立身，泰山变成了具有一定商业色彩的宗教中心。对普通人来说，泰山最重要的意义在于，它是死者获得最后宣判的地方。人们总是通过到东岳庙——过去在华北各个城市都有——烧香、祭祀，祈求死后得到更好的待遇。但是最可靠的办法是实地到泰山去朝拜。按照中国的习俗，个人单独去能更好地表达自己的愿望。很多手无缚鸡之力的老者，怀着最后的一丝希望让自己孝顺的儿子把自己抬到山顶，乞求泰山消灾免祸。

甚至在今天来访者仍络绎不绝地登上陡峭的台阶，因为即使泰山的宗教色彩已经减退，仍然有成百万的中国人梦想一生能登泰山顶一次，目睹太阳从大海喷薄欲出的景象。至少要拍一张彩照。

但是泰山报复那些不体面的攀登者。公元前221年统一中国的铁腕人物秦始皇曾试图登上泰山，以图苍天赞同他的政权，但是暴风雪迫使他从山上下

来。我自己有幸在1978年12月爬到
半山腰。后来出现了暴风雪。

泰山四周分布着不少建于不同
时期的庙宇、塔和有趣的城镇。其
中一个城镇是曲阜，孔子于公元前
551年诞生在那里。此地有他的墓和
后代，如今已是七十九代。但是孔
府在1949年革命以后成了博物馆，过去孔府的佃农每年要交数万吨粮食的地
租，如今不用交了，人们希望这些地租能派上更有益的用场。

在离曲阜几十公里的地方有个大汶口。1959年人们在修建铁路复线时，
发现了几百个来自文化高度发达时期的古墓，公元前4300年—公元前2500年
那里曾经很繁荣。后来人们又很快发现了新的文物。现在人们已经知道，新
石器时期的山坡上曾经布满村庄。当时人们用镐种地，用弓箭打猎，用网和
渔叉捕鱼，制造黑、白、黄和浅红色的精美薄胎陶器。

有几件刻有文字的陶器和陶片就属于这批有趣的文物，有些是迄今人们
发掘的文物中最古老的。它们来自不同的发掘点。因此人们有理由认为，这
确实是文字——不仅仅是图画——已经有了被公众接受的形式，在较大地区
被使用。

其中一个字表示相同的太阳和在一座有五个尖顶的山上的云或者海，很
像泰山拔地而起。

根据古老的传说，太阳每天从泰山升起，然后开始在天上运行。因此泰
山在新石器时期的太阳崇拜中扮演某种角色，但是人们对这一点知道得不
多。陶器以及装饰它们的文字与这种崇拜有关。

这两个字被认为是"升"字的前身，后来被写成这样：

从泰山出发沿黄河西行五百公里便到了嵩山，即中岳。在山脚下人们发现了迄今为止最为古老的夏、商文物，大禹曾经生活在那里。那是一座狭长的山脉，像泰山一样布满庙宇。著名的少林寺就坐落在那里，是佛教在中国的主要圣地之一，亚洲的各种格斗武术都发源于此。公元5世纪的嵩山书院是中国最先进的道教中心。

再往西走三百公里还有另一座山，那就是西岳华山。它位于渭河和黄河的交界处，黄河在那里冲下群山，向东流入大海。华山，连同其他三座突起的山峰拔地而起，从那里人们可以看到中国古代历史的交会点，它是山西、陕西和河南省的交界处。

距其仅几十公里远，就有六十万年前蓝田人居住的地方。蓝田人是今天中国人的祖先。离此地不远就是半坡，新石器时代最著名的定居点。这一带还有周、秦、汉、唐伟大朝代的国都，有秦始皇陵，有数以千计的兵马俑，啊，这里有数不胜数的名胜古迹。户县农民画也让人无法忘怀。

华山俯视着这一切，俯视着潼关，它是关中平原的咽喉，是历代王朝安全的屏障。

据说，第一位商王于公元前17世纪的某一年曾到华山祭天。当他的王朝于公元前1028年失去"天赋大任"的时候，第一位周王也到那里去祭天。以后好多代皇帝都这样做。

西安有一个保存各个不同朝代石碑的著名博物馆，名叫碑林。在其中的一块碑上可以看到梦幻般的华山。它高耸入云，有如仙境，有泉水、云和峡谷、松树和谷地。与它相比，我们人类显得那样的渺小，怎不让人崇拜呢？此画1660年出自诗人、画家林一之手，是关中八景之一。

華　华

　　"華"的意思是繁华、光华、伟大。华山就有这样的风光。我本人还没有到过那里，但所有的人都把它描写成中国最美丽的山脉之一。"华"也是"中国"的意思，由它和其他字组成"中华人民共和国"这个名字。

　　这个字被认为是一朵花的形象，但是1950年代文字改革以后人们已经看不出这个特征。

米芾写的"山"字

米芾的山水画

　　这个山字，像金文一样苍劲有力，它出于米芾（1051—1107）之手。米芾是中国最杰出的书法家之一。此人是个全才，作为大臣除了奏章写得不错以外，他还能诗文，擅金石，收集古画，此外他还是画家，尽管现存的画中没有一幅能被确认是出自他本人之手，但是通过他的追随者的仿作，人们对他的艺术仍然有很多了解。他擅长山水画，多以烟云掩映树石。

　　米芾用宽笔和浓墨创作了"山"。这个字苍劲有力。在上边这幅画中，山峰高耸云端——被认为是出自米芾之手的几幅画作之一——细笔勾云，墨点成像。

尽管技巧有不同，但是在"山"字和这幅风景画的山峰之间无疑有着相通之处，不仅仅在外表，而主要在内涵。

华山和黄河之北，太行山像一道宽阔彩虹延绵不断，它是华北平原与秦晋黄土高原的分界线。沿着山脚古代有一条中国最重要的商业大道，如今那里有南北大动脉京广铁路。人们可以通过八个关口从山里进入平原。很多中国古代城市都坐落在交通枢纽上，其中就有安阳。

人们乘火车沿汾河谷地前行时所看到的晚霞中的太行山。

愚公的故事就发生在这个山区，这是显示中国人民决心和力量的伟大故事之一。说的是愚公移山。

在他的门前有两座山挡住去路。后来他对由此造成的一切麻烦感到厌倦，他下决心率领他的儿子们用锄头挖去这两座大山。这时候走来另一个老人，讽刺说，你们这么干未免太愚蠢了，你们父子数人要挖掉这两座大山是完全不可能的。

愚公回答说："我死了之后还有我的儿子，儿子死了又有孙子，子子孙孙是没有穷尽的。这两座大山虽然很高，却是不会再增加了，挖一点就会少

一点，为什么挖不平呢？"就这样他毫不动摇地挖山不止。这件事感动了上帝，他派了两个神仙下凡，把两座山背走了。

这是1945年毛泽东在位于这个地区的延安做的一次报告中讲的，当时日本还没有投降，蒋介石也没有被赶到台湾去，中国共产党人在1934—1935年长征以后在那里建立了根据地。他说："现在也有两座压在中国人民头上的大山，一座叫帝国主义，一座叫封建主义。中国共产党早就下定了决心，要挖掉这两座山。我们一定要坚持下去，一定要不断地工作，我们也会感动上帝的。这个上帝不是别人，就是全中国的人民大众。全国人民大众一齐起来和我们一道挖这两座山，有什么挖不平呢？"

山西和陕西的山确实可以挖掉。很多山不是真正的山，它们是由很厚的黄土构成的，风把它们从西北的沙漠刮来，落在地面上，有很多地方厚达数百米，经过雨水的冲刷，形成很多沟壑，啊，有一半的面积是由沟壑组成的。小河把泥土冲进大河，大河又把它们带到山脚下的平原。是这些泥土使黄河变黄。黄海也是黄的。离海岸几百公里的海面上还是从沙漠带来的细黄土染成的黄色。

用一把普通的锄头和坚忍不拔的精神，农民们以愚公为榜样挖掉了大山，填平沟壑造良田，在上面长出了谷子。他们还在山坡上挖窑洞，作为住房，免得房子占用宝贵的耕地——他们的耕地在高原下边和河谷的平地上——他们自己世世代代生活在狭窄的高坡上。一切都要付出艰苦的劳动，从来没有什么"神仙"帮助他们。愚公和他的儿子们可能早把家搬走了，而没有挖掉大山。但是对于黄土高原上的贫苦农民来说别无他途。每一平方米的土地对他们都是生死攸关的。

这个字是**"谷"**，也被说成是一条山谷的出口。

我只要看到这个字，马上就会想起一个人走进黄土高原沟壑里的滋味，寒冷的春风刮着，晴空万里，细软的黄土像面粉一样。没有一棵树，连一根柴棍也没有，只有干涸的河底，歪歪扭扭的黄土墙和浓烈的艾草味儿。

几个月以后一切都会改变。夏天第一场暴雨将使小河涨满湍急的黄泥水，朝山谷的出口奔腾而下，路上所有的东西都会被冲走。

自古以来，"谷"字也当做"好"和"亲近"用。从1958年开始人们把一个原来写起来很复杂、意思相同的"穀"字简化成"谷"。这样做并不奇怪：最初人们正是在山谷里种出了谷物，所以说"好"和"亲近"。

陕西黄土高原上的谷地。深深的沟壑越来越深地侵入农田。一场暴雨就可以把村子分成两半。

厂　　　　　　　　　　ꔋ ꔋ 厂

　　按《说文解字》的解释，这个"厂"字当峭壁讲，是一个陡峭山坡的形象，人们可以住在那里。确实如此，人们很容易在这个字里认出黄土高原陡峭的高坡。上部是高原平整的地面，左边有一个坡通到谷底。

　　甲骨文的造型却耐人寻味。内角边上的那个小撇起什么作用？这个字是不是高坡上开的一个窑洞的剖面？我们在后面很快就能看到，相同的笔画意思就是"洞"。

　　这个字在古代从来不单独出现，但是它能组成很多合成字，不是跟各种山有关，就是与各种房屋有关，或者是表示其他空间，如"厨"、"厩"、"厕"和"厰"。峭壁和住房在很长时期有密切关系。

石　　ꔋ 石

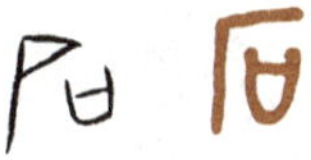

　　与"厂"字相同的形象也出现在"石"里。这个字在现在的组成中，上面的一横向左方伸长，但早先它的写法同"厂"一样。按一般说法，它表现了一个石块在峭壁下。有人也许会奇怪为什么石头在下面写得像个"口"字。但也许它是一个山洞，因为在山的侧壁上，一个山洞是很容易形成的。在这个字中的"口"的意思是打开、张开。当然也许我们看到的就是石块，还有它的孔洞和凹坑。

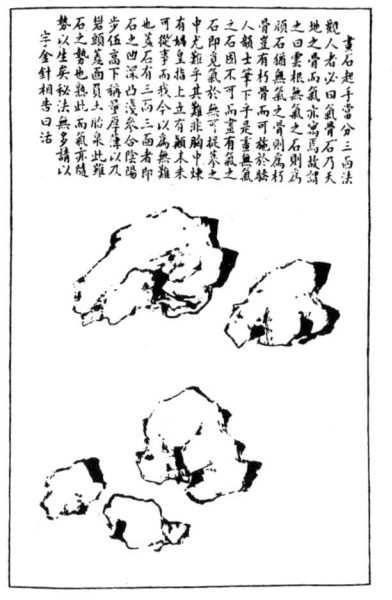

《芥子园画谱》自从1674年在苏州出版以来一直是中国画家的范本，里边有很长一段讲山和石。上面写着，人们画石的时候，要特别注意石头上的孔和表面上的阴阳变化。石头千奇百怪，画之前，一定要完全了解它们的结构。但是仅有这一点还不够，人们首先要表达石头所具有的内在力量。它们是有生命的。

作家画几块破碎的石头作为自己文章的插图，时间和水在上面留下自己的痕迹。它们的形状有的跟"石"字相似。

中国人非常喜欢石头，特别是出自苏州太湖畔的太湖石，因浪的冲击和沙的运动的作用，太湖石上有很多深沟和孔，看上去就像娇嫩的瑞士玫瑰。但是其他地方也有各种奇石——1634年出版的一本介绍建造花园的著名作品中，除了太湖之外还提到了其他十三个湖和山，人们可以在那里找到想要的石头。如果石头的形状按中国的标准不尽人意的话，人们通过把孔凿深或者把石头放到湖里一代人或两代人的时间，帮助大自然完成艺术创造。在人和大自然共同完成一件完美艺术品以后，人们把它作为一件现代主义的雕塑——透气和透光——运到花园的墙角或者作为一处景观的中心，有石径、亭子、闲暇交谈时坐的靠背椅，有凉洞和令人心旷神怡的茉莉花和牡丹。

如果石头上有小疵，人们就用竹子或碎陶瓷末把它们磨掉。为了得到准确的平面，人们可以把石头放到下水道里一二年，让雨水磨掉棱角。对于用做装饰品、写字台上的镇尺或与矮竹子、小五针松共同组成盆景的石头做这样处理。

对于很多中国人来说，这类石头不管是大还是小，它们都起某种圣像作用，他们与这些石头保持着密切的个人关系，天天需要接触。在谈到米芾时人们这样说，他每天都给自己花园里的大石头磕头，并且用"吾兄"这样的敬语问候石头。

中国文人与大自然的关系中有很大成分的神秘主义，但是他们追求的不是与上帝或者别的更高的神灵的结合，而是与一切有生命的东西为伍。对他们来说，峭壁、石头、水和其他东西都像人、花和动物一样是有灵性的，而对我们这些经常缺乏想象力的人来说它们却是"死物"。

人类不是大自然的主人，她与天地间的其他东西一样包括在"大统一"里，受人们常称为阴和阳的宇宙力主宰。它们像黑夜与白天、冬天与夏天、生与死一样相互依存。它们是同一现实的不同侧面，在动态平衡中保持宇宙的和谐。一切都是变化的，都会在不断流动的长河中形成新的组合体。没有什么东西是一成不变的。

人们把山看做是阳，看做是人体中的骨骼。水是阴，相当于人体中的血液。就像人体没有血管中的血液循环，脊髓和细胞就不能生存一样，山和石头没有水也不行。水通过渗漏、碰撞、冲刷和压挤使山和石千姿百态。因此中国画家画风景画时——或者用一句中国术语叫"山水画"——不仅仅是取

材，它还是世界观和道德观的一种结合。

一幅描绘瀑布的中国画首要目的不是要描绘飞瀑的景象，画面中高原潮湿的空气、山脉的高耸和峭壁上激起的耀眼水花不是让我们或忧或喜，或者画家想使我们产生某种感情，他的用意是让我们考虑我们应该怎么样生活：不要自负，不要追求名利，不要破坏大自然的秩序，而要尽力去理解和按大自然的规律去生活，要把自己的存在看做是"万物之一"，谦虚、平静、开朗和做到"谦卑"。就像《道德经》第八章里说的那样："上善若水。水善利万物而不争，处众人之所恶，故几于道。居善地，心善渊，与善仁，言善信，正善治，事善能，动善时。夫唯不争，故无尤。"

原

这个"**原**"字的基本意思是"源泉"。上面冒出了水，顺着峭壁往下淌——一种经典题材，特别是在中国的山水画中。

我非常喜欢这个字，它给我一种自由的感受。水是生命的源泉，是生命的起始。

如今这个字主要用于转意。用它可以组成很多词语，其作用很像瑞典语中"原始"这个词头，如"原始社会"和"原始森林"，以及"原料"、"原色"和"原则"等等，所有的字都与"原"字有关。用这个字也能组成"平原"一词，"黄河中下游大平原"这句话里就有这个"原"字，华夏文明就起源于此。

江西庐山瀑布

北京周口店的原始人早在五十万年以前就学会了使用火。其中一个山洞就像是"厨房"，地面上覆盖着一米厚的灰、炭块和烧过的动物骨头。洞外的灰烬证明，人们在夜间生火吓跑野兽。

长期以来，人们一直认为他们是世界上第一批利用火的人。但是60年代人们在蓝田和西侯度等地又有了很多新发现，那些地点离黄河朝东转弯的地方很近，这证明人类在六七十万年以前就开始利用火做饭。

这些早期的人自己可能不会生火。他们可能利用闪电或从林火中取来的火种，然后精心加以保护，用来照明、取暖、预防野兽，也可能用来狩猎。当他们迁徙的时候，不惜任何代价带走火。火作为无价之宝代代相传。

据说直到后来很晚，大约九万至十万年前中国人才学会人工取火。

"火"字很容易使人联想到它的最初形式是"山"字。猛一看人们可能有点儿不信。但是当人们坐在火前，看着熊熊火焰照亮黑暗的时候，就会感到这个形象是正确的。山和火。山是宇宙中熄灭的火焰，火是熔岩中燃烧的山。

北京的灭火器广告。广告上熊熊的火焰与甲骨文中的"火"字多么相似。

中国绝大多数自然灾害是由河水造成的。在甲骨文里"**灾**"字完整地表现了一条带锯齿形的奔腾的河流。

这个字的简体是由"火"和"水"组成，是对于可能降临到我们头上的最可怕的自然灾害的现实主义描写。

两个"火"字一上一下组成"**炎**"字，因此也有"火大"的意思。

"手"与"火"组成"**灰**"字。可能是用手从火烬中扒除灰，使火重新燃烧起来。也可能仅仅用手把细灰收起来，最后还剩一点儿留在干柴和火焰里？

有的时候，当我情绪低落，或者照中国人说的"灰心"时，我总是想到这个字。

我记得瑞典诗人泰格纳尔说过这样两句忧伤的话：

"我的心？我的胸膛里没有心。

罐子里装的仅仅是生命的灰。"

这两句话低沉而沮丧。不过有时候确实有这种感受。

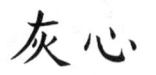

人类在河谷定居下来并且开始耕种以后很久，在很大程度上仍然靠狩猎和捕鱼为生。有些学者甚至认为，他们所以定居下来，就是为了获得他们织网和制作狩猎和捕鱼绳索所需的植物资源。

　　在半坡人们发现了大量的鱼钩、鱼叉和网坠，垃圾里发现了鲤鱼骨头，令人感兴趣的是，鲤鱼是人们发现的唯一的鱼种遗存。生活在安阳地区的人主要也以捕鱼为生，人们在考古资料里确认的六种不同的鱼类中，有四种属于鲤鱼科。

　　在半坡陶器中鱼的题材是很常见的。在那些最古老的陶器上，鱼的表现手法是现实主义的。在后来的陶器上鱼的样子被变成对称的图形，两条或更多的鱼共同组成一个围绕器皿的装饰带。有时候简化成由三角形组成的带子——那是半坡陶器中最常见的装饰之一。

　　很多早期的形象在造型和规格上是非常统一的，以致人们觉得是一个字。其实不是字，但可能是这类形象构成了图与象形文字之间所缺少的环节。今天我们很难看到由图向象形文字过渡的情况。

半坡博物馆早期陶器上的图形

"魚"字出现在很多甲骨文和金文里。金文特别富有表现力，我们看到了硕大的、肌肉丰满的鱼身，翅和鳍，圆圆的眼睛，有时候还有长着尖牙利齿的嘴。

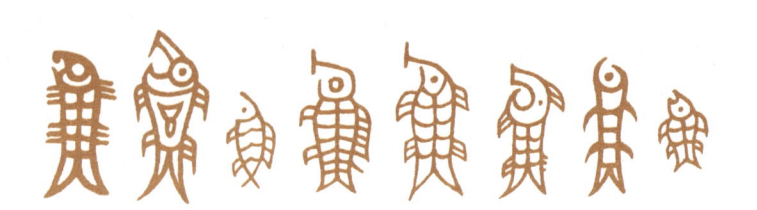

心目中有了这些形象，人们很容易理解1956年以前所写的"魚"字，现在写的"鱼"字也很容易理解——尽管它已经失去了大部分古老的、富有表现力的特征。

对半坡的人来说，鱼可能是一种图腾动物，或者是一种富足的象征。不管岁月怎么流逝，鱼在今天仍然是富余和财富的象征，是勤劳致富的象征。

我们在春节贴的年画当中，经常会看到胖娃娃骑在大红鱼上，或者把它们抱在怀里，就像抱玩具熊一样。

这是一个双关语。"鱼"字的发音与"余"字完全相同。就像我们只要看到一颗心，马上就会联想到爱情。中国人一看到一条红鱼，马上就会想到富余和财富。

也可能受佛教的影响，在佛教世界鱼是摆脱各种羁绊的自由的象征。在佛教画和雕刻以及大佛脚印的浮雕——一种常见的装饰题材中，人们经常可以看到鱼的形象，当一位和尚召唤他的弟子们诵经时，要敲一个巨大的木鱼。

很多寺庙的院子里都有一个养着鲤鱼或金鱼的水池。过去在隆重的宗教仪式上，从和尚那里买一条鱼，然后放掉被称做善行，如今人们是从某一位养金鱼的人那里买鱼，卖鱼的人并排坐在市场上，身旁放着搪瓷鱼缸，人们买好鱼以后放进塑料袋带回家，让鱼在架子上的玻璃鱼缸里过着孤独的生活。

金鱼和鲤鱼是中国最令人喜爱的鱼种。它们是近亲。如果一条金鱼摆脱了缸养生活而重归大自然的话，也许会逐渐变成棕色或灰色，能长到三十厘米长。它会完全变成一条鲤鱼。

养金鱼是一种专门技能。金鱼可以说是一种起源于中国的艺术品种。养鱼的历史可以追溯多远是很难说得精确的。来自晋朝（265—420）的文字材料中曾提到过金鱼，但是真正养起来是宋朝（960—1279）。从此以后人们繁殖出三百四十五个不同的品种。像鲤鱼一样，金鱼也可以活很长时间。活二十年至二十五年对于金鱼来说不算什么。最珍贵的品种是红色的，颜色很柔和，它有一对突出的圆眼睛和巨大的鳍。在瑞典语中称做"天空望远镜"。

中国人养鲤科鱼至少已有两千五百年历史。鲤科鱼生长快，不怕环境拥挤——看，那是一条真正的中国鱼！过去人们在稻田里养鲤鱼，但是现在人们经常利用1949年以后建造的大型水库养鱼。在很多地方人们还建造了正规

年画"有鱼"。男孩子抱一条大鱼，象征"有余"。这是对画的右一半。山东潍坊。

古老的金文"鱼"字与汉代青铜器上的饰物相隔上千年，但是它们在反映现实方面却是一致的，人们经常可以在中国的文字和绘画中看到这一点。

年画《鲤鱼跳龙门》

的养鱼塘。

各种不同的鲤科鱼可以生活在一个鱼塘里，但生活在不同的水层，既分离又共栖。生活在中间水层的青鱼喜欢吃贝类动物。它们的排泄物培养了生活在浅水层的白鲢吃的浮游生物。白鲢的排泄物喂养了生活在塘底的鲫鱼和鲤鱼。

顾名思义，草鱼喜欢吃草。它们能很快把湖里的水草全部吃光。夏天的时候，它们每天吃的水草与自己的体重一样重。成年的鱼吃草的重量可高达三十五公斤。人们成功地在瑞典的五十个地方养殖了草鱼；在荷兰人们养草鱼来保持运河干净。

在上海郊区的宝祥村人们养殖的鲤鱼每公顷每年产量可达十吨。鱼塘面积每天都在扩大。很多农民意识到他们在土地上养鱼比种植谷物或蔬菜收益更高。

鲤鱼是一道很美的鱼菜。清蒸鲤鱼，或加豆豉和少许胡椒，浇一点由黄酒、糖和酱油做的汁儿——甜辣可口——香极了。

在中国内地省份人们过去经常只吃干鱼。但说"只"实际上是错误的，因为晒干是保存鱼虾和其他贝类动物的良好方法，直到现在这种方法在中国还是很普遍的。晒干的东西味道更浓，人们不需要多少佐料就可以做出很好的味道。

鲤鱼是勤劳致富的象征。中国有一个古老的故事，说每年三月鲤鱼沿黄河而上，要通过平原与山脉交汇的龙门。由于水流湍急，只有极少数可以跳过去。跳过去的就可以变成龙——万物生灵之首和皇帝的象征。因此在古老的中国社会，鲤鱼是前程远大的人的象征，人们想方设法通过皇帝的各种考试——在社会上获得荣誉和地位的敲门砖。

如今黄河已经被征服，跳龙门已经很困难，但是年画上的大鱼还是可以跳过去。年画中的表现方法与金文中的方法仍然完全相同。

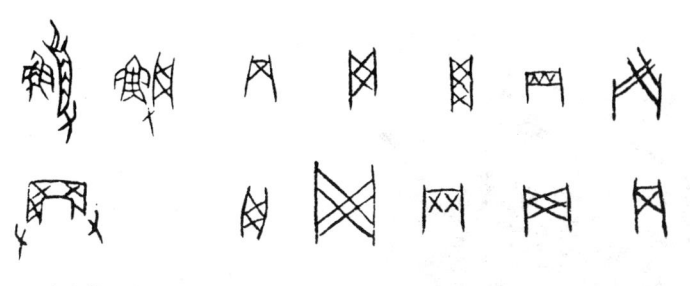

在农村，农民在河塘里养鱼，鱼长大以后他们借助一种拉网捕鱼。这种网是长形的，下到离岸有一段距离的水中，然后把网拉成一个越来越窄的弓形，像一个口袋似地把鱼拉住。这种网非常适合底平而没有石头的浅水湖、河和池塘，否则网会被挂住。这种网可能在新石器时代就出现了，当时这种网和其他的鱼网是什么样子，现在已经没有人知道。它们是由植物纤维织的，很早以前就烂掉了。但是表示网的甲骨文却极为简单明了地再现了当时鱼网结构的相当不错的样子。

在这样一些字中——"渔"字的前身——我们看到一张网朝一条大鱼拉过去。两只手正好伸进一张明显与拉网相同的网里。

当时一定有很多不同的网。网不仅仅用于捕鱼，也用于狩猎。一些甲骨文看起来不像我们习以为常的鱼网，更像某种围栏，借助它人们可以拦住水

古代鱼网复原图

道或小路，从而可以防止鱼或其他猎物逃离这个地区。另一些看起来像是下到河水里的网。有一个字很像由柳条或竹子编成的网袋，直到现在人们仍然可以在小河里看到这类网袋，鱼被水流冲到里面便不能逃脱。

我在山东沿海看到过使用类似网袋的东西，那里有一条小河，里边有很多鱼。当地村民在河里放了一长串结实的网袋，六米宽、二十米长，他们每天去收鱼。鱼袋被水流冲紧，就像一个大漏斗漂在水中。鱼袋很粗，游过来的鱼能看到它们，但是水流太急，不管它们如何费力也逃不掉。差不多所有的鱼的尾鳍都被挂在网上。

在来自新石器时期和最初几个朝代的定居点附近，人们经常发现网坠。这表明，当时也有垂直水中、由网坠把网拉到水底的极为通常的网，与今日整个中国农村仍然使用的网样子完全一样。

今日"网"这个字既像鱼网，也像网的古字。这是今天又重新使用的古老字形。在汉朝人们开始使用另一个复杂的字，它一直保留到1956年，从这年开始又重新使用这个字的古老的字形——这是说明很多古老字形清楚、明了的一个典型例子。

"渔"字有很多不同的变化。

我们看到金文是一条大鱼，张着嘴，极力想摆脱两只可怕的大手。这是一个直到今天我们仍然经常看到的景象。当鱼塘里的水被抽干，农民挽起裤腿，下塘去捉鱼时，就是这个样子。

在甲骨文上，除了我们过去看到的那些字以外，还有一个表示一只手拿着一个钓鱼绳的字。这个字的意思就是一个学龄前儿童也能一目了然。

令人喜爱的"渔"字表示一大群鱼在水中畅游。

有一种写法是水中仅有一条鱼。当各种不同的写法后来逐渐标准化以后，这个字就变成了"渔"字。

人们也用箭头和弓捕鱼，特别是箭头，人们对它的了解大大多于网——箭头是用坚硬的材料制作的，如石头、骨头、兽角和青铜。这种箭头的形式有别于亚洲其他地区的。柄不是镶进箭头的套里，而是箭头镶进柄里。

箭头可以与竹子做的箭柄连在一起。竹子的内层是软的，但是"节"或者我们现在称它们为按一定距离反复出现的固定部分是坚硬的。把箭头用力装进这样的"节"中是很牢固的。

旁边这两个骨制箭头出自半坡，可能是捕鱼用的。柄上奇怪的棱和箭头下半部分的作用很可能是为了把箭头紧紧地锁住。它也可能起固定弓弦的作

一件周代酒器的局部。在87页可以看到整个酒器图案示意图。

用。在这种情况下箭头或矛完全可以当做鱼叉使用，在世界上的很多地方人们用鱼叉捕捉鲸鱼和其他较大的鱼。

一批周朝后期的青铜器都装饰着狩猎图。一个常见的主题是，人们朝一大群鸟射箭，箭头拴着一根长绳，其用意可能是为了防止被射中的鸟再飞走，也可能是为了没射中目标时较容易收回箭头。

在商代箭头一般是用石头或骨头制作的，与旧石器时期人们开始用弓和箭时一样。当时有很多种箭头。最常见的箭头是由一块磨得光光的像树叶状的石头制成的，四周很锋利。另外一种是用骨头制作的，三角形，有很长很锋利的翼，像半坡的箭头。在商代也常见青铜箭头，但仅仅材料是新的，而古老的形式被保留下来。

半坡博物馆的骨制箭头。
从图中可以看到削过的痕迹。

　　在甲骨文中，表示箭头的"**矢**"字有几种不同的写法，好像是根据商代使用的箭头的特征创造的。里边有一种形式特别像磨得光光的石头片，另外一种很像有着锋利双翼的三角形箭头，正是这种箭头后来有了发展前途。

　　"**矢**"字还包含在其他两个字里，其基本意思是"**内**"和"**入**"。最初的形式是表示一个尖尖的东西，与"**矢**"字的上半部分有很多相似之处。

　　"**至**"字表示箭头射中的目标。

一个人伸着双手，很像一个"大"字，腰部中箭："疾"——它的不同意思足够写一篇小说！

这个字最后被确定的形状诚然与"箭"字有关，但是"人"以及与此有关的戏剧性故事完全消失了。

这个字的左半部分可以与其他字组成一大批合成字，《马修斯汉英词典》共收录一百三十二个这样的字。它们都与急性的或慢性的病有关。

中国青铜器时期的弓的结构完全不同于中世纪欧洲士兵作战用的罗宾汉式长弓。弓不是单一的整体，它们是由薄木片或薄竹片完全按照现代层压结构的原理组合而成的，用牛筋加以固定。

周朝石鼓上的"弓"字

各种不同材料特性的结合使弓具有极大的威力。据测算这种弓的拉力可达七十公斤，明显超过绝大多数现代弓的拉力。尽管这种测算不是特别准确，但是从各方面判断，中国弓都是很有效的武器。爱斯基摩人和印第安人，还有中国西部地区的少数民族至今仍然使用弓，其结构很像中国青铜器时代的弓，借助它获得生存所必需的食物。

弓在中国有很长的历史。考古材料证明，人们在两千八百年以前就使用弓，直到19世纪末弓箭手还是皇帝军队的主要兵种，通过考试选拔军官，其中就有射箭的科目。

人们发现的最古老的弓是战国时期的。这把弓在长沙的一个古墓中出土，由四层竹片制作，越往中间越厚，两端是木制的，便于装弦。整个弓都由竹片、丝和精细的漆包裹着，大约有一点四米长。

1871年北京的一位满族军官和青铜器时代弓的复原图。
尽管两者相隔三千年，但弓还是一样。

商朝的弓可能还要更长一些。当时有一种尺，称为"弓尺"，丈量土地用的，有一点六米左右长。这种弓的结构应该与长沙弓相同。甲骨文和金文中的"弓"字的外型就是根据这种弓创造的。

战国时期的一件青铜酒器的图案示意图

射

　　我们从与长沙出土的弓同一时期的一件青铜酒器上看到，弓既可用于射杀也可用于和平方面。酒器的上半部分覆盖着欢乐的场面，人们采桑叶，演奏乐器，准备庆典，并弯弓搭箭，捕猎像天鹅或大雁这类肥大的长脖鸟。

　　下半部分描绘的是征战的场面——可能是攻占一座城池——以及河里的两条船之间的战斗，人和鱼混在河水里。最边上有两个女人，穿着镶花边的长裙。她们举着弓，准备射箭。

　　同时期的一座古墓中发掘的一块砖上装饰着骑马射箭的图案。射手在鞍上转身搭箭，欲朝马后边射出箭矢。

　　如上图所示，这是个"射"字。人们能看到弓和箭，有时还能看到一只手。由于公元前2世纪统一文字，很遗憾，人们误把"弓"字换成了"身"字，因为"身"字最早的形式与"弓"有某种相似之处，而最初的鲜明形象变形了。

　　周朝后期中国人把墓砖上射手使用的那种弓发展为弩，它是火枪传入之前最有效的武器。从汉代开始以及后来的一千年当中，它都是中国军队的标准武器，直到被火药——中国的另一项发明——取而代之。

早在希腊或拜占廷时代，弩就被介绍到欧洲，但是一千年以后才被普遍使用。当时这件事引起极大恐慌，1139年教皇和拉特兰会议禁止使用弩——至少不能用它对付基督教徒——但无济于事。在整个中世纪火枪传入之前，弩在中国和欧洲都是最主要的武器。

在新石器时期和最初的几个朝代，黄河流域的气候更像现在中国的华南地区，气温要高几度，也更湿润。今天我们看到的光秃秃的山和几乎寸草不生的原野，在当时则是森林、肥美的草地、沼泽和湖泊。那里有一个能使很多各种不同的动物繁衍生息和使人类获得大量猎物的好机会的环境。

在山区有大量的鹿和野猪，那里还有老虎。在森林的边缘和田野上栖息着大量的野鸡、鹌鹑和鸱鸮。湖泊里有鱼和龟，而在湖边潮湿的草地上生活着从北方繁殖归来的鸳鸯、大雁、天鹅和苍鹭。

那里还有一些如今我们无法与中国内地连在一起的动物，如犀牛、大象、貘和孔雀。但是在最初的几个朝代它们无忧无虑地生活在黄河流域。我们从考古发现，特别是从甲骨文中都可以知道这一点。

洛阳附近出土的汉墓砖，一米多高。

此后气候逐渐变冷和逐渐干燥。滥伐森林、滥开沟渠和垦荒改变了很多动物的生存条件。鹿消失在北方和西部的森林和草地。犀牛完全绝迹。大象只存在于云南的边境地区，它们被用来搬运木材。那里还有数量很少的老虎，其余的都回到东北地区去了。这些习惯于该地区寒冷和冰雪的长毛猛兽过去是从那里迁徙到黄河流域的。生活在那个地区的四至五种龟仅存一种体型很小的淡水龟，人们在各地的市场上经常能看到它们——我的中国朋友说，用这种龟做汤或红烧特别好吃。

鹿

　　哲学家庄子说，中国最早的人类生活在鹿与獐子之中。生活在公元前4—前3世纪的这个人怎么会知道这一点？不清楚。不过他说的话被考古发现证实了。蓝田人、北京人以及他们的后代在六七十万年当中都是靠捕猎鹿为生。

　　安阳出土的文物也能证实这一点：鹿骨是常见的，鹿是经常出现在装饰镌刻当中的动物。今天的"**鹿**"字与最初的"**鹿**"字已经有很大差别。在甲骨文和金文中的鹿长着角，身体做跳跃状，双眼警惕地看着平原。请看它们，脊背上的有趣横线和跳跃姿态特别像刚被抓住！

青铜器上的鹿。周朝后期。

　　鹿不仅可以提供肉和制造工具、衣服和装饰品的原料，它在宗教仪式中还扮演重要角色。公鹿每一年都脱角，每一年又长出新的，皮软软的。每一年大自然都会开始新的生长期，光秃秃的土地上会长出新的生命——就像鹿的头上长出的角。对于生活在历史初期的人来说，鹿角是新生和生命开始的象征，在人们要求太阳出来和新生长年开始而进行的超自然的崇拜活动中，它们扮演重要角色。

在亚洲的很多地方和美洲的印第安人当中，即使在当代举行崇拜仪式时，人们也头戴鹿头假面在火堆前跳舞，萨满教徒——中国和蒙古的巫师——起程去苍天和地府寻找土地神和死去的祖先之前要用鹿头装饰自己。

在周朝玉制的护身符和青铜器的装饰物当中，我们也会遇到与甲骨文很相似的鹿的各种形象。

在安阳附近出土的一件最让人叹为观止的周代青铜器上至少装饰有一只鹿的八种不同形态。可能是一只梅花鹿。正面装饰着两个剖面鹿头，它们共同组成一个正面头。

梅花鹿原产于中国。它的个子相当小，屁股是白色的，棕色的皮上布满白点。鹿角高而壮。在最初的几个朝代梅花鹿是最通常的捕猎对象。它还被用于各种不同的祭祀场合。

如果人们像我下面做的那样，把青铜器上的剖面图拿下来分别摆放，就会清楚地看到图和"首"字很相似。

安阳出土的青铜器。
商代。

"首"字主要是根据鹿的形象创造的论点仅仅在几十年前才被提出,但是从未被接受。恰恰相反,绝大部分书里仍然重复着《说文解字》里沿用了两千年的说法,即"首"字是一个人的头和头发的形象。

考虑到甲骨文上"首"字的形象,这种说法很难令人信服。按我的眼光看,就像在青铜器上一样,它是一个动物的头而不是一个人头。

不过是一只鹿吗?难说。当时还有其他的字明显地表示鹿首。下面的这些甲骨文据说是一个城市的名字,但是很遗憾,在后来的字当中找不到相应的字。作为"首"字的前身(中文"首都"一词的第一个字),还算说得过去。但是关于这方面的情况没有任何记载。

关于鹿头对于"首"字的造型有何实际意义的问题现在还没有解决,但是我确信有一种联系。此外还能有任何其他东西比具有强烈象征意义和美丽、动人的鹿头更能代表这个概念吗?我们人类怎能与它相比,起码外表上是无法相比吧?

鹿后来逐渐失去了宗教意义。但是鹿能起死回生、使人充满生命力,甚至能长生不老的看法还是留存下来。据说,在19世纪的内战中,士兵经常让一只鹿走在军队的前面,以保证军事胜利和用神奇的力量保护士兵的生命。直到今天人们仍把梅花鹿的鹿茸当做药材。药店喜欢用鹿茸当做招牌。鹿茸以它强健的外形和它柔软光滑的皮肤成为中国药方里最引人注目的成分之一。

据说鹿茸有强身健体的功效，不过鹿茸一定要活着的。鹿自己脱下来的鹿茸药力不足——鹿茸一旦达到成熟便开始钙化，而药的价值——这时候它是药——逐渐丧失。因此人们毫不犹豫地在初夏锯下鹿茸，而血液仍然可以自由地在剩下的鹿角里循环。

捣碎的鹿茸被认为能使有性功能问题的男人创造奇迹。年轻公鹿的鹿茸效果最佳，但是这方面的资源很少，价格极贵。中国每年向日本出口数量可观的鹿茸，看来那里的性功能问题特别大。人们还出口干的鹿的胎盘——据说这种可怕的药对多种妇女病都有疗效。

一块汉砖上有一只鹿的造型。它的流畅线条表现得似乎不是梅花鹿紧闭的犄角，而更像美化着四不像的巨大的开放式犄角。这种鹿——世界上最大、最强壮的鹿种之一——原产地也是中国。中国古代这种鹿在黄河流域潮湿的森林里是常见的，而在甲骨文中人们经常会看到讲述几百只被射死的动物的铭文。

四不像在自然界很早就绝种了，19世纪末叶仅在位于北京以北承德的一家皇家园林里保存唯一一个种群。1900年义和团运动失败以后，在西方列强大举进攻中国的同时，他们还宰杀动物，只有一小部分被送往英国因而幸免于难。从此它们的后代便生活在沃本修道院的贝德福德公爵的庄园里。

1985年秋天，二十只鹿被赠回中国，它们是曾被掠夺走的鹿的后代。人们为它们建造了一个特殊的公园，试图为它们重新创造一个在黄河领域的森林里的原始环境。

四不像

这是一只龟。只有把它翻过来看到脚的时候才可以认出它，但是它的形象很清楚：巨大的龟甲上布满深深的沟，细细的脖子上长着前趋的头，脚趾分开。这些来自甲骨上的字意思为"龜"。

由于公元前2世纪统一文字，"龜"像其他很多文字一样失去了明显的象形特征。但是如果耐心一点我们仍然能够认出眼前这个动物，它既有龟甲又有脚，不管这个字的笔画看起来多么繁杂。

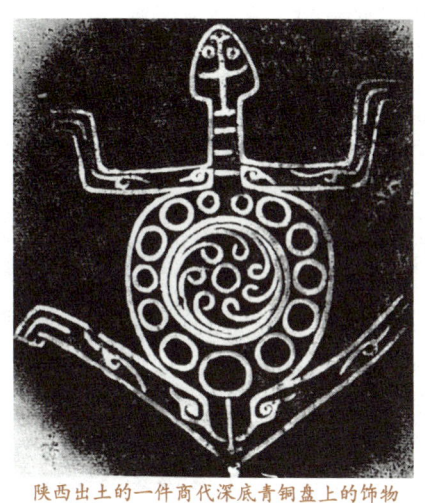

陕西出土的一件商代深底青铜盘上的饰物

西安碑林里的龟

1958年的文字改革后，情况变得更糟了。改革以后的"龟"字与实物失去了一切联系。

在最初的几个朝代里"龟"字还有另外一种写法。这种写法更多的来源于龟甲。对古代的中国人来说，动物的这部分特别有意义——它们向祖先和苍天提的问题正是写在甲骨上。这两种写法很可能是根据两个不同的种类或不同的用途而创造的，但是这之间有什么联系，还没有经过调查。

类似龟的形象作为神奇的装饰因素早已出现在新石器时期的陶器上以及商、周时期的很多青铜器上。这一点与中国神话中龟的中心地位有关。人们相信龟曾经参与创世，从此以后它在自己巨大的背上驮着宇宙的柱石。

龟也与神秘的阴阳学说以及神秘的方阵有密切的关系。传说中的皇帝伏羲在龟甲的裂纹中发现了八卦，三条线的符号可以互相配搭成六十四卦，直到今天中国人仍然认为它们象征各种自然现象和人事现象。占卜的书《易经》使八卦传遍全世界。

古代中国人认为龟只有雌性的，雄性龟根本不存在，因此传宗接代成了问题。根据一种说法，龟通过意念自己解决那部分细节。根据另一种说法它求助于蛇。两种情况都缺少合法父亲，由此产生了一大批骂人的话，这些低级的、富有性联想的脏话直到今天还很普遍。

但是龟毕竟支撑着宇宙，由此给它带来很多其他沉重而光荣的使命。据说人们在北京天坛柱子底下放了活龟。人们相信它不吃不喝可以活三千年，此外它还有防止木头腐烂的奇特功能。

龟的寿命很长，有些种类可以活一百多年，而且可以长时间不吃不喝——不过还达不到三千年。我曾经养了一只龟，像养孩子似的。每年冬天它都藏到五斗橱底下，春天再爬出来。有一年夏天它失踪了，我们以为它死了，等到第二年春天积雪融化的时候，它又自由地在院子里爬来爬去。它冬天到底在哪里藏身，我们一直不知道。

这样一种动物成为长寿、力量和坚韧的象征很容易理解。仅仅凭它的外表就足够了。龟甲、光滑的古老脑袋和布满皱纹的脖子，多像一个老寿星！

西安有一座古老的孔庙，庙里有几间黑暗的大厅，现在为博物馆，那里有永久保存的十三种最优秀的古代典籍，镌刻在巨大的石板上。在那里散步如同置身于森林之中。文字上的光仿佛是刹那间从沉重的灰色石头中散发出来的，那里有诗人和皇帝各种不同的手迹，集中了整个古代的智慧，并且一目了然。它们离我那么近，伸手就能摸到它们——这使得这个地方成为中国最杰出的知识圣地之一。

几块最大的石板是由龟驮着。它们伸着头瞪着善于思索的眼睛趴在沉重的智慧下边，表达着存在永恒的观念。

在蒙古的草原上我和我的孩子曾经碰到过这样一只龟，那是在蒙古帝国昔日的国都哈尔和林附近。有碑文的石头早已经失踪了，而龟变成了好玩的游戏石雕，我不相信它有什么不高兴的。

哈尔和林附近的石龟

　　不借助于古汉字人们很不容易看出这个"**象**"字。最主要的困难在于象不是我们习惯看到的那样用四只脚站着，而是垂直立着。原因很简单，对于那些把文字刻在甲骨上的书写者来说，表现动物的很多文字构成了问题。人们是从上朝下写，所拥有的空间极为有限。老虎长长的身躯、狗的尾巴和象的鼻子以令人生气的方式打破秩序，侵犯到周围的字行里。因此，为了解决这个问题人们把体长的动物立着排成行，只要人们把它放倒就会看到一切都有，沉重的身躯、鼻子和尾巴。

　　在青铜器上的铭文和字明显是大象的写真，上面也有更加正规的形式，今日的文字就来源于此。

　　很多护身符、小的雕刻以及青铜器采用象的形式，就像我们在那张大照片上看到的那样，它是在最初几个朝代的坟墓里发现的。这是我特别喜欢的一件东西，祥和、可爱，脊背的盖上是一头小象。这是一件商代酒器，如果人们把这件雕塑与旁边的甲骨文进行比较就会发现甲骨文是多么写真。

　　在中国旧石器时代有很多像长毛象和箭龙这些象类动物。人们在几个古代定居点发现了碎骨和一部分完整的巨大动物牙齿。到了商代仅存一个种类，即所谓亚洲象，这种象的眼睛很小，目前仅存于中国南部边境、东南亚和印度，过去它们被用于运输并在战争中起重要作用，与汉尼拔象差不多。

商代铜酒器

中国的鸟类特别丰富，仅野鸡就有二十种。世界上其他的野鸡都是由其中一种长着白脖的品种繁衍而来的。雄性野鸡漂亮的鸡翎和鲜嫩的肉导致它们被引进世界很多地方。16世纪引入欧洲，很快得到狩猎的上层阶级和艺术家的青睐，有多少被刚刚捕猎的野鸡的静物画记载在欧洲的艺术史上！19世纪末才引进美国——它是对几乎被射杀殆尽野火鸡的受欢迎的补充。

野鸡、鹌鹑、鹧鸪、孔雀和普通的家鸡同属雉科，它们习惯于生活在周围有田野的开阔的森林里，它们可以在那里找到构成它们食物的谷粒和小爬虫，晚上睡在树丛里或树上。古代黄河流域正好具有这种环境，因此人们对于目前在考古材料中已被确认的四种不同的鸟类中有鸡、野鸡和孔雀三种属于这个科就不感到奇怪了。第四种是兀鹫。

如果我们再看一看文字，古代鸟类就显得更加丰富。我系统地查阅了高本汉编著的周代语言词典《汉字形声论》，发现至少有一百个字与鸟类有关。有差不多四分之一是不同品种的野鸡、它们的羽毛和叫声的名字；有差不多同样多的字与水鸟有关，绝大部分是不同的大雁和鸳鸯的名字，但是也有表示苍鹭、天鹅和鹳鸟，甚至还有表示鹈鹕和鸬鹚的字。鸬鹚是一种经过人类训练可以捕鱼的黑色鸟。

在其余的五十种当中有一半是未命名的鸟，剩下的是一些小型鸟的名，如麻雀、燕子、金莺、翠鸟和樫鸟，以及寒鸦、喜鹊和渡鸦等乌鸦类。另外还有表示猛禽鹰、隼和雕等十几个字也属于这个范围。

除了表示这些鸟的专有名词以外，还有两个普通名词，其一是表示长尾

长尾巴鸟　　　　　　　短尾巴鸟

鸟的，另一个是表示短尾鸟的。这种划分对于那些习惯于另一种科属分类系统的人来说显得有些奇怪，但是考虑到这些汉字产生地区的鸟类品种——特别是这种划分是在三千年以前进行的——也就不足为怪了。

我们在甲骨上看到一群唧唧喳喳的鸟。华丽的羽毛在风中抖动，嘴里发出短促、金属般悦耳的叫声。

在周代，从这组字中结晶出来的表示长尾鸟和短尾鸟的两个字是今日汉字的前身。左边的一组是表示长尾鸟的汉字的前身，右边是短尾鸟的。从甲骨文上这些汉字的形式看，我们可以追溯它们的发展历史直至其最后定型。

据我所知人们还没有对不同汉字之间的关系进行过彻底的分析，但是从我做的综合分析不难看出，分类方法是很多的。很多被说成是这个字的前身的甲骨文，有同样多的理由说成是另一个字的前身。在表示不同的鸟类品种当中有百分之十以上还分为两种不同的情况——一种是长尾鸟，另一种是短尾鸟——如野鸡、家鸡、雁和雕。

这可能是划分雄性和雌性的一种方法，但如果是这样，依我看，这种方法也不能自始至终行得通。

有些专家强调，起初只有一个"鸟"字，直到周代后期才分为两个。这种理论目前还未被普遍接受。我们可以想象存在两个不同的表示鸟的汉字——但是我们不能借助这个汉字得出鸟类相貌的某种结论。

按道理这个问题应该有可能解决，至少可以解决一部分汉字。汉字是建立在对鸟类及其运动方式细心观察基础之上的，很多字是明显的写真。人们认为，一位有经验的鸟类学家很容易确认它们。很多在过去被划分为表示长尾鸟的甲骨文最近又有了自己的归类，其中有被认为表示鹑鸡类的鸟和啄木鸟的最古老的形式。

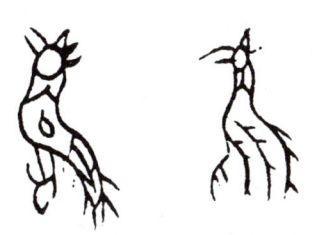

这两个字都可以在金文中找到自己的对应物。

族徽，未确认的字。

直到最近，这些通常与一群汉字放在一起的鸟的造型被认为是表示氏族部落或家庭的名字。许多没有找到前身的汉字自此告一段落。

有一些肯定是表示名字的，或是被氏族部落看做祖先的神秘的鸟的象征图形。但正如瑞典的林德、科维斯特、布鲁姆、贝里、隆德和很多其他姓氏一样，起初都是具体的东西——菩提树、树枝、花、山和坡。中国的名字和文字可能也是一样。

随着不断的考古新发现，肯定会有越来越多的鸟被确认。在这方面可以借助商、周时期富人经常装饰衣服的护身符或悬挂的饰物。它们是由很薄的玉片或骨制成的，装饰有凹凸的线条。从侧面看很像甲骨和青铜器上的鸟。有很多很像文字。

如今人们已经不再用护身符之类的东西，但是在黄河流域的很多黄土高原地区的人们仍然用剪影或剪纸装饰房子，他们称这些东西为"避邪"。从文体学的角度看，在把握和描写现实的方法上，商、周时期的护身符与文字惊人地一致。

吉祥物

吉祥物

剪影是用彩纸剪的，通常是黑色的或者红色的，贴在白色窗纸上、门和墙上，或者贴在天花板上。它在很大程度上是一种妇女艺术。当孩子睡午觉、做晚饭还太早的时候，妇女们就坐在炕——家庭共用的大床——上剪纸，与瑞典妇女钩端热锅用的垫布和绣圣诞节桌布一样。或者就像昔日她们用白纸剪装饰食品室的花边一样。

有经验的老年妇女用平常的剪子直接在大块纸上剪，不需要样子。她们能剪出粗犷但极为新鲜活泼的线条，瞬间的灵感和纯熟的剪技得以顺畅发挥。

题材是人们熟知的日常的动物和植物：牛和羊，鸡和猪，鹿和鸟，白菜、瓜和桃子。都是屋里或屋外的事物。两只公鸡斗架，一匹马挣脱缰绳跑了，几只鸟落在一棵果树上。

在中国的很多地方，剪纸已发展成一种工业，人们用机器一次能切出一大批的剪纸，样子完全一样，题材更多的是梦境而不是日常生活：神奇的风景和嫦娥奔月。但在山西和陕西那些古老的贫穷地区，人们仍然可以遇到最初是民间艺术的剪纸：一种简单、极为便宜的美化生活的手段。

延安周围地区以剪纸闻名。在最初的几个朝代那个地区曾经是重要的军事、政治和商业中心，直到13世纪蒙古人占领中国为止，它一直保持中亚和北部沙漠之间通商的重要地位。

尔后开始走下坡路。当商业活动停止的时候，交通断绝了，整个地区停滞不前。由于高山和峡谷的阻隔，居住在不同河谷的人们彼此孤立，与外界的文化接触中断了，严重的饥荒使人口锐减，当1935年秋天毛泽东和红军长征到达那里时，大片的地区都是不毛之地。

作为闭塞的一个结果，很多古老的风俗和习惯被保留下来，妇女们仍然按照当地的传统剪纸，给那里灰色的、在那些黄土高原地区更确切地说是黄色的日常生活增加一点儿生气。

1980年当人们把她们的几件剪纸作品首次在北京展览时，在考古学家和人类生活研究专家当中引起很大震动。出自那些既不会读书也不会写字的单纯农家妇女之手的作品，再现了最初几个朝代的剪纸艺术的形式。这之间是怎么联系在一起的？她们看到过多少或者受到过多少古老的艺术——青铜器、玉器或汉朝的浮雕和砖瓦——的影响呢？

可能什么也没有。

1987年夏天我在延安周围地区找到了几位年迈的剪纸妇女，以便更多地学习她们的艺术。在我见到的人当中有一位叫纪兰英，当时六十四岁。她和自己的儿孙们住在延安城外一条山谷的几个装有漂亮木格窗子的窑洞里。在她的世界里没有书，原因很简单，她和家里其他人都不识字。十五岁的孙子诚然上过几年学，但是连自己奶奶的名字都写不下来。家里唯一的书是一本薄薄的地租账本，但是没有人认识上面写的是什么东西。纪兰英到过延安，但是从来没看过电视或电影，她根本不了解最初几个朝代中国艺术的形成。她肯定地说，她的技能是从本地区的老年妇女那里学来的，或者是她自己想出来的。

在其他地方我也看到过相同的情景。住在山谷处的姥姥、奶奶和其他老年妇女，当小姑娘们求教剪纸技巧时，只有她们有兴趣、耐心和时间教她们。纪兰英的妈妈曾经竭力不让她从事剪纸这行业——家里穷没钱买纸——但是她用树叶代替纸。最后一位邻居妇女被她感动了，教了她几个古老的图案，以及如何握剪子，比如要表现鸟儿的羽毛细尖时应该怎么做。

我问过很多关于图案、形式、特别是不同剪纸的象征意义的问题，她总是有问必答，但是问答的内容经常过于简单。"花儿是美丽的"，"鸟儿是欢快的"，"村子里家家养鸡"等等，当我进一步问时，她经常这样回答："我也不清楚，我们大家都是这样做的。"这不是因为她不愿意回答，在我待在村子里的那段时间我们几乎无话不谈——家庭、经济和风俗习惯。纪兰英和我遇到的其他人知道的确实很简单。图案对她们来说是那么自然，从小就是这样，她们从来没有想过图案的事。当她们坐在炕上剪各种图案时，她们喜欢作品本身和作品所散发出的安宁。当她们把自己的剪纸贴在窗子、墙或者高高地贴在窑洞顶上的时候，她们兴高采烈，"看，多么漂亮"，这就满足了。但问题是，这种传统究竟还能保持多久。随着这个国家生活水平的不断提高，如今其他装饰物正取而代之。剪纸被认为陈旧，很多人更喜欢用歌星和影星的招贴画装饰房间——象征发展和进步——这个艺术品种的消失可能仅仅是个时间的问题。

据我所知，人们还没有对剪纸艺术的发展历史做过认真调查研究。可能永远不会有人去做。剪纸是用很容易损坏的材料做的，每年都要换一次或几次。因此我们不知道，这种传统风格是怎么样流传至今而不断的。

金文中的"鸡"字　　　延安剪纸

　　每一只手上有一只鸟，另外有两只鸟像侍者一样拉着上衣的衣边，头上梳着两只远在古代就很通常而在今天仍然打扮着很多中国儿童的那类小辫子。男孩子的头顶正中间梳一个小辫子，就像一个惊叹号，女孩子梳两个，据说可以避邪。这里的辫子梳成鸟的形状，完全符合延安地区的语言使用习惯——这类辫子在当地叫做"鸡"。或者剪纸上的辫子实际上不是辫子，而是成人的发簪形状，而这种簪经常做成鸟的形状吧？鸡，特别是公鸡象征着太阳和白天，太阳一出一切黑暗和危险都消失了。它们还吃害虫和有毒的爬虫，以此来保护大人和孩子。在安塞农村每到五月初五人们就在孩子的衣服上缝两只布鸡，自古他们就是这样做的，为的是给孩子驱邪。这时候人们还唱一首歌，歌词大意是：

鸡能啄，
虎能卫。
鸡吃害虫，
虎驱邪恶。

祖母与孙女

安塞剪纸

五月初五是盛夏的开始。气温一天比一天热，害虫越来越多，越来越危险。为了保平安，人们在这个时候把剪好的一只捉住蝎子的公鸡贴起来。这种方法总是灵验的。

不论是"长尾鸟"还是"短尾鸟"都可以与其他的字组成很多表示鸟的名字或者是与鸟的动作、声音有关的字。"口"字加一个长尾鸟共同组成**"鸣"**字，还可以转意为"鸣响"、"鸣笛"等。在山区，通道很窄，人们可以在危险的转弯处或铁路隧道的进出口附近的路标上看到这个字：鸣笛！鸣！

鳴

"短尾鸟"和"手"字组成**"隻"**，人们在谈到一群动物中的一个的时候用这个字，如一"隻"鸡。我们在甲骨和青铜器上可以看到一只右手伸向一只展开翅膀和尾巴的鸟。同样的题材也经常出现在延安地区的剪纸当中，但是形象更加细腻——我们不仅能看到手，还能看到整个人，有的时候还有一张桌子、一把椅子或者一个篮子——不过手里拿一"隻"鸡仍然占有中心地位。

隻

　　我们从上图中看到一位妇女拿一"隻"鸟，他们亲密无间地站着，心平气和地对视。鸟圆圆的眼睛闪闪发光，跟几个金文很像。

　　在另一个也出自延安地区的剪纸上，我们看到一个人，怀里抱着一只鸡，明显是一只母鸡。母鸡张着嘴，我们能得到它似乎正在叫的印象，就像母鸡生蛋以后通常要叫那样。那个人手里正好拿着那个鸡蛋。旁边有一个篮子，它是一个装满鸡蛋的篮子。或者是鸡窝？

　　鸟儿是延安地区剪纸最通常的题材，我们见到最多的形式是两只相对的鸟儿。这是剪纸技术的一种自然结果：把纸叠成两层，一次能剪出两只鸟儿。金文中的"雔"字看起来就像与剪纸有着古老的血缘关系。我们看到两只鸟嘴对着嘴，尾巴高兴地翘着，就像在任何剪纸上看到的那样。

由于公元前2世纪第一次统一文字，人们不知道何故给这个字加上了表示手的"又"，可能为了配合"隻"的意思，这种字形一直用到1958年，这时候人们把这个字的鸟的特征全部去掉，反而给这个字又加了个表示手的"又"。如今这个字与最初的形式失去了所有的联系。

"雀"字。这个字上半部的意思是"小"——我们接触这个字的意思是抽象的——而这个字意思非常贴切：小鸟。

周代后期青铜器上长腿长颈鸟图案

"雚"奇怪的上半部分大概可从甲骨文上得到解释：我们看

到的不是鹳鸟的头吗？两个"口"字不是表示鹳鸟正在极为尖声地叫吗？

鹳鸟有一种不同寻常的飞翔方式。它让自己两只又细又长的腿朝下伸着。我们在金文中看到的是它的腿还是它飞翔的翅膀？

"隼"。"这是一个图"，高本汉在《汉字形声论》一书中谈到这个字的时候精辟地说。他在《字辨》中说得更详细："一只鸟站在一种架子上：一只猎隼。"

在亚洲用隼捕猎是一种古老的方法。公元前7世纪亚述人就用这种方法——这可能是最古老最著名的例子——如果我们相信这个隼字是真的，那么中国人当时也用这个方法。

当时人们怎样驯养隼，现在不得而知，但是在19世纪人们一开始让捆着腿的隼先在一根棍上站三个月，第一个月用布蒙着隼的头。人们让隼逐渐习惯它是从人类那里获得食物，当它最终飞出去捕捉动物时——起初在它的腿上拴一条长线——它的任务是捕捉猎物，但是它要把猎物交给猎人，以便得一块食物，比如内脏。打猎回来它又被紧紧地拴在棍上。

随着11世纪十字军东征和商业往来的增多，这古老的亚洲捕猎方法传入欧洲，在中世纪余下的岁月里它成为上层阶级极为喜爱的捕猎方式。

在中国的边远地区，用隼捕猎的方法保留至今。我本人就遇到过一个隼的驯养者，那是60年代在内蒙古。他骑着马行进在一个山谷里，头上带着挡风的耳扇，风一刮，看起来就像脸周围有两只黑翅膀。隼站在他的皮袄袖上，那是一只威严的动物，马鞍旁边挂着他们的捕猎成果——一串野兔。

表示短尾鸟或长尾鸟的字存在于绝大多数的鸟名当中，与它有关的很多其他合成字很好地描写了鸟的各种动作——"霍"、"雅"、"睢"、"鸣"、"應"、"萑"、"集"、"崔"。这是细心观察大自然的很多证据之一，大自然是字的基础。

"焦"——一只鸟挂在火上。这个字出于对鸟的观察的一个残酷的题材。

人们肯定拿鸟做原料。听一听这首楚辞吧，人们竭力用各种美食引诱死者的"灵魂"死而复生：请回来吧，啊，灵魂！灶上的锅已经沸腾，里面装满美味佳肴！

五谷六仞，设菰粱只。鼎臑盈望，和致芳只。内鸧鸽鹄，味豺羹只。
魂乎归来！恣所尝只。鲜蠵甘鸡，和楚酪只。醢豚苦狗，脍苴蓴只。
吴酸蒿蒌，不沾薄只。魂兮归来，恣所择只。炙鸹烝凫，煔鹑陈只。
煎鰿臛雀，遽爽存只。魂兮归来！丽以先只。四酎并孰，不涩嗌只。
清馨冻饮，不歠役只。吴醴白蘖，和楚沥只。魂乎归来！不遽惕只。

楚国与周属于同一个时代，位于长江下游。但是它的烹饪技术和这首辞所描绘的令人垂涎欲滴的原料在黄河流域也被采用。相同的思想——美食是与死者的灵魂接触的最佳方法——存在于两地。祖先仍然属于家庭成员，当饭菜的香味升入天空时，他们会像其他的人那样问，什么东西这么香？在很多卜辞当中都有王询问客人即祖先关于菜谱的事：要牛还是要羊？要多少？一头？十头？五十头？

鸟，特别是鸡，仍然是中国烹调当中的重要原料，很多人家在庭院里的自行车与花圃之间的竹笼里养鸡，也经常在房檐底下挂鸟笼子，里边养一只会叫的鸟。

我们养狗和猫。中国人养金鱼和鸟。我们外出散步带狗，中国人带鸟，完全一样。黎明，当晨雾逐渐消失以后，老年人集中在公园和沿街散步，把自己的鸟笼子挂在树上，或者挂在楼群周围的小建筑物的一根绳子上，这样的环境是自然形成的，不是同时被设计出来的。

鸟笼子是圆柱形的，很像茄达奶酪，里边的鸟张着嘴不停地啄，以便保持自己的势力范围。他们养的鸟大部分是不同品种的云雀、中国知更鸟或者夜莺。这个国家的真正的歌唱冠军和宠物是画眉。它一开口，连夜莺都自惭形秽。

每天早晨，老先生们提着鸟笼子来到那里。在这些会面当中确实有一定的比赛成分：哪只声音最高？最有力？时间最长？但是最主要的是通过鸟互相见面——手里提一个鸟笼子，谁都可以被接受。

当灰蒙蒙的早晨被白天所代替，路上的自行车和汽车的洪流越来越稠密时，他们早已经带着自己蒙着蓝色棉布的鸟笼子回家了。但是黄昏时他们又聚集在那里。喧嚣的白天沉静了，而从昏暗的树林里传来同样活跃之声，老人们在谈论着白天发生的事情。

箭头和鸟共同组成通常的"雉"字。

"翟"是很多表示"雉"和"羽毛"的字之一。

字的上半部表示**羽**毛。这个字是否是鸟的羽毛，或者是翅膀上的羽毛或者鸟翎的写照，不得而知——专家们有不同的观点——但是在这里可能意义都不大。鸟和羽毛的写照共同提供了一个什么是雉的协调一致的观点。

通常雉的尾羽最多不超过半米长。在周代很多祭祀仪式上使用尾羽装饰军旗、战车，甚至乐器。

后来，在皇帝时代最高级的几种官服上绣着雉的图案——二品官服上绣金雉，三品官服上绣银雉。其他品级的官服上分别绣有天鹅、孔雀、大雁、白鹭、鸳鸯、鹌鹑、翔食雀、金莺——这是古代黄河流域鸟类完美的综合！

北方的雉类有两米长的翎，直到今天它们仍然是京剧中将军头上最漂亮的装饰物。演员在台上转来转去，如同巨大的虫子或鸟，通过不同的方式抖动翎子表示喜怒哀乐。不识字的观众也能马上明白剧情的变化。

当演员用力摇头，使翎子在他头顶上像一个旋转的树冠时，大家明白他已经怒发冲冠。反之，他一次又一次地深鞠躬，翎子碰到地上，表示他大为吃惊，必须要仔细考虑。

周代饰物图案

当他让一根翎子在食指与中指之间从根到顶滑动，同时把它朝身体弯成弓形时，这时候大家明白了他在侦察远处的一个目标——可能是附近一支敌军、一座城市或一座山。如果双手做相同的动作，表示他心满意足。反之，如果他用颤抖的双手把翎子在胸前弯成小圆圈，表示烦躁不安。

《大闹天宫》中孙悟空得胜后手握雄鸡翎大笑

虎

这些字表示**虎**，没有人会提出怀疑，张牙舞爪，摇摆着危险的尾巴，硕大的身躯。

虎应该是立着的，如同我们在甲骨文中看到的那样——很可能是出于实用的原因：把它像其他的字一样整齐地放在行里。但很容易看出，它们是侧视图，四只腿立着。

旁边这只玉制小老虎也是侧视图。它紧缩身躯，准备关键性的一跳。耳朵朝后背着，露着牙齿。我们似乎已经感觉到这只猎物在拼命吼叫。

这是来自商代的一件挂在身上的装饰物，在安阳郊外妇好墓

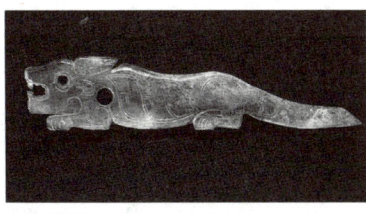

商代悬饰物

中发现。这类饰物在商周时代很普遍，不仅有虎的形状，如我们已经看到的那样，还有鸟和鱼的形状，人们经常把它们挂在腰带上。它们也起避邪的作用，死后带进坟墓。

　　甲骨文中的"虎"字逐渐变得更加形象化，而这种发展还在继续。

　　在某些金文当中仍然留有虎口、爪和摇摆的尾巴，但它消失在繁杂的笔画里。

　　不借助于甲骨文和金文，几乎无法看出现在的"虎"字就是中国动物之王虎的形象。但确实是它。

周代青铜器上的虎

在中国有很多关于虎的有趣故事。其中最有名的是"武松打虎"，他在酩酊大醉时遇到一只老虎，它长期在一个很大的地区伤害百姓，武松赤手空拳打死了它。这是一个极为惊险的故事，所有的中国孩子都喜欢这个故事。

这个故事情节包含在《水浒传》里，该书描写12世纪活动在鲁西的一群绿林好汉。早在两千多年以前这个地区属于商朝国土。他们的义举被编成很多故事，尔后通过优秀的说书人，一直被传颂了几百年。

我本人第一次听说书是在开封的一个广场上。说书在过去是中国最通常的消遣形式之一。这一点大概毫不奇怪，因为国民中仅有极少数人识字，但是大家都想听惊险故事。直到20世纪60年代初，我当时是在中国的留学生，广场和娱乐场所总有说书的。在一个简陋的棚子里，没有任何布景，人们在半黑暗中坐在硬靠背椅上，通常手上拿一杯茶。我永远忘不了观众聚精会神的场面和说书人为了强调故事的戏剧性而敲打出的枯燥的竹板声。

老虎是一种危险的动物，是纯粹伤天害理的。但是对中国人来说，虎的形象从来不是单一的，它不仅仅是一种威胁，也是一种安全和保障。按照中国的民间传说，虎与土地，因此也与祖先有着亲密关系——在古代它们是两个中心概念。虎还是女性的象征，因此有很多关于虎，确切地说是母虎，怎么样从邪恶势力中救出人类、用奶水喂养弃婴的故事，很像"罗慕路斯和雷穆斯与罗马母狼"的故事。

商代青铜斧上的装饰物

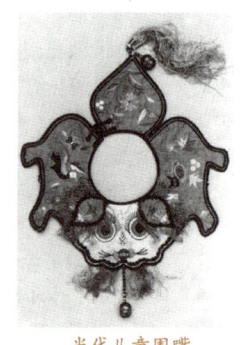

当代儿童围嘴

116

头戴兽形盔甲的商代武士

直到今天虎在中国仍然有双重的面孔。最令人喜爱的玩具之一是一种布做的小老虎，里边填满荞麦皮和碎布。额头上有一个"王"字，像虎一样强壮、威武，孩子跟虎玩就可以变成王，有同样的安全感。过去人们总是亲手缝布老虎，就像我们给自己的孩子缝布娃娃和玩具熊一样，但是如今人们可以在绝大多数商店里买到很多型号的布老虎。

今天孩子们的帽子和鞋上仍然绣有老虎图案，以期使他们消灾避邪，如同商代的武士头盔有兽图面具，胸前有虎的形象的护甲，就像古代的士兵举着刻有猛虎的盾牌，随时准备大吼一声扑向敌人，把他们撕得粉碎。

几年前我在西安城外的一家市场上看到很结实的形如一只斑斓猛虎的小孩围嘴。我一下子想起了一把商朝青铜斧，上面有一个小人，他瞪着两只大眼睛透过两只立着的大老虎的嘴巴往前看着，就像孩子们从绣有虎的图案的帽子和围嘴向外看一样安详。

人们很难找到比延安城外的安塞剪纸更能描绘出中国文化中老虎的双重面孔。凶恶的大嘴露着锋利的牙齿，与甲骨文和金文中的虎嘴一样吓人，我们看到侧面图上的虎表现形式相同，而长着两只警惕的大眼睛的面孔和额上闪光的"王"字与我们从布老虎身上看到的是一样的。

这只虎是一位八十岁的妇女剪的。从年轻的时候起，她就为自己家和其他村民的家剪装饰品。她出身于一个贫穷的农家，直到1979她被选出来指导一个剪纸训练班时她才有自己的名字：王占兰。

这张画上写着"儿童是国家的未来民族的希望",画上的一个男孩头戴虎头帽,甜蜜地睡在虎头枕上。北京,1985。

"纸老虎"。对政治感兴趣的人会想起毛泽东于20世纪40年代同美国记者安娜·路易丝·斯特朗在延安的谈话。当时正值战争期间,共产党人处境极为艰难。但是毛泽东充满信心。帝国主义者和一切压迫人民的反动派以及形形色色的独裁者定要失败,因为他们可能像真老虎那样吓人,会咬死人和吃人。"但是",毛泽东说,"最后他们终归会被战胜,变成纸老虎、假老虎。"

我们迄今为止看到的动物在很大程度上都是真的,但是在商周时代它们还扮演重要的神秘主义的角色。如我们看到的那样,龟参与创造世界;鹿、鸟和虎随着岁月的交替与自然的更新和土地有关。古代人的生活与大自然有着密切的关系。他们把动物看做是自己的前世,王族把下列动物看做自己的祖先:大禹,夏的始祖,传说他的祖先是熊;商朝的祖先是一只黑鸟;而周朝的缔造者是在牛、鸟和羊的保护下成长起来的。

因此动物起到人和祖先之间传递信息的作用,与它的联系是至关重要的:借它们的帮助人类才能与上帝或天接近,上帝或天主宰一切,从自然界的巨大变化到每个王公的健康、狩猎和战争的胜负。

当对祖先的崇拜到达顶峰时,动物的标志出现在很多祭祀仪式里。道士主持敬神仪式时,头上戴鹿或虎的头,肩披斑斓虎皮,他们使用的酒器上的动物图案,甚至整个酒器就是一个动物的形象。

商代最华贵的器皿之一是一种酒器,它的样子就是一只老虎。肚子柔软的毛上有一个人,就像母猴身上的一只小猴。老虎的嘴张着,露着凶狠的尖牙,但是那个人很安详。他的目光严肃,就像一个新生儿那样看着世界,平静、迷惘,但是丝毫不恐惧。

"是一只老虎"，我说，但是仔细看一看身躯就会发现，它是各种不同动物形象的综合体，虎的背和尾巴实际上是一只象的头，象长着长鼻子和结实的牛角。大腿上盘绕着卷着尾的龙，在那个人的裤子上缠着蛇。把手上是各种爬虫，把手端部在样子像大象头的地方，盖是"虎"头，上面有一只鹿。在底部，大家都看不到，是一只长角的龙和两条大鱼。

这到底是什么东西？是一个祭祀野兽的儿童或者奴隶？是一个家族神秘的祖先的诞生？或者可能是他得以出世的性行为的象征？

青铜器上的动物形象是一种很复杂的神秘主义的语言，人们还远远没有解释清楚。目前人们仍然有着各种不同的解释方法，但是基本特征似乎是阐述从一个时期向另一个时期的过渡，首先是生——死——复活。

大自然是一种威胁，但也是保障的源泉。人类起源于大自然，又回归于大自然。通过投身于大自然的保护，人类自己的生存也就有了安全感。这种相互依存的关系表现在中国早期艺术的很多方面。受到富有威胁性的野兽保护的人类是大自然的孩子，又是大自然的主人。

"人类按照自己的愿望控制大自然的能力越强，动物的意义也就越小"，这是张光直说的，他是中国考古方面的世界最杰出的专家之一。在神秘主义的描写当中，每一个细节——如同在欧洲中世纪的教会里——都被解释和渲染为宗教方面的描写，摆脱这种神秘主义的观点以后，动物的题材逐渐变成了纯粹的装饰，过去人们对动物表示的忠诚与虔敬也随之消失。人类变成了一切的主宰。

但是在民间美术和民间传说中，古老的表现形式仍然存留着，我们在今天仍然能碰到它们，它们是曾经装饰青铜器时代祭祀器皿的野兽面具的追随者。

商代虎食人卣

动物的崇高神秘地位并不能阻止人们为了日常的需要利用它们。肉、皮、骨和角以及绒和羽毛都是这个国家所有人都需要的重要原料。但是王公和后来的皇帝把其中的大部分据为己有。他有很大的狩猎场，他到那里进行狩猎，猎场同时也是准备与邻国发生冲突时的军事训练场。

根据某些统计资料，甲骨文中的卜辞有一半是讲述狩猎的。从那些详细记载的结果可以看出，森林中有很多猎物。

从下面这块公元前1300年的武丁王时期的甲骨上我们可以看到：

午戊时古问甲骨：
我们要去丘附近打猎。有猎物吗？
这一天狩猎得到：
一虎，四十鹿，
一百六十四狐狸，
一百五十九无角鹿。

甲骨拓片

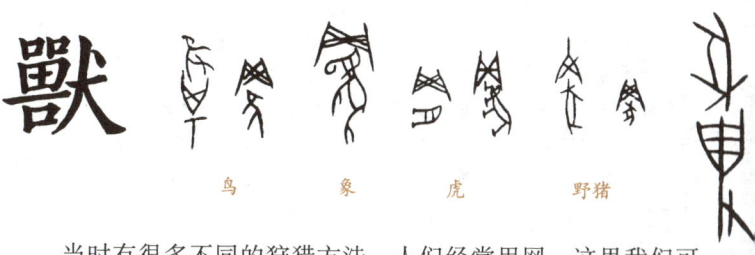

鸟　　　象　　　虎　　　野猪

当时有很多不同的狩猎方法，人们经常用网，这里我们可以看到几只动物正自投罗网。（我们在有卜辞的图形中看到两个像网似的东西，其意为"猎"。）就一只老虎而言，有虎嘴就够了，谁都知道它是什么。

人们用陷坑捕捉大的动物，就像下面这两只鹿。

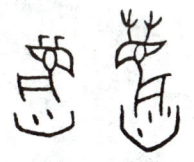

不过似乎还有另外一种狩猎方法——比较不寻常的方法。下边这行不同的字都表示"兽"。我们看到右边是"狗"。我很快会讲到它。但左边的是什么东西呢？

专家们有很多说法：可能是"大"、"盾"、"网"、"吵"、"用铲子威胁"、"手鼓"——一句话，他们也不知道。

我相信，部分新的出土文物可以解开这个谜。

1976年人们在大同附近发现了一个石器时代的人类定居点。大同位于山西北部，在北京以西一千公里处。经测定这个居民点为大约公元前十万年，它在很多方面都是令人感兴趣的。

人们发现了跟我们同属智人的在中国土地上的早期人类头盖骨和大量的不同种类的鹿骨。人们还发现很多吨圆圆的石头球，大小不等，最小的仅有一百克重，最大的有两公斤重。有一部分只磨好了一半，因此人们很容易看出制造过程。看样子这里是石球加工场地。石头是从附近一个湖滨取来的。

周口店博物馆陈列的这张画表现了石器时代的人类猎鹿的情景。

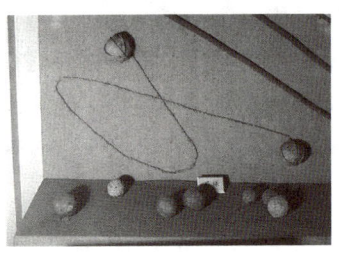

陈列在半坡博物馆里的公元前四千多年打猎用的石球。

石球是干什么用的？在中国西南边陲云南省有两个原始的少数民族——纳西和普米，直到几年前还使用一种有趣的狩猎方法：他们在半米长的绳子两头各拴一个石球，做一个扣或者用绳头结一个把手，然后他们让石头在空中旋转，随后朝平原抛出，绕住逃跑的野兽的腿或角。

南美洲大草原上的印第安人直到19世纪末仍然使用与此相同的狩猎方法。达尔文在其著作《乘比格尔号环球旅行》中以赞扬的口气讲述了他们使用自己的"布拉斯"的技巧。

我自己第一次看到"布拉斯"是1976年。是在一家玻利维亚博物馆里，它描述了南美洲的牛仔怎么样生活在连一棵树也没有的平原上，平原上的井由腿骨做井壁，坐骨做椅子。他们继承了印第安人的狩猎方法，用石头捕猎。我买回家一个石球，在将近十年的时间里，它都放在我的写字台上当镇纸用，并使我经常想象那个陌生的世界。

我起程去西安，参观反映中国最早的定居人生活的半坡博物馆。导游带领我们径直地穿过第一展厅，随便提了一下我们没有来得及细看的一个展台上的几个打猎用的石球。如果我家没有那个南美洲的石球，我无论如何不会在意她说的这句话。这时候我又走回去，惊奇地发现了一块石头，它简直就像我家里那块石头的复制品，但它却早了六千年。

没有这个经历，我永远也不会注意到很多年来我在中国不同的考古文献中碰到过的这些不寻常的资料。如今我阅读着许家窑定居点的材料——许家窑位于大同郊外的高地上，人们在这里和山西的其他地方发现了大量的文物——它们使我明白，石球是中国石器时代人们最重要的狩猎工具之一。

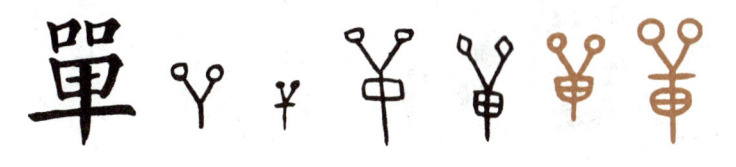

高本汉在《汉字形声论》中说，上面这个字在中国古文字中的意思是"累"、"极限"。但确切的意思不得而知，也没有这个字是根据什么实物创造的任何说明。这个字可能仅仅是"蝉"的一种表现形式，他说，唯一的理由是这个字包含在现代"蝉"字当中。

这是一种很奇特的解释。不过有趣的是，高本汉举出的包括这个字的二十五个合成字中，有八个与"单"、"弹"、"蝉"等有关。而其他的字，就我看到的而言，没有这类密切的联系。

如果情况是这样，即石球是石器时代人类最主要的狩猎工具之一，不仅中国最早的智人使用，六千年前半坡的石器时代的人和直到今天中国的一些少数民族仍然使用，很自然它们包括在与"弹"和"戰"有关的字中。有什么能比让狩猎当中最主要的两个工具——石球迫使野兽站住，狗迅速赶到滞留它，直到猎人赶来——共同组成"兽"即狩猎的目标更自然呢？

爱斯基摩人和不少中国的少数民族至今仍用石球击鸟，不过这些石球一点儿也不比瑞典孩子在春天做游戏时用的石子大。把一把石子撒在一块布中，就像把它们放在弓弦上，射出去以后，总会有其中的石子击中鸟，把它打昏，人乘机过来，拧住它的脖子。

周代金文，很可能是族徽。

除了我们看到过的自古以来就有一种威风和具有神秘色彩的那些动物以外，还有另外一种动物，即龙，但是从一切方面判断这是一种纯粹想象的动物。诚然也有一些专家表示了这样的想法，这种动物的原形就是至今仍然生长在长江里的一种体型很小的鳄鱼，或者是曾经生长在今日蒙古境内的草甸岸边的某种远古动物。但是对于这种理论没有人认真对待，也没有人注重中国作家闻一多的说法，他说龙起初是一种蛇，随着岁月的流逝人们赋予它越来越多的神秘主义的联想。龙在很大程度上是中国人民想象世界的一部分，所谓龙属于自然的解释被视为没有什么意思，至少对普通人是这样。

在西方的童话和神话中，如在《圣经》中，龙一般被描写成经常是有几个头的喷火的怪兽，代表邪恶。贝奥武甫、西古尔德和圣·约朗这些英雄为了解救纯洁少女和被困的城市，或者为了夺取被龙抢劫、藏匿的巨大财产而与龙进行生死搏斗。

在中国不是这样。在那里人们向龙乞求，特别向龙求雨。对中国人来说，龙象征着慈善、力量、丰收和变化。人们想象着，它——归根到底是它，男子汉力量的最杰出的启示之一——冬天蜷缩在湖底或河底休眠。当春天来临、空气中总算又充满了潮湿和温暖的时候，它升天，在有夏天的那个半年里它待在空中，用滂沱大雨洗自己的龙须。它的爪是天空的一道道闪电，它的声音是吹掉干树叶和使大自然颤抖的雷鸣和暴风雨。不错，它很危险，但是如果人们手拿树枝为它跳舞，向它乞求，它可能会让乌云聚集在山顶，让雨下在干旱的田野上。

关于这个奇特生灵的最古老的描写之一是在一个很大的陶盘上，是在晋南的陶寺发现的，离龙门不到一百公里，黄河在那里从山脉流下，进入华北大平原。那个陶盘和在那里发现的很多其他文物经碳14测定为公元前2500—公元前1900年的物品，由此推断它们出自中国最早的朝代夏。

龙盘卷着，占满整个盘子。龙身粗大，像蟒蛇，也像装饰在宽大和稀疏的带子上。或许那黑色的形式象征着山脉？这不是不可能的——按照后世的描写这条蛇有着像鲤鱼一样的巨大、平坦的鳍，头很小，长着某种可以描写成角一样的东西，嘴里喷着火或蒸汽，像是一根树枝。难道不是那长长的舌头在舞弄吗?

人们在一千年以后的甲骨文中也遇到过类似的描绘。在甲骨文中龙的爬行动作充满力量,张着大嘴,体态健壮。有时候它们头上还有一种装饰,就像在陶寺发现的那件龙的文物一样。

龍

这个欢乐、简洁的"龍"的形象在随后几个世纪被加上很多新的细节。在汉代,根据一般的观点,龙角像鹿的,耳朵像牛的,眼睛像野兔的,蹄子像老虎的,肚子像蚕的,而头像骆驼的。它能进行随心所欲的变化。它可以毫无问题地变得小如蚕,大到能填满天地。它可以成为暗的或亮的,如果需要的话它甚至可以变成无形的。这个奇特的寓言动物是很多富有特色的故事的主人公,特别是在佛教和道教的传统中。人们经常看到它出现在大海深处的水晶宫里,由虾兵蟹将保卫着。

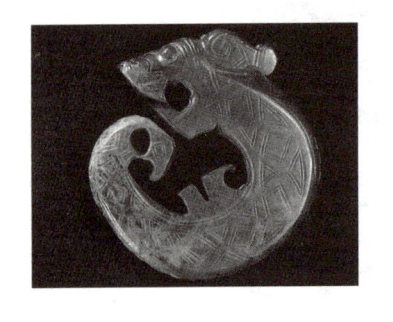

但是龙不是一般意义上的神秘主义动物,它为万物生灵之首,象征着中国和皇权。按照传说,公元前2700年统治黄河流域中心地区和被视为中华民族世祖的黄帝是龙的化身。后世的统治者极为推崇这种观点,自诩为真龙天子,以使自己的地位合法化。他们周围的一切逐渐都有了龙的标志。他们的座位被称做金龙宝座，床被称做龙床，他们的华丽、刺绣精美的长袍被称为龙袍等等。装饰着龙的柱子支撑着他们官殿的屋顶，他们吃饭用的瓷器上同样有令人喜爱的龙的图案。

装饰着皇帝私人物品的龙总是绘有五个爪，而普通用途的器具上只能有四个爪。如今这个时代已经过去。人们在任何一个居民区的商店里都可以买到绘有五爪龙的瓷器，青年人穿的T恤衫和出口到我们这个地区的丝绸睡衣上都饰有五爪龙，就像昔日皇帝的衣服一样。

过去对普通人来说，龙是很可靠的，他们经常以龙子为荣。他们在自己的门上装饰有龙的画儿和木雕，给儿子起带有龙字的名字，希望他们将来有天赋，健壮和沉稳。中国有一个词就是"望子成龙"。

每年有两个盛大的民间节日与龙有关。第一个是正月十五，意在说明，春节过完，春天来临。这一天舞龙的队伍高高兴兴地穿过城乡，人们敲锣打鼓，男孩子放的鞭炮响彻天空。龙是由灯笼组成的，有时候可能几百盏，以此表示龙体的关节。龙是装在一根竹竿上，由排成一长串的舞龙手举着。第一个，也是最大的一个灯笼的形状如一个龙头，其后的灯笼一个比一个小，到尾部最后一个灯笼最小。舞龙者慢慢前进，同时上下舞动自己的灯笼，飘动的光点组成一条闪亮的龙，在黑暗中蛇行前进。经常有一个独舞者引导舞龙的队伍，他把手里拿的一个红球状的灯笼放在龙的前面，在观众的欢呼声中龙追赶球，它由于抓不到球而低头喷火星。

云龙，一个18世纪搪瓷盘上的图案。

另一个形式是在白天庆祝，龙是由纸或布制作的，鳍是画的，颜色鲜艳夺目。它同样是由舞龙者用一根长竿举着，它比由灯笼组成的龙更野蛮、更难驾驭，但有着同样的魔力。

舞龙可能起源于几个庆祝开始农耕的仪式，当时人们需要把龙从冬眠中唤醒，向它求雨，以便播种。

直到今天"龙"字仍然与几种灌溉工具的名字有关系，如人们往稻田里灌水用的连环水车、自来水开关在中文里叫"龙头"。这些称呼可能仅仅是因为它们与龙长长的身躯和张着大嘴的头有关，但是民间的语汇经常植根于民众的认识，以上的例子很可能就是属于这种情况。

第二个与龙有关的节日是中国农历五月初五。这一天人们要赛龙舟。这种船又长又窄，但可容纳上百个赛手。在船尾或者船中间坐着鼓乐手，给赛手助兴或为他们喊号。赛龙舟很可能与舞龙一样，最初都是与求雨有关，不过它还与一个悲剧故事有关。这个悲剧故事描述楚国无辜的政治家和诗人屈原（约公元前340—约公元前278）怎么样被罢官和被放逐。经过多年的流放以后他得知自己国家的国都被占领和被毁灭的痛心消息，他有朝一日返回家乡的希望因此破灭。这时候他写了组诗《离骚》，属于中国诗坛上最脍炙人口的作品，尔后他在自己的长袖里填满石块跳进汨罗江身亡。在他逝世的周年日人们用粽子祭祀他的灵魂，在江上赛龙舟驱赶恶魔。

如今赛龙舟已经成为最为壮观的民间节日之列，农历五月初五这天不仅在汨罗江上赛龙舟，而且在很多江河上赛，特别是在华南。后来也传到日本和东南亚。

天安门广场上由几千盆花组成的龙。1986年国庆节装饰物。

晚期金文"犬"字　　　做偏旁用的"犬"字

在我们西方世界，犬被称为"人类最好的朋友"。尽管也有把一个人的行为描写成"像一条狗"这样贬义的说法，但一般来说，犬还是受到人们的赞誉，被视为对人友善、忠诚、助人和陪伴。

人们可能会认为中国也是这样，因为在那里犬作为首要家畜至少有八千年了。但是当这个字被创造的时候，它更多地被视为野兽世界的一部分而不是人类世界的一部分。这点从很多合成字中可以找到证据。很明显人们考虑的不是被驯养和忠诚的犬，而是疯狂、粗野、好斗和残酷的犬。人们从一系列带有"犭"表示野兽的合成字中看到这一点，不仅仅像狼、狐狸这类食肉动物，还有像獾、獭、黄鼠狼——人类世界以外的细长如犬的动物——还有各种猴类。

对"犬"所作的最早的一种描述出现在商代的青铜器皿上。圆瞪的眼和贪婪的大嘴给人一种凶猛、近乎野蛮的印象。那绝不是宠物犬。

甲骨文里犬的样子显得温驯多了，但是人们看到的还是卷着长尾巴警惕性很高的动物，有几只狂吠着，似乎现在还不绝于耳。

　　洛阳是周朝黄河之滨的国都之一，那里的一块墓碑上刻的一只犬躯体强壮，四肢短而有力。行家一眼就会看到这是一条北半球能干的工作犬。高高竖起的耳朵和卷在大腿上充满活力的尾巴是其他种类的犬不具备的特征。

　　中国狗是两千年以来世界上最古老、最有名的品种之一。很多人认为它更古老。中国狗与爱斯基摩人的格陵兰狗、俄国的西伯利亚狗、瑞典的拉普人狗和耶姆特兰狗是近亲。与几种日本的短丝毛狗血缘更近，还有一种短毛中国狗。它是不是我们在洛阳古墓碑上看到的那种狗？

　　除了帮助猎人捕捉鸟和其他小动物以外，中国狗还被当做庙宇的看门狗。为了得到毛和肉人们也饲养中国狗。直到今天人们仍然这样做。狗肉被认为是佳品，据说黑色的中国狗的小狗肉最好吃。九个月以前的小狗肉营养最丰富。在中国的很多地方都有这样专门的狗肉馆，越往中国南部越普遍。人们在饭前还拿狗给客人看，就像在意大利水池里的鲟鱼一样，在鱼篓里欢蹦乱跳地等待着；只有看上去最鲜嫩的被选中，然后按照烹饪的各种程序被宰杀。

　　也是起源于中国、并有很长历史的北京狗却很少被食用。它们是官廷的宠物，特别受到那些无所事事的女士们的青睐。她们穿着带有肥大袄袖的衣服，经常牵着狗散步。没有人能比古怪的慈禧太后更热衷于此事，她在整个19世纪后半叶统治中国。在她统治期间官殿里到处是各式各样的北京狗，官廷画师们不停地为她的宠物画像。

元代拓片

1860年欧洲人大肆掠夺北京圆明园以后，北京狗连同其他被掠夺物品被运往欧洲，从此北京狗传遍全世界。

在革命后不久开展的卫生运动中，野狗遭到捕杀。主要由于狗食的原因，宠物狗也逐渐遭到禁养。人们说，几十年的战争以后民不聊生，仅有的粮食人自己还要吃。只有用于有益工作的牧羊犬和看家犬被留下来。

典型的中国杂毛狗，黄色，耳朵竖立，尾巴在身后卷起。

我现在还记得我第一次到上海的情形。那是1961年新年，人们在居民区举办了一个临时动物展览。拥挤的动物笼子沿一条小街摆着。其中一个笼子里有一条狗，周围挤满了孩子。这时离革命成功已有十几年之久。他们过去谁看见过狗？

随着这个国家公众生活水平的提高，狗开始恢复自己失去的领地。

吠

"犬"字加"口"字组成"**吠**"字。尽管在19世纪末叶中国沿海城市的西化家庭养宠物狗，但是狗在中国的地位从来不像我们习惯的那样被视为家庭成员。就像在我们古老的瑞典农业社会里一样，狗的主要任务是看家把门，不让小偷进入。一只狗越富有警惕性和进攻性，越被视为能完成自己的任务。先是马可·波罗在书中讲令人尊敬的中国狗，后来旅行者也讲述多亏狗不停地狂吠，就像屋顶和院墙上的一个无形音筒，他们才得以在远方的黑夜里安营扎寨。狗护卫着主人的家。

哭

"犬"加两个"口"是"**哭**"。

臭

"犬"加"自"是"**臭**"字。难道是嗅觉灵敏的狗闻到了臭味儿？还是狗本身发出的臭味儿？过去绝大多数中国狗都很瘦，到处乱窜，半野兽似的动作，从来不洗澡。它们有无法形容的固执和顽强，但同时胆小和龌龊，它们沿着大街窜，在沙堆里咬自己身上的跳蚤。它们似狼，身上有臭味儿，对人有生命危险。

"犬"字加"亻"是"**伏**"字。这个字的不同含义反映了中国对狗的态度。

"伏"加"天"组成"**伏天**"一词，指7月底到8月中旬这段时间，这时候酷热难忍，大家都准备着"伏"了。

"犬"加四个"口"是"器"。这个字谜似乎不可理解，但可能还是有办法解释的。从新石器时代到今天，中国人一直在大缸里储存食物。是不是它们的开口之处——口——有犬看守着？

或者是犬看守着房子底下一米左右深的地下室的洞口，那里储存着粮食和其他贵重东西，如祭祖用的器皿？人们在石器时代的半坡村和安阳都发现过大量这类地下室，这种储存方式直到今天仍然沿用。"这在北方地区是一种非常有效的储粮方法"，农业专家佛朗西斯卡·布朗这样写道。存小米效果最佳。地下粮库装满以后，把门关紧，房子里几乎是密封的。粮食在储存过程中散发出的二氧化碳能够杀死那里可能存在的各种害虫。如今这个系统在小麦生产国是以"青贮塔"名字出现的。

豕

人们把"豕"字翻四分之一圈再看就不觉得奇怪了。这时候"豕"字的样子轻便、平直，就像一头猪，一个长着黑毛的自由行者，自古以来它就以肉的味道鲜美可口和粪便肥效高而著称。

典型的中国北方的猪（石槽里还有几只）

对中国人来说猪一直是最好的家畜。它不挑食，在房子周围拱来拱去，把能找到的粮食、水果和剩饭剩菜都吃下去。啊，甚至其他动物和人的粪便也不嫌弃，并能变成可口的食物，如果它愿意的话。

这位小善人不停地生产优质肥料，猪粪在旧式的农业结构中属于最有价值的。毛泽东说，一头猪就是一座完整的小肥料厂。此话不错。一头猪每年能提供一吨优质肥料。这是一种了不起的贡献。没有它中国农业就会受影响。

猪的全身都是宝：

猪鬃可以制成刷子，

下水可以制成香肠，

皮可以制成革，

骨可以制成骨粉（一种优质肥料），

血可以制成漆木材的底色和渔网的防水材料。

还有肉！溜肉片，需要加上笋片、葱或者香菇、一羹匙食油、一羹匙酒和一点姜末——别的不需要了。

如果挑选的话，中国人更喜欢猪肉，猪肉远比牛肉好，他们认为牛肉老、粗。比鸡肉也好得多，诚然鸡肉清爽、可口，但是缺乏滋味。

黄陵剪纸，其地在延安以南。

在中国人们常说，猪肉质量的好坏与猪的生活条件成比例。因此不难理解他们为什么把猪养得好好的，即使圈养的动物，也过着类似人的生活。人们走进有几百只家畜的圈去看，那里就像有着漂亮的私人马匹的马厩一样井井有条。

不过这样做也跟需要粪便有关系。有很多人长期居住在同一个地点，以便仔细地了解土地所需要的养分。河水以及河水带来的淤泥是土地肥沃的基础，来自农业和家庭的一切废弃物——秸秆、各种外壳和泔水都回归土地，经常是通过猪。还有家畜和人的一切粪便。

正是人的粪便被视为最有价值的肥料。一切都被收集起来和存放好。在农村事情比较简单，人们通常使用公用厕所。但是在某些年代，比如20世纪60年代，当生活供应出现危机的时候，农民把自己的精力更多地投入到自留地上而不是集体的土地上，政府开展了反私利主义运动。不能只考虑自己得好处，要考虑集体！要使用公用厕所！

在城市里人们用垃圾汽车或垃圾船把一切废弃物运到农村的荒郊野外，但是只在几十年前马拉的大粪车还通过北京的大街小巷，一边丁丁当当地响一边撒漏。人们把它们称为"蜜罐儿"。车把式的喊声和人们忘记事先倒垃圾而匆忙跑出来时的开门声仍在耳边回响。我永远不会忘记苏州的红色或棕色的马桶。它们漂亮得就像达拉那工艺马桶一样日复一日地放在那里，对着长满青苔的砖墙闪光。对于那些每天一次坐在下水道旁边涮马桶的人来说，带抽水马桶的公寓房肯定是干净的天堂。

一块陶片上的中国绵羊的古老形象是很著名的，大约有六千年历史。犄角强劲有力，眼睛直瞪瞪地看着我们。

这个形象与最早表示"羊"的文字之间有很多相同之处，但它们的年龄只有图像的一半。有些字仍然是明显的图像。其他的已经变成标准的字，羊的炯炯有神的眼睛简化成一直道。

创造这个字的人可能竭力用现实主义的手法表现一只羊。在北京历史博物馆的一件青铜器上有着几个艺术性地再现羊的强健形象。它们与甲骨卜辞属于同一年代。四个有力的羊头伸出来，如同船头雕像，那里是器皿的最宽之处。我们马上认出了那块陶片和文字上的典型特征：巨大的角、高高的鼻梁和炯炯有神的眼睛。

有很多来自商代对动物和人类生动的现实主义的描写。文字棱角分明不是因为没有能力描写现实。确切地说这时候的文字已经有了一段很长的历史，它们已经超越了描摹实物的阶段。但究竟是怎么发展的，我们目前几乎一无所知。

"羊"字可以与很多其他字组成褒义词。其中一个是由"羊"和"大"组成的"美"字。在甲骨文和金文中，这些字似乎是表现一个人头上长着公羊角——就像与各种不同的祭祀和庆典仪式有关的牧师和巫师。我们同样也可以这样想，"大"字是修饰"羊"的，一只大羊，肥肥的，长满毛。看起来确实很美。

"羊"与"火"组成"羔"。它的肉鲜嫩可口，人们喜欢选它做菜。

如果我们把"美"字和"羔"字放在一起，就得到了肉汤和锅的名字，即"羹"。早在公元前5世纪的很多文献中就有描写。人们在一个大锅里煮肉，放上盐、醋各种调料和某种青菜，通常是葱或者白菜——一种炖肉。据说大家一起吃，从王公到普通百姓，一直延续了几千年。

但是在一般情况下，羊总是以一种奇怪的方式沦为第二等。不错，人们总是用羊做祭祀物，而且直到现在还这样——但是长期以来人们把牛视为更理想的祭祀物。

不错，人们总是喜欢吃羊肉——但是从来没有像喜欢吃猪肉那样。

不错，人们总是剪羊毛——但是中国人更喜欢穿棉、麻和丝绸衣服，尽管无法找到比羊毛更细的东西。巴黎的服装设计师皮尔·卡丹20世纪70年代来到北京时，

北京历史博物馆里的商代青铜器

立即被中国的开司米的优良质地所吸引，签订了购买合同。他对自己的收获感到很庆幸。

绵羊，宽大的尾巴，浑身白色，一直养在圈里。它们从来没有被自由地放牧在"野地"，除了在远离文明的边远省份。中国与蒙古有很长的边界。那是个牧业国家，很多世纪以来人们只靠吃羊肉和喝马奶生活，人们把羊肉简单地煮一煮，然后每个人用自己锋利的腰刀割下一块吃。可能没有任何其他东西比这一点更远离中国饮食文化。用于昔日的"蒙古人或鞑靼人"的"胡"字也意味着固执、残暴和野蛮。词的本身就有野蛮性。

在蒙古餐馆人们至今仍然上顿下顿提供羊肉。人们认为，羊肉越肥得打颤越好吃。

但是做早餐就显得太特别了，至少对于从童年时代起就不习惯吃这种特定食品的人是如此。

13世纪蒙古人征服中国，他们在北京建立了自己的国都。在他们统治的一百年里，有几道以羊肉为基础的原始性菜肴传遍整个中国北方。是不是在此之前那里的人就吃过很多羊肉？专家们还没有确切知道，蒙古统治者在这个国家普及羊肉有何种意义。

不管怎么说，有一点是事实，北方人吃羊肉明显多于南方。但是有一道菜已经传遍全中国和全世界——这就是涮羊肉，旅行者叫它为"蒙古火锅"或"成吉思汗火锅"。这是一种火锅，每位客人把很薄的羊肉片以及葱和白菜放到滚烫的清水里，加上各种调料，连同芝麻烧饼一起吃。一种后世改进的"羹"。

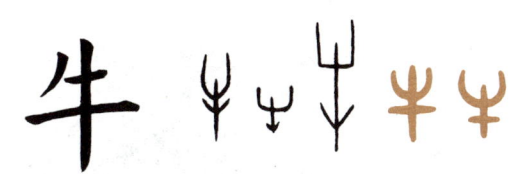

狗、猪和羊在中国是最早的家畜。从最早的人类定居点周围的废弃堆积物中发现的大量骨头就可以知道这一点。各类大牲畜是后来才有的。在商代牛经常是祭祀动物。人们为了神秘主义的目的把它埋入巨大的坑或祖庙的柱子底下，在它们的骨头上写下关于征战、狩猎和庄稼丰歉等重大事件对祖先灵魂的询问。

那时的统治者一定有大群的牛。卜辞上经常讲到有几百头牛，有一次人们为了一个仪式就杀了一千头牛。

看来人们只有在举行仪式的时候才吃牛肉，与日常吃的其他家畜的肉不同。一部分肉供奉祖先，剩下的留给王公和他的王室享用。

祭祀仪式上使用的青铜器经常装饰有牛的形象。这两个牛的形象就来自商代用来煮祭祀用肉的一只三足鼎。

这头怒气冲冲的小牛犊装饰在周朝初期的一件青铜器上。牛角的弧度与人们在某些新石器时期居住点发现的牛角和来自汉朝初期云南滇王国雕刻上的牛角相当一致。

"牛"字的最古老的形式与我们刚才看到的形象很相似，与真牛差不多——它们出自相同的时期，用于相同的场合——祭祀

和各种宗教仪式。

在后来的"牛"字中，它的结实的弓形角被折断了，但是高高的鼻梁和耳朵的平行线却保留下来，与过去一样。传统的解释是，"牛"字表示一头俯视的牛，有头，有角，有两只前腿和尾巴，但我一点儿也不相信。

装饰在商朝后期一件巨大青铜器上的四个牛头之一。上海博物馆。

商代的人用动物头骨装饰自己的家，这是动物在他们的生活中所具有的意义的一种自然结果。中国西南部地区的少数民族至今仍然这样做。他们把牛头挂在房子上，这是财富和权力的象征，与我们这部分世界过去侯爵和领主悬挂驯鹿和麋鹿的头、印度的王公在大厅里挂虎头完全一样。古代并不像我们有时候想象得那么遥远。

但是牛的最主要任务是帮助人们从事农业生产。仅仅几年以前人们仍然认为到公元前5世纪在中国才开始使用犁。但是由于一个三角形石质犁的考古发现，人们把这个界线前移了一千年，有很多证据表明，使用牛拉犁早在商代就有了。

此后有很大一部分农业劳动是由牛和水牛完成的，直到今天仍然是这样。它们拉犁、耙和简单的脱粒机，农业技术人员说，当遇到石头的时候，它们像一台小马力拖拉机那么有劲，不管它们显得多么原始。使用牛的一个明显好处是，人们不需要城市里的燃油和机械配件，只消费廉价的当地产的玉米、秸秆和其他粗纤维饲料，此外牛还可以生产上等粪肥。但是现在真正的拖拉机铺天盖地而来，牛和水牛的日子屈指可数了。而几百年前却是另一个样子。当人口迅速增长、战争连年不断、民众生活出现困难的时候，皇

老子出关图

帝颁布禁止屠宰耕牛的圣旨。违者杖罚一百，很多人要戴"枷"——一种沉重的木套——两个月。

似乎不存在违反圣旨的诱惑力。由于拉车拉犁的漫长生涯，耕牛的肉变得硬而干，做不成什么美味佳肴。直到今天中国菜谱上仍然仅有少量的牛肉菜肴。

造成这种情况也有宗教的原因。道教徒把牛理解为精神力量的内在象征，他们想象出，老子大师离开这个世界，骑着一头牛西去天国。佛教徒忌荤。此外，牛，特别是母牛是大地的象征，因此是禁忌。

在合成词当中，"牛"字经常以这两种形式出现。

"牛"和"攵"——后者如同我们已经看到的那样，一只手拿一根棍子——意为"**牧**"，即为"放牧"。

"牛"和"口"："**告**"。

"以肉为祭品在祖庙述说重要事情",高本汉这样写道。这种解释有点儿牵强附会,但是总比下面这种传统的说法要好:"用嘴做一头牛用角做的事情",即"进攻","控告",转意为"告诉"。

是谁的嘴在叫或者在告诉什么呢?很容易想象出,是牛站在祖庙外面叫和等待不幸的命运。是一种声音"告诉"大家祭品准备好了。

这个字还能组成具有普通意义的词,如"报告"、"通告"。

"馬"字在成为现在这种样子之前,经历了一个漫长的发展过程,变化很大。如果我们注视一下从简单的图画到今日写的字一步一步的发展过程,所有的变化都显得相当自然。

这不是一个字,而是马的图画。这幅图画出现在公元前大约一千年的一把砍斧上。这幅图画显示了当时马的样子:大脑袋和短腿。

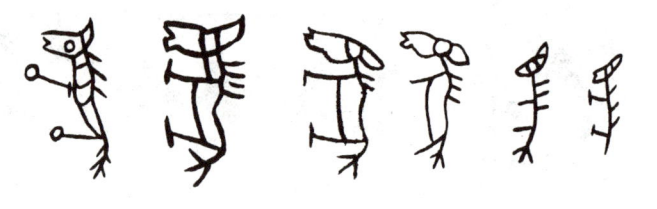

这是甲骨文上的几个"马"字。左边的字仍然是真马的实际样子,它们站在那里,奋拉着沉重的脑袋。马鬃和马尾表现得很清楚;右边的字已经大大简化。

安阳妇好墓中出土的两件商代小型玉马

中国人不是经常与马打交道的民族，与他们在大草原、北部和西部的邻居不同。诚然他们从史前就有马，但是一般来说马不用作耕地、拉车——由牛和水牛做这种事。他们也不用马拉东西——由驴、骡和骆驼做这种事。而作为人类运输工具，船、轿子和独轮车比马更为普遍。

在最初几个朝代，中国马的主要作用是拉王公的猎车和战车，马和他们一起被埋葬，以便下世继续为主子效力。在部分宗教仪式上人们也使用马，但从来没有像使用牛那样广泛。人们不吃马肉。这种忌讳似乎很早以前就废止了，但是马肉在中国食谱当中从来不普遍。

古代的马很小。它们长着大脑袋，鬃和耳朵竖立着，短腿，长着一撮毛的长尾巴向下垂着。它们很像所谓的普氏野马，在与蒙古接壤的新疆地区至今仍有少量出现。专家们认为，正是这种马在新石器时代被驯养成功。

北京动物园里的一匹普尔热瓦尔斯基氏野马，样子忧伤，耳朵低垂。它可能正梦想着中国西北新疆的辽阔草原，那里仍然生存着为数极少的中国野马。

这是几个金文。它们比甲骨文要晚，也更标准化，但是其中有两个字人们仍然可以看出马的口、鼻以及圆眼睛等细微之处，随着时间的流逝，这些细微之处也消失了。对于从来没有看见过这个字古老形式的人来说，几乎无法理解。组成这个字的笔画怎么会表示马？

下面我们看到的这个字出自镌刻在石鼓上的一段很长的题词，这个石鼓属于中国历史上保存最完好、被人描写最多的古代文物。它是在唐朝连同九个其他类似的东西在西安西部渭河谷地被发现的。长期以来不少专家认为，这段石鼓文公元前771年就出现了，也有专家认为是公元前422年的。今天普遍的观点认为，最迟是周朝后期镌刻的，这个地区属于公元前221年统一中国的秦国。石鼓文里有歌颂秦王行猎、他的马和车的内容，字体遒劲有力。秦始皇统一中国以后，下令统一文字，这种字体就成了所谓小篆的范本，后来小篆发展成在近两千年起到标准作用的字体。

有九个笔画的"馬"字写起来还是比较麻烦的，因此人们很早就在个人的范围内开始简化这个字。以手写体为出发点，人们在20世纪50年代创造了一个新字。我们在甲骨文里看到的那匹强壮的马现在只剩下几个奇怪的笔画，丝毫无助于人的想象力。

角。我们看到一个有着许多褶皱的宽大的角。这个字转意以后，也用做与其形状近似的东西，如"海角"，"尖角"。因此"角"字出现在中文的地名里，如"非洲之角"和"好望角"。

在下面这个甲骨文里，我们看到一头牛和抓住角的两只手。

两只手后来换成了"刀"字，这一变化使人马上想到这个字的意义：刺开，分开，解开。这个字能够组成意味着摆脱困难和各种压力的合成词——最有名的是 **"解放"**，中文里1949年革命的同义语。这个字也可以组成为文质彬彬的词组，如"解决问题"，"解答"，"理解"，人们把取得成果的过程看做"解放"思想的结果。

"革"字是一张从上边看拉平的动物的皮。腿被分开了，最上面的是头和角。这个字也组成合成词"革职"，"革除"，"改革"和"革命"——统治者失去天的委任和失去权力的时刻。

一、绪论

出现在中国古代唯一的一种车辆就是统治者的行猎车和战车。它们精美、轻便。高高的车轮固定在轴上，轴上装有方型的车厢，里面可坐三个人——驭手、弓箭手和手握砍刀的武士。商朝时人们一般在车上只套两匹马，后来常见套四匹马和六匹马。

车经常作为陪葬品连同驭手和马匹被埋在统治者的墓里，它们在那里一直沉睡到今天。人们在安阳曾经发现过很多这样的车，因此我们得以一饱眼福。

有一辆车就在安阳考古所旁边的一座简陋的房子里。打开门时，一股浓烈的潮气和泥土味儿扑面而来。那里仅有潮气和泥土。所有的木头很早以前就没有了。但是在它们消失之前，在细密的泥土中留下了印记。

说"印记"可能用词不当。千百年来泥土压挤车辆，随着岁月的流逝它变得像黄土高原上的山一样坚硬。在车的木制部分和车厢的柳条制品腐烂以后，就出现一个空洞——在泥土中有一个固定的车的样子。借助它浇铸出那辆古车，细致地再现了昔日古车的木制形式和车厢。

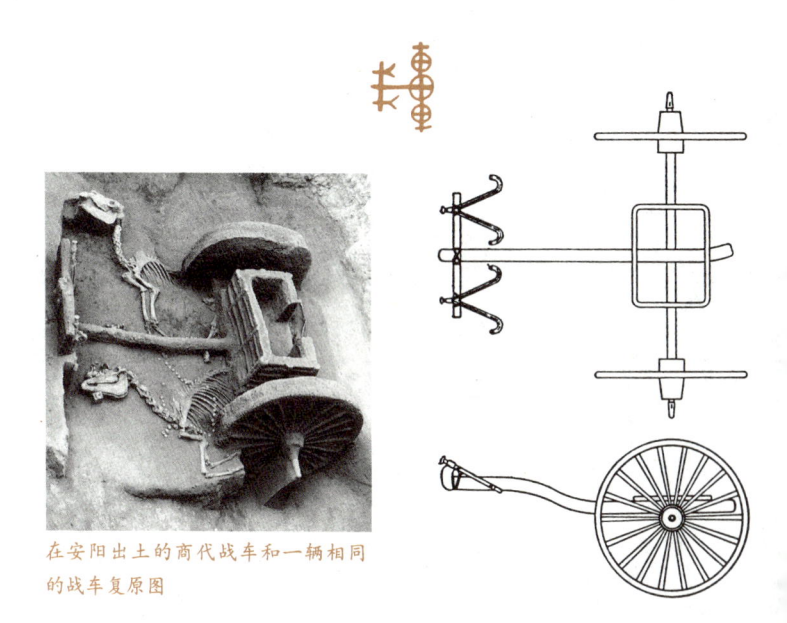

在安阳出土的商代战车和一辆相同的战车复原图

人们惊奇地看到表示车的很多字与商周时期真车的结构完全相同。一切都有：轮子、厢、轴和杆，甚至每匹马脖子上的V形夹板都有。

从结构可以看出，中间的两匹马套在车杆的固定夹板上。拉偏套的马可以较自由地动。人们用长套把它们固定在车轴上，马的胸前有一个肩垫，当它用力往前拉车时，肩垫绷紧。在公元前500年至公元前300年的某个时候，由这种肩垫发展成一种木制夹板，它使马匹有可能有效地使出自己全部的拉力。用一根缰绳把拉偏套的马与邻近的驾辕马连起来。

特别令人惊奇的是，那些在城乡之间运送蔬菜、木材和砖瓦的驴和骡子至今仍然按照类似的原则配套。在中国驾辕的是有耐性的驴，在斜前方拉偏套的是骡子。人们初次看到这种配置肯定不敢相信自己的眼睛，这种安排太奇怪了。其实它有很多好处：驭手用骡子可以掌握车的方向，骡子径直走，促使驴加快速度。

周朝初年金文"车"字

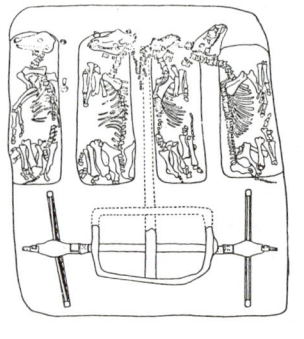

周期初年的随葬品——四匹马拉的车

四匹马拉的车的复原图

"車"字在甲骨文和金文中是常见的。打猎和征战在国家生活中属于最重要的事件，人们自始至终要向祖先请示应该怎么办。

看来首先是车轮引起早期文字创造者的兴趣，这一点很容易理解。当国王的战车部队的高高车轮隆隆驶过，去征讨北方和西方的敌人时，对青铜器时代平静的村庄里的居民来说确实是一大景观。

甲骨文的卜辞说，公元前13世纪初武丁王年间的军队多达五千人。一次就抓获俘虏三万人，后来把俘虏用于祭祖和做统治者的殉葬，或者用于新官殿的开幕式——一次就用了六百人，另一次用了八百人。

有表现车轮滚滚去完成某项使命的壮观图像。辐条旋转，尽管我们看不见三位狩猎者或征战者，但是我们看到了朝后开门的车厢，当短兵相接或者鹿被射穿胸部躺在地上的时候，朝后开门便于上下。

周朝后期弩开始扮演最主要武器的角色，弓箭手逐渐隐退。由于弩在拉紧时需要一个固定的座，因此战车也失去了军事意义，因而变成了运送人和商品的极为普通的车。

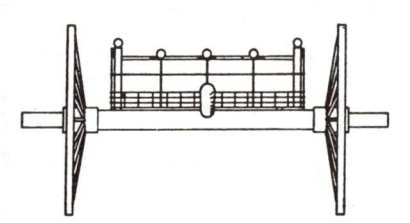

这时候轮子已经有了一个新的天才结构。辐条不再平放，不再与轮缘成水平状，而是斜拉起来，轮子形成碟状。这是一项重要发明，它大大增强了轮子的坚固性，这是非常需要的。因为当车装上很多东西的时候，它很容易超载，经常会行走在高低不平的路上，这样轮子很容易断裂。

此后这种形式的轮子在中国是常见的。在欧洲我们直到16世纪才开始使用这种轮子，比中国晚了近两千年。不过也有了更多的重要发展。

这种车也由一根车杆变成了两根。但是从公元初年开始到现在并没有发生太多的变化。中国农村现在使用的那种车即使在两千年以前也不会引起多大惊奇，唯一的不同是使用胶轮，以减少车的噪音。在中国漫长的历史当中人力是使用最多的动力，直到上世纪70年代人们还经常看到人拉犁和拉车。有一天我在北京的北海附近等公共汽车，就来了这种车。当时是1962年夏天。

1946—1949年内战时期北京附近平原上的运粮车

这种人拉东西的景象如今在城市里已不多见，但是在农村通常还是由人在市场和小工厂之间拉车运东西，最引人注目的是由妇女们拉。

1962年北京北海附近人拉的大车

有一个特别有意思的字"轟"。它由三个"车"字组成。我们一定会想象得到，车的轰隆隆响的噪声对商业大城市的居民和在广大平原上长途旅行的所有人来说是多么令人厌烦。

汉朝有一个皇帝对此大发雷霆，下令拆掉车轮，让仆人抬着他。就这样轿子诞生了，一直沿用到上世纪40年代。当有钱的中国人和外国人想登圣山泰山的时候，他们就让人把他们用轿子抬上去。泰山本身只有一千五百多米高，但是很陡峭。在1942年出版的旧导游书里我读到了这样的内容：上泰山要花六个小时，"坐轿子可以到达，三元钱。"当时在泰山脚下的泰安的旅馆过一夜，单人房间六元钱，双人房间十元钱。

在城市的平地上，人们则使用"力克沙"，一种安有两个轮子的轻型黄包车，由一个人边拉边跑。中文称做"人—力—车"。我们的叫法是力图模仿这三个字的南方人的发音。

汉墓浮雕（局部）

人们经常说"力克沙"是日本人发明的，1870年左右传到亚洲各地。按照李约瑟的观点，这种说法不对。"力克沙"是由青铜器时代的车变化而来的。很多材料都证明，在古代是人而不是马拉统治者的车。有一个字就表示两个人套在一辆车前面，这个字就是"輦"。

人 力 車

在香港旅行者坐苦力拉的这种车游览是一种娱乐，在亚洲的很多地方，如古老的殖民地城市加尔各答，人力车很普遍，对中产阶级来说它是一种较简单的出租车，就如同中国的三轮车一样。人力车是一种实用和舒适的代步工具，如果你习惯的话，不然当你看到拉车人汗流浃背，而你却舒舒服服地坐在车厢里享受会很不忍心的。

对于大多数中国人来说，人力车和其他代步工具都有等级的含义。他们过去从来不去旅行，如果他们想到什么地方去，也是步行。但是在他们的日常生活中车起着非常重要的作用。因为没有这种设计富有天才性的独轮车，他们就无法应付日常生活。这种车是在汉朝时候设计的，它直到今天——样式几乎完全相同——仍然是中国农民和建筑工人最主要的辅助工具。如果需要的话，它也可以运人。

到目前为止最古老的独轮车的样子是从一块汉代墓砖上看到的，据测算是公元前最后几年问世的。在随后的一个世纪里又发现了很多类似的样子，比如在四川的古墓里。

逐渐形成的这种带有天才性设计的中国独轮车，载重量直接由那个很大的轮子承受。因此它的载重量更大，而且比我们那种轮子装在最前端的独轮车明显地好掌握。用一辆独轮车运五至六个人不会有问题，因为推车的人不用受力，而是集中精力掌握平衡和往前推。

19世纪后期慈禧太后坐过的黄包车

汉代墓砖上刻的手推车和当今
山东农村的手推车

1907年瑞典人保罗·彼得和安娜·瓦尔登特罗姆在中国

1907年春天曾经多年担任瑞典传教会会长的彼得·瓦尔登斯特罗姆和妻子安娜到华中地区视察该传教会自1890年初在那里进行的传教活动。他在自己的著作《前往中国》——包括一系列生动的旅行信札——中不仅讲了瑞典传教士的生活，还讲了中国的日常生活、他和他的妻子在那陌生环境里的经历。在上图我们看到这两位旅行者分别坐在各自的人力车里的情景。他们显得相当满意，不过瓦尔登斯特罗姆说："我的妻子发过誓，她以后再也不让别人拉自己了。但是一到香港她又不得不坐上去。我们被人力车夫围得水泄不通，而我们的路也是那么长，我们不得不坐。她开始掉泪，但是没办法，后来习惯了，她很快变得像我一样觉得很有意思。对呀，当中国人高兴拉我们的时候，我们何乐而不为呢？"

另外一种代步工具是独轮车，一种安装一个轮子的笨重的车，轮子两边各有一个挡板，人可以坐在两边，背靠在挡板上，免得被轮子碰伤。独轮车是便宜的代步工具。在中国内地缺乏道路，只有这种独轮车能运人和货物。但是当我们旅行的时候，不能性子太急。中国人从来不性急。

用"车"字做招牌的北京一家修车铺。1985年。

开封附近黄土沟里的车。1907年。

19世纪中叶以来有很多新型车被引进中国，有的被称做"汽车"，有的被称做"火车"。它们冒着蒸气、闪着火花快速通过大地，火车的炉子火光闪闪，根据中国人对它们产生的最初印象而这样称呼它们是可以理解的。旅行者不用别人的力气而用自己的力气驱动的那种车被称做"自行车"。

"车"字还有"机器"的意思。但是它跟外国的新式东西，如汽车和火车，没有什么关系，而是指中国农村的实际情况。长期以来，那里种地靠灌溉。它是沉重的劳动，因此当人们认识到车轮也可以用于不同机器上抽水浇田的时候，那是一种很大的进步。轮子还可以用在风车、风箱和纺车上。结果"车"字包含在一大批机器的名字里，不是跟灌溉有关，就是与建立在轮子旋转的原理有关，如"风车"、"纺车"和"车床"。

用一架大水车做动力的连水磨。选自徐光启的《农政全书》，1639。

所有沿西伯利亚大铁路到中国去的旅行者都会在边界上有几个小时的有趣经历。这时候人们要换火车轮子，以便从苏联的宽铁轨过渡到中国的标准铁轨。车厢一节一节地由千斤顶支起来，把新轮子推进去安装好。于是我们知道，我们是怎么样依赖交通中共同的标准，俾斯麦1870年怎么样统一德国各个小国的度量衡和货币，当时他结束了德国的分裂状态。

德国探险家李希霍芬在当时到中国旅行写的日记中说，陕西、山西和中国西北的广大地区有自己的车轨标准，它们比东部各省的车宽二十厘米。出了这个地区，为了能继续前进，人们不得不换车轮。在边界附近有车间，换得很快，与他们从苏联和蒙古到中国换火车轮子一样。

公元前2世纪秦始皇在中国制定了统一的货币和度量衡，当时中国第一次统一起来。与此同时还制定了车同轨的规定。这是一项重大改革。秦国的土地是由松软的黄土组成，车一过就留下很深的辙，从而给行进在高低不平的路上的车造成困难。

改革的首要目的就是要使皇帝能有效地控制国家。畅通的道路意味着能较迅速地调动军队，这在一个刚刚建立的国家里是一件意义重大的事情。因此皇帝下令在全国建立庞大的道路系统。通过这些道路他的军队可以镇压"蛮子"——像希腊人一样他们把住在控制区以外的所有人都称做"蛮子"——并把它们的土地并入秦国版图。在历史上中国人第一次接近他们今天的疆界。我们对中国一贯的称呼最早就是来自秦始皇的秦国。

中苏边境的满洲里车站。1984年。

行

"**行**"字是指十字路口，在甲骨文和金文中很清楚，就像城市规划图一样。它还可以组成"执行"、"进行"、"旅行"等词。

就旅行的道路而言，中国人很早就很"行"。被冯·李希霍芬称之为"丝绸之路"的从中国到地中海的漫长的通商大道尽人皆知，而中国建立的第一个日常使用的道路网知道的人就比较少。那种道路先于波斯人和罗马人，比以修建道路而著称的印加人早两千年。

早在商代，道路就由一名特别的官员进行管辖，到了周代交通规模非常庞大，人们不得不制定用于特别繁忙的十字路口的交通规则，禁止野蛮行车。一向有条有理的中国人把道路分为五种不同的类型：人和饲养的牲畜走的路，手推车走的路，单行车路，双向型车路和路宽足够三辆车并行的主干路。

在今日中国不仅车速需要有规定，在农村还产生了新的问题，新富的农民开着拖拉机带着妻儿老小到处跑。几乎所有的中国人都骑自行车，仅在北京东西走向的主要道路长安街上每天就有十万人骑自行车通过，很多人无视交通法规。

我们对于古代的交通运输情况知之甚少，但是甲骨文上讲了大规模的贸易，其中有很大一部分可能是各地向国都提供的贡品和税赋，但是也有省域之间的贸易。当时著名的地区有上千个，其中有很多至今仍然能够在地图上找到。

经商的人显然很精明。作为商朝主要地区的山西的商人当时控制了丝绸之路沿线的很大一部分商贸活动，直到今天"商人"一词与"商国的人"还是一个写法。

舟

路在当时仅仅是交通网中的一小部分。很大一部分交通可能是在水上进行的。商朝控制的地区河流纵横，河畔的生活最具有朝气。

山区的水上交通一向很困难。河道上布满石头，水流湍急，水位变化很大。几千年来人们一直使用易于通过浅滩和拉纤又不特别沉重的筏子。青铜器时代的筏子很可能是由竹子做的，现在中国的很多筏子也是由竹子做的。没有比竹子做筏更自然的了，几乎没有比竹子更坚硬和更轻便的材料。此外，粗大竹竿的空心被很薄的隔壁分成很多节。即使有一节被损坏而进水，竹竿也会由其他未遭损坏的竹节里的空气托浮着。它们就像某种浮舟或防水的舱壁。

因此竹筏几乎是不沉的。此外，竹筏体轻，不变形，载重量大。重庆鸭江上的竹筏最有名。它们经常有一百三十米长，载重七吨，然而吃水不到十厘米。

在中国的河流上还有很多其他种类的筏子，不过它们的特点都是共同的：由横梁把竹筒连在一起，竹子的细头朝前，筏头朝上翘——竹子用火烤过后很容易弯曲——容易在水上滑行。

河流进入下游平原比在山区容易驾驭，至少在一般情况下是这样，但是河水不是特别深，河水带来的泥沙很容易形成沙滩。因此人们使用的船通过那里时经常只吃水十厘米左右。船是漂在水上，不是像我们的船那样"入进"水里。

中国船的形状也不一般。它们有一个平的或者稍微圆形的船底，没有龙骨，它们都有一个结实的舵。船头和船尾是直的，轻度朝上翘。从船舷的上缘直到船底有着把船分成不同部分的结实的隔壁。它们组成船的基体。这种结构在世界其他地方是看不到的。

人们惊奇地发现，"**舟**"字的古老字体与筏子和船的典型形状极为相近，直的船头和船尾看起来是那么清楚，就像船的隔壁。

苏州一条运河里的船

　　有些学者认为，中国船的结构起源于竹筏。其实人们只要看看竹子本身就足够了。如果人们把一段竹子劈开，把它们放在水上，就会看到李约瑟曾经指出的那样，它们与有着直的船头和船尾以及防水舱的中国船原型是多么相近。

　　没有人知道，舢板、小河船、平底帆船和海船是什么时候出现的，但是中国学者认为，人们可以把它们追溯到周朝后期。它们肯定是从古代传下来的，特别是平底帆船，当它们行进在沿海港口附近的现代化大船中间的时候，笨重的船体和沉重的黑帆看起来就像类似飞蛾的怪虫。

　　但是它们其实不笨重，实际上恰恰相反。平底帆船是人们设计的效率最高的船之一。"它奇特地平稳，速度快，载重量大，顶风能力强，能迎着潮水和激流前进，能在水浅、滩多的河流入海口中航行——在这些方面平底帆船都是独一无二的"，造船专家们说。它在使用风力方面好于其他任何船只。

　　早在3世纪这种船就到了印度，从9世纪到中世纪末印度洋成了中国、印度和阿拉伯的天下。当时中国商船定期开往东南亚、印度、斯里兰卡、波斯湾、红海和非洲东海岸。他们得益于大约12世纪发明的指南针，除了防水船舱以外，指南针是航海史上最富有意义的发明之一。这两项都是中国人发明的。

阿拉伯世界是中国丝绸和瓷器的最大市场之一。中国人自己则在那里寻求象牙、珍珠和香料等商品。从索马里到莫桑比克的非洲海岸线附近，人们在近几十年挖掘出数量惊人的中国瓷器和中国钱币，最早的是7世纪的，绝大部分是12世纪和此后的。

但不是所有的旅行都是贸易性的。从1405年到1433年郑和七次下西洋是闻名于世的，当时他受皇帝派遣访问三十七个亚洲国家，意在与这些国家的统治者建立联系和奉送礼品。

这是一种外交亲善旅行，主要目的是提高中国皇帝的威信和促进商业往来。科学家也参与了这些旅行，他们致力于搜集这些国家的动物学、人类学和绘制地图方面的资料以及珍奇物品。

厦门港的帆船。1982年。

外国的统治者对这些商船的访问自然印象深刻。1405年至1407年对占婆（今日越南）王国、爪哇、苏门答腊、马六甲、斯里兰卡和印度西南部的科泽科德（葡萄牙人第一次到达那里晚了近一百年）考察，是由六十二只船和总共二万七千八百余人进行的。郑和自己的旗舰是一艘平底帆船，长一百四十七米，宽六十米。

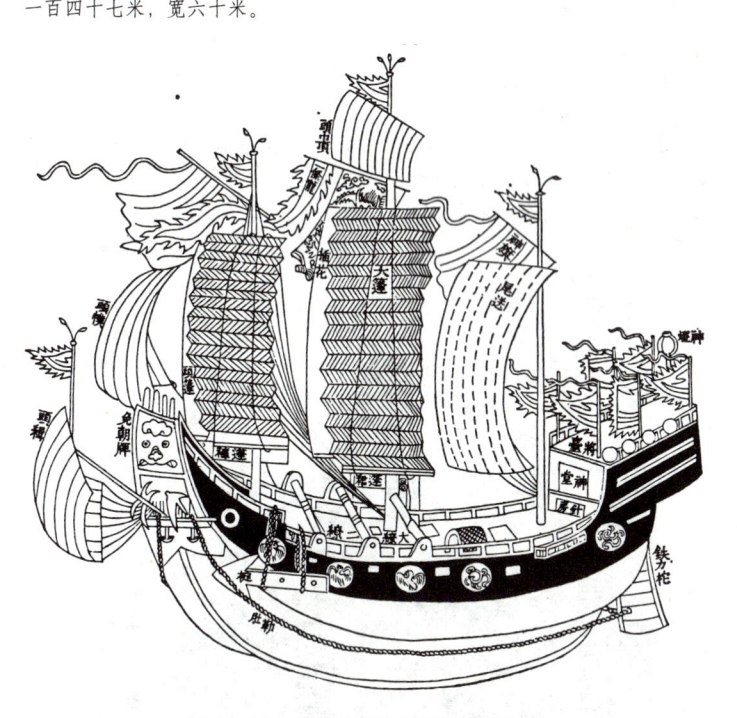

海船。选自《琉球国志略》，1757。

在学校里我们只读葡萄牙人和西班牙人伟大的探险旅行的故事。当然他们的旅行也是伟大的，不过他们的最初目的不是为了发现他们自己地域以外的世界，而是为了扩大国土，寻找原材料和改造异教徒。葡萄牙人在非洲东海岸旅行的故事是残酷和野蛮的。当1498年总算转过好望角并在阿拉伯人的

船。17世纪末叶问世的《芥子园画谱》插图。

帮助下到达印度的时候，他们在各地看到的城镇比他们自己的更富裕、更安静和更井井有条。往来于印度洋上的船只有着悠久的传统，比他们自己驾驶的船明显先进。他们带来的商品和礼品在亚洲受到人们的嘲笑，这种情况一直延续到19世纪初英国人开始做鸦片生意。这时候人们只好捂上嘴。亚洲国家想要黄金和白银，其他东西他们自己有。为了摆脱劣势，欧洲人以15世纪至16世纪长期的宗教战争中积累的经验为解决争端的模式，拿起了武器，用暴力手段夺取他们想要的一切。中国人的旅行完全是另外一回事，如同李约瑟所说，"是在已知的世界里的一种显示力量的、但计划周密的视察性的周游"。不错，他们也经商，想要各地统治者的贡品。但是他们从来没有制定过任何经商标准，没有建任何城堡，没有掠夺奴隶，没有占领任何土地。他们尊重其他国家的信仰，祭祀不同国家的神，作为对他们访问国家的尊敬；他们带来其他人不能提供的商品，自己则寻求中国没有的珍贵物品、动物、宝石和药材。他们作为强大的中华帝国的大使四处巡游，自信地显示自己文明的优势，不卑不亢。

上有天堂
下有蘇杭

航行在大运河上的船。苏州，1973。

　　直到今天中国的运输有很大一部分靠船，内地也是这样。在长江三角洲和靠大河引水的平原地区，水路和其他道路一样普遍。人们在那里会看到帆船在稻田和菜地之间静静地驶过，伴有风吹粗大缆绳和船桨划水的声音。这是一种超现实主义的经历，起码对已经习惯于废气和噪声的人是这样，那些都是所有运输手段不可避免的。

　　在小城市的运河上，人们用船尾安装的一个长桨使船前进。在苏州就是这样，它是我看到过的最美丽的城市，白灰粉刷过的低矮房屋，驼背形小桥，四合院里点缀着亭台水榭和金鱼池。那里的运河是那样的迷人，足以使把毕生精力浪费在威尼斯的卡纳莱托伤心落泪。

大运河就从苏州城外穿过，它是世界上最长的人工开挖的运河，与长城齐名。它是沟通中国南北的大动脉，全长一千七百九十四公里，直接穿过中国最发达的农业耕作区，比苏伊士运河长十倍，比巴拿马运河长二十倍。它南起杭州，该城在宋朝时期曾是国都，像苏州一样迷人。

这条运河始凿于公元前486年，当时是周朝，此后人们在不同的时期继续开挖。到了13世纪末，蒙古人吞并中国，把国都迁到离他们本土较近的北京，把运河修到那里。沿着运河他们把富庶的南方各省生产的稻米、景德镇的瓷器、苏州生产的丝绸和檀香扇用平底舢板和帆船运往北方。不用说还有绍兴黄酒。

19世纪中叶左右，由于黄河改道造成黄河以北的运河被淤塞，当后来出现铁路的时候，铁路承担了运输任务，运河废弃。直到1960年前后人们才使它重新通航。几十万人投入这项工程，他们用小竹篮和独轮车运走淤泥，修复堤坝和闸门。

到了20世纪80年代大运河又扮演了一个新的、更加重要的角色，即它成了南水北调工程的一部分。十四个大型抽水站和十一个新水闸仍在建设中。从长远看两千吨级货轮可以在田野之间通过。干旱的平原将能终年灌溉。

"受"——两只手从各自的方向抓住船。或者是两只手抓住船运来的商品？甲骨文和金文中"船"字是明显写实的，但是由于秦始皇统一文字，"船"字的笔画被减少到我们现在能看到的两只手之间的几笔。

不仅是船，还有筏——有时候还有独轮车——都装上帆，因为人们都喜欢利用强大而平稳的季风，它们有规律地吹遍中国。

帆 ⊟ ⊡ 凡　巾 巾

按照李约瑟的观点，最早的"**帆**"字表示一个简单的双桅杆斜杠帆，如今只在美拉尼西亚有。这可以证明中国与东南亚和南太平洋的交往源远流长。

为了使这个字变得更清楚，人们在早期加了一个"巾"字，据说是一块悬挂着的布的形象，但是没有证据。如今的"帆"字就是这样。然而从文献上看最早的帆是由竹子制作的，用竹竿或其他简单材料编成。用布制作帆则代表豪华和富有。

双桅杆美拉尼西亚式横杠帆船

在商周时期的青铜器上有很多漂亮的字，我们能看到当时被模仿的船的样子，看到撑船的手和乘船的人。

图像很清楚——但它们是什么意思？我们不知道。就我们现在所知，没有

新石器时期的陶器，
上面饰有玛瑙贝。

任何现代字形恰好与这个字相同。它们当中很多字看来像是家族、地点和不同职业的名称，当字形最后固定下来的时候，它们就消失了。

然而还是有很多可谈的事情。有很多图像表示一个人站在船上。他肩上挑着担子，上面有一串串玛瑙贝。人和贝也出现在很多没有舟的其他字里。

玛瑙贝在最初的几个朝代里当做钱币使用。它们有几厘米长，有像瓷器一样闪光而坚硬的外壳，还有一个布满皱纹的小"嘴"。它们产在太平洋和印度洋的很多地方，但是在中国沿海至今仍鲜为人知。古代的情况没有调查过。与其他绝大多数贝类相比，玛瑙贝显得相当一般，很难理解为什么如此受青睐，使它们成了世界上最早的钱币之一。

原因也许十分简单，远离大海的中国内地很难找到这种贝。也可能因为它们很像女性的生殖器。在世界的很多地方人们赋予玛瑙贝某种神秘的色彩。在非洲人们相信，玛瑙贝会赐福，能使妇女、儿童、马匹和其他贵重物品不受邪恶的眼睛的伤害。它们还与丰收、生死有关。古代中国可能也有这些想法。新石器时期的陶器上经常装饰着玛瑙贝图，在一些古墓里人们也发现了真玛瑙贝。统治者的坐骑上佩戴着装饰有两排玛瑙贝的挽具和马嚼子。死者也经常有上千枚玛瑙贝作为随葬品，为了安全人们经常把它们放在死者的手或嘴里。

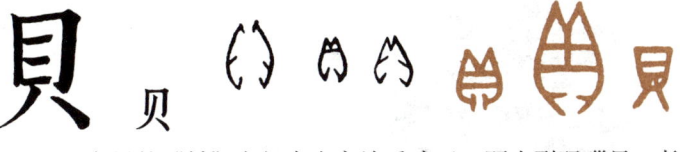

甲骨文里的"贝"字相当忠实地反映了一颗小型玛瑙贝。长"嘴"周围的皱纹只用少数几笔来表示，但保留了从上至下的斜线。

玛瑙贝的资源似乎不能长期满足需求，因此早在商代人们就开始用青铜器制造玛瑙贝，样子很像真贝。也拿骨头制造。后者的外表与真贝一模一样，但是"嘴"边的皱纹人们没有太认真对待。人们只在面上划了几条横线，而这些笔画又出现在甲骨文里，"贝"字最后保留了这种样子。

到周朝后期玛瑙贝在这个国家的较发达地区不再作为钱币使用，但是在中国的南部和西南部则保留下来。马可·波罗在13世纪的游记中说，在现今云南地区的居民把印度引进的玛瑙贝当做钱币和装饰品。据其他资料记载，他们在这个地区一直使用到17世纪中叶。

两颗玛瑙贝用绳串起来意为"**贯**"，在古老的文献里一贯就是在一起的一千枚钱币。

在商代钱币的基本单位是由两串各有十个或二十个玛瑙贝组成的。一只手抓住一颗漂亮的玛瑙贝意为"**得**"。这个字还有"一定"的意思——使人想起我们当中绝大多数人都经历过的那种有些尴尬的境地，由于某种原因我们一定要"得到"钱。由于不详的原因扩大了这个字的传统形式，在字的左边加了一个"彳"（据说意为"用左脚迈一步"），然而意思没有变。

一个贝和两只手组成"**具**"。

"贝"还可以组成一大批合成字，都与商业、价值和资金有关。但是钱币变了。早在公元前11世纪人们就浇铸铜币——当然是贝的样子——尔后人们铸钺币和刀币，模仿受人欢迎的金属器具。

在秦国人们在公元前3世纪开始铸圆形币。币的中间有一个方孔，以便人们能用绳把它们串起来，便于携带，就像过去人们串玛瑙贝一样。方孔可能与制造过程有关，也许与中国人的天圆地方的世界观有关。专家们的观点有分歧。

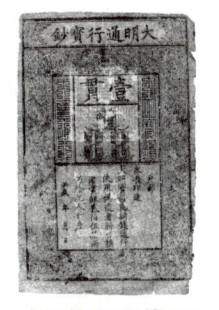

我们在1380年前后的这张纸币的中央看到"串"钱的形象，共有十串，每串十枚硬币。皇帝的红色大印证明纸币的价值，规格34×22（厘米）。

621年发行的号称通宝的硬币

但是钱币完全通行。当公元前221年秦王灭了邻国而称帝的时候，钱币在整个国家被正式接受。稍作改动以后，这种钱币存在了两千一百年，直到辛亥革命推翻帝制才打上一个句号。

在某些时期，当国家很难找到足够的金属浇铸钱币的时候，人们开始在桑树皮造的纸上印上钱币的样子。当局在纸上盖上官印，规定它们与金属的钱币等值。世界上第一张纸币就这样诞生了。但当时通货膨胀率很高，因此纸币从发行起有效期只有三年。

在9世纪到10世纪的时候纸币开始发展，在此后的几百年当中，纸币有了强大的地位。在元朝，当蒙古人统治中国的时候，纸币是唯一合法的钱。但是改朝换代人心不安，当局与人民之间经常缺乏信任。当1450年明朝拒绝按金属币值兑换纸币的时候，纸币变成了废纸，然后消亡。

后来出现的唯一货币是铜钱（用绳串起来）或者是纯银锭，在买卖做成的时候，由私人钱庄或商人用手秤仔细确定重量。

除了国内钱币以外，被称做墨西哥银元的钱币在近四百年当中作为付款手段起了重要作用。如我们看到的那样，中国人出口丝绸和其他受欢迎的商品希望用白银付款，因此那些没有白银资源的国家需要从其他国家获得白银，以便能够与中国进行贸易。这就给西班牙一个有利地位。

16世纪初西班牙通过占领中南美洲而控制了那里丰富的银矿资源，尔后菲律宾也被划入西班牙版图，在白银的原产国和中国之间便建立了直接联系。从1565年到1820年有价值四亿比索的白银运往中国，直到20世纪20年代墨西哥银元在北京、上海和其他大城市仍然是最常用的货币之一。

请看后页这幅画。我们站在一座山上，俯视那片肥沃的平原。有河，有行船和桥，还有一片房屋。我们看到最多的是方块的田野，上面笼罩着水汽，田里长着水稻和其他农作物。

田野组成一个方块图案，由窄窄的田埂分开。每年当田里灌满水的时候，人们可以穿鞋走在埂上面，也可以在上面推沉重的独轮车，这种车很可能就是为了在上面使用而设计的。

这幅画创作于1972年，然而这种田园风光自古有之。在中国这种景象已有几千年。我们看到"田"字的时候就会明白。

早在甲骨文上"田"字就有了固定的字形，但同时也有其他写法。

其中一个甲骨文被分成六块田，非常像汉墓出土的一个小型雕刻上的田野。后者表现了五个大人和一个孩子在田野上劳动的情形。一条像月牙一样轻便的船停靠在运河旁边。

富庶的水乡。
"江山如画，鱼米之乡"。
传统风格的现代山水画。

我们已经看到，在最初朝代人和动物以及死者来世所需要的武器、装饰品和礼器一同葬入坟墓。从长远来看这一切非常昂贵，因此在汉朝人们开始更实际地安排这一切。用所需物品的陶器——如我们刚才看到的田野和船——来代替实物，因为制造陶器简单、省钱，死者可以带走很多。

这时候人们也不必再担心实物太大坟墓放不下的问题。里面可以放置一个真人所需要的一切物品的雕塑：房屋、树木、水井、石磨、锅灶、仓房、车和船以及保护仆人、杂技演员、乐手、马匹、狗、猪、鸭和鸡的岗楼，他们生活在大房子里边或房子周围。

很多墓雕是使用模具做的，因此生产起来很快，但是也有很多是手工做的。其中有很多生动、细致的描写。从整体上看，它们很可能正确地再现了当时的生活情景。这些器物就是人有朝一日死而复生后真实生活的原型。

对我们来说墓雕提供了了解公元前数百年中国的日常生活的珍贵机会。有时候通过它们也有助于了解为什么文字是这个样子。诚然文字的出现要比它们早一千年，但是当时的发展情况不像现在这样快，比如商代建筑的很多特征我们在汉墓雕刻中也能看到，其中有不少一直保持到今天。

墓壁上刻画着导致家族的诞生和引以自豪的发展过程的神秘主义的事件以及为纪念统治者和国家而举行的各种仪式。这些刻在石头或砖上的浮雕也大量讲述汉代的生活，其中大部分我们会在后边看到。

人们不能肯定"田"字像一开始表现的那样清楚和单一。有些学者认为，"田"字上的各条线不是田埂而是水渠，大禹的追随者借助它排除了洪水。另外一些人则认为那是人工挖的灌溉渠，但是没有证据能说明早在人们创造这些字的商代就有这类灌渠。

另外还有一些人认为，"田"在古代还有"狩猎"的意思，他们说，从发展史的原因看这个意思是最古老的。按我们现在的理解，一块田实际上表明，一个地区可以分为很多狩猎区，只有到后来那里的土地才被用作耕种。

"田"字可以组成很多合成字。比如"疆"字，在甲骨文里它是由两个"田"字组成，有时候还加一个"弓"字。

在金文里字形相同，但是人们可以看到把田字分开的平行线，强调边疆这个概念。

到周朝后期，人们又给这个字加了一个我很快就会讲到的"土"字，这可能显得有点儿画蛇添足，但是不同的补充本身是完全可以解释的。考虑到"田"字还有"狩猎"的意思，所以加"弓"字是很自然的，人们经常在远离人口密集地区的边疆地区打猎，人们看到的弓箭就成了最主要的狩猎武器。当人们开始耕种土地的时候，把弓当做尺用。一弓长等于一点六五米。

"田"字也包括在"亩"里，历史上它一直是丈量土地面积的单位。这个单位面积一直在变化。现在一亩等于零点零六六七公顷或者说足有两个网球场大。这个字的右半部分一直没有找到令人满意的解释，在简体字中被去掉了。

田埂，平整的土地，一行行的庄稼。要付出劳动才能做到井井有条。人的劳动似乎是最主要的。如果我们相信"男"字是由"田"和"力"组成的话，至少是如此。

两千年来，人们一直说，"力"字表示手臂——力量的古老象征。但是现在人们对这种解释提出了疑问。很多新发现的字，特别是考古发现和人种学观点更相信，这个字表示一种农业工具。在壮、侗、瑶、珞巴和其他生活在中国西南部的少数民族中至今仍然保留着原始的刀耕火种的耕种方式和在中国发达的中心地区很早以前就消失了的古老的生产工具耒。

这个字一般被解释成"耒"。称它为耜也许更正确，因为耒就是一个"耜"。

耒也称踏犁，是由一块弯曲的木头制成，下部装有一根横梁。人们用脚踏在上面，犁头向前滑动。人们不是用它翻土，仅仅是为了犁出垄沟，然后播种，效果不错。

古代黄河流域的农民耕种一种细沙土地，黏土的含量很少，这些古老的文字就表现了他们曾经使用的这种犁，它使人想起了今日部分少数民族仍然在使用的这种农具。

另一种仍然保留在少数民族当中的古老工具是"耜"。它由一根直棍组成，下部稍宽，像耒一样，装有一根横梁，脚踏在横梁上"铲棍"就插入泥土里。

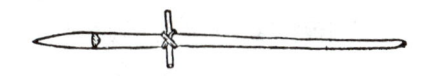

在秘鲁和玻利维亚的高原印第安人当中这种农具至今仍然常见，在当地被称做"塔科拉"。

在几个古字当中——它们都出自商代——我们看到了类似的工具，不过装有尖头。横梁在大多数这类字中都十分显眼。我们还能看到握住柄的一只手或两只手，马上就要向横梁踏去的那只脚显得过分突出。大脚趾分开的样子与我们过去在"止"字当中看到的完全一样。

汉砖上神农的形象，他在神话中被视为中国农业之父。
他使用的工具很像"耒"字。

"土"字至今仍然等待着人们去解释它。我们知道它在不同的时期样子也不一样，但它是根据什么实物创造的还不清楚。一些专家认为，它表现一棵苗破土而出——如果这种解释成立的话，"土"字就是一种简明、自然的形象。另一些专家则认为，它是一个土堆，与我们在村子周围遍地看到的坟墓差不多。部分甲骨文周围的小笔画可能表示弥漫在风中的土粒。

高本汉认为，"土"字是一个清楚的"生殖器"形象。如果他的论点成立的话，它就是一个男性勃起的生殖器，转意为繁育。世界上很多地区都有类似的说法。但是当我们仔细看一看甲骨文中的最初形式时，这种解释似乎难以以人信服。这个字确实是表现一个直立的东西，但是光这一点就足够了吗？

金文中这个字同样令人费解。

但是这个字非常重要。在高本汉的《汉字形声论》一书中有一百多个字是跟"土"字组成的合成字，其中百分之九十的内容与种植和农业有关。有一批纯农业术语，如垄、栽、培和填。剩下的字当中有一半是表示过去和现在存在于村子里的"屋"、"街"、"坛"、"场"和"坟"等；其余的字表示"堤"、"墙"和"堰"这些人类保护自己和同时利用河水所必备的东西。也有几个字表示"毁坏"——它使人想起农民为了生存而付出的西西弗斯式的劳而无功的辛勤。

坐　里

两个"人"加一个"土"是"**坐**"。

"田"和"土"组成"**里**"。在最初的几个朝代，二十五户组成一个里，但是随着人口的增长导致对土地的压力增大，一个里逐渐包括大约一百户人家。

随着岁月的流逝每户可耕的土地越来越少，由此导致对现有土地过分的使用。就像中国现在这样，根据联合国粮农组织的统计，中国仅拥有世界耕地的百分之七，但却养活着世界百分之二十二的人口。平均每人所拥有的耕地面积只有一二千平方米——就像瑞典的一块普通的宅基地那样大，与人口灾难性过多的孟加拉一样多——或者说一样少。印度平均每人所拥有的可耕地面积是中国的两倍半。"里"字也用于表示长度的度量单位，相当于半公里。1958年文字改革以后，表示里边和内部也用这个字。

河水是中国一切耕种的基本条件，但是不下雨也不行。雨量多少取决于西伯利亚和中亚的情况。

冬季，天气寒冷造成高气压，冰冷的寒风吹向温暖的太平洋。它们经过戈壁大沙漠吹过中国，风卷起黄沙形成危害很大的沙暴，然而并不带来任何水汽。因此几乎整个冬天中国都是干旱的，特别是北方。土地龟裂。到处覆盖一层尘土。人们的皮肤干裂。大家都咳嗽和吐痰。

到了五月情况正好相反。西伯利亚和中亚高温、低压，风从南和东南方向的海上吹来。大量的水蒸气在中国上空形成云雨，为田地解旱，河流和水塘灌满雨水。

但是华北夏季的雨水难以测定。雨水越少的地区，雨量越不均匀，这是个严酷的事实。而在其他地区人们可以准确地知道雨季到来的时间。甚至人们经常能知道在哪一周，哪一天，因为季风是按时刮的。

华北却不是这样。有时候一年也不下雨。河流干涸，土地龟裂。太阳毁掉所有的耕地，庄稼被旱死。人们在干涸的河道里找水，试图救活几块农田。

第二年大雨滂沱，雨水从山谷奔腾而出，如脱缰的野马，河水泛滥。尔后突然都结束了，人们面前是坍塌的峡谷和梯田，被冲毁的土地。河流改道。

过去有一二年这样的气候就可以毁掉全省，迫使几百万人离乡背井，卖儿卖女。他们祈祷苍天和聚集云雨的高山，手拿树枝求雨。别的办法没有。从20世纪50年代开始，人们使用了比较有效的办法，在全国范围内大量兴修水利工程——水渠、池塘和水库——借助这些设施来调济不同年份的水资源。但是如果根本不下雨，也就无能为力了。更多的办法没有。

无边的灌溉网浇灌着平原上的良田。农田周围是田埂，人们可以穿鞋走在上面。

"雨"是云的形象。天空悬挂着很多人们渴望的水滴，如果我们能使它浇灌我们干旱的农田该多好呀！不过要适中，适中一点儿好。

但是情况经常不尽人意。在华北百分之九十以上的雨水降在夏季很短的时间内，经常是以雷雨大风的形式出现的，是由这个地区气温多变造成的。

"雷"字表现了田野上空的一块云，雨是对现实情况卓越的描写。但是如果我们回顾一下这个字的最初形式，这个形象就显得过于复杂。在公元前2世纪统一文字的时候，云雨下面不是一个"田"而是三个"田"，在金文中四个"田"。相反，即使偶尔出现这个字也与雨没有关系。我们看到的是一条联结各个田块的长线。

在甲骨文中，正是这条线起主导作用。它的周围是很细的笔画和圆的圈，真实地再现了闪电，当闪电划过天空，光和声音就是这样包围着它。

電 电

我们在金文的"**電**"字中看到了类似的形象，字的下半部分有"伸"、"重"和"扩"的意义，在某些段落里也有使人敬畏的意思。按照古老的观点，它表示"电"。如果这种解释正确的话，这个字的不同意思会变得更加合理。当闪电划过天空的时候，有什么比它的闪光更令人敬畏呢？

过去打雷的天气为广大公众敬畏，特别是在不打雷的季节打雷更为可怕。人们把打雷如同洪水、地震和其他自然灾害一样视为天公对统治者、皇帝统治国家的不满。因此人们相信，它们预示着暴乱、内战特别是改朝换代的重要政治转化。

1976年唐山大地震按照官方公布的数字死亡二十四万二千人，八十万人无家可归，这件事被具有传统观点的中国人立即理解为政治要发生变化。人们可以这样想！仅仅过了两个月，毛泽东逝世，"四人帮"被捕，中国开始了一个新的发展时期。当两件引人注目的事件相继发生的时候，人们产生迷信思想是不足为怪的。

老的"**霍**"字是由"雨"字和三只鸟组成的。在人们未看到眼前的自然景象之前会觉得这种组合令人吃惊。平原上空一片乌云；树木、草原和互相鸣叫的鸟；突然天下起了雨，一群鸟拍打着翅膀飞入云端，离平原而去。在今天的写法中，三只鸟只剩下一只了，不过这个形象还不错，至少对我来说是这样。

雲 ヨ 云 弓 云

"雲"。最早的字形是这个字的下半部分。我们看到两个长长的、停留不动的云槽和一块正慢慢地在上升的气流中滚动的浮云。

为了强调这个字的意思，早在周朝人们就给这个字增加了一个"雨"字，后来这个字形保持了两千年。当1950年文字改革的时候，又恢复了最初的简单字形。中国古代的任何人都会认识这个简体字。

雲 雨

"雲雨"是男女欢合的古代的雅称。过去没有雨水华北地区就没有收成。因此雨水和繁育属于同一个东西。饱含水蒸气的云可以滋润大地。

这个词来源于一位公子或者楚王本身的一个传说。他们当中的一位去游历巫山，与打猎的伙伴走散了，走累了以后躺下睡觉。他梦见与神女欢合。离别时，他问神女是谁，能否再相会。仙女回答："旦为行云，暮为行雨"，仙女说完便消失了。

我们在"气"字上看到的不是两条而是三条朝天空飞去的云带。据说这个字表示地面蒸发的水汽在天空形成云。华北的夏天晴空万里，就我看到的而言，这种解释是合理的。从六月初到以后的一两个月里，白天的天空总是笼罩着一层均匀的白色云雾，它使各种阴影消失，单调的光使眼睛极为疲劳。但是早晨和晚上湿气变成薄薄的平行云层在空中飘动。按照另外一种解释，"气"字表示煮饭锅里冒出的"蒸汽"。这个字包括在很多合成词里，如"天气"和"气氛"，在中国哲学和中医学当中"气"字起很重要的作用。在这些领域里它构成充满生命力、周流全身的气机，它能调节和平衡人类与大自然的生命，以及精与气的关系。

摘自徐光启的《农政全书》，1639。

在河边由田埂分开的稻田里人们正在插秧。我们看到幼苗从水里长起来。这张图选自17世纪出版的徐光启的名著《农政全书》。

该书是在明朝末期混乱的年代出版的，这时候农民的生活比过去任何时候都苦。国家的经济跌入谷底，不间断的内战使城乡变成废墟，农民起义和自然灾害接踵而来。华南某些地区人口过多，农业稍有歉收就会带来饥荒。北方各省农田荒废无人耕种，特别是因为缺水。

《农政全书》汇集了有关农业方面的著作约三百部，徐光启试图向人们证明，好的农具、优良的品种和像白薯、玉米和棉花这类新的农作物以及比较有效地利用土地，可以大幅度提高单位面积产量。一旦遇有灾荒岁月，书中还有度荒的办法。书中大约有三分之一的篇幅是插图，收有四百种吃下可以活命的野生植物。有很多是苦的，但是稍微煮一下苦味就没有了，然后再用油炒一下，加上盐和酱油等作料就能吃。

徐光启用这张有田埂的图说明，人们应该怎么样在枯水季节利用宽阔河岸上的边角地。他在书中写道，如果人们建筑起足够高和坚固的堤坝，水很难渗透过去。这样人们就很容易用脚踏水车把水排到田里去。今天的农民也会赞成，他们也是用这样的方法来耕种水边肥沃的沙地。不过他们不是用脚踏水车，几年前他们就开始用柴油抽水泵完成这项沉重的劳动。

古代的农民既没有脚踏水车也没有柴油抽水泵，但是他们熟悉各种作物。请看上面这个字，它表示草、苗和芽。

在甲骨文上它只有一个芽——几片薄薄的叶子破土而出——但是到了周朝后期人们把它写成两个芽。这种形式很早就发展成像两个十字的东西，20世纪50年代又被进一步简化。

这个字组成了一大批与植物有关的合成字。在高本汉著的《汉字形声论》一书中有四分之一是编制席、帚、篮和屋顶的苫、蘭和葭。另有四分之一与种植本身有关：苗、艺、蒙、蓐和获。剩下的是蔬菜名，如葱、蒜、菝；花名，如荍、萍和藕，还有一大批水生植物和攀缘植物，如葭和藤。还有些表示弄懂和视察的字，如藏、莅。我们看到疲倦的种田人靠在锄头上，看着田地上一天劳动的成果，青苗苗壮成长。

三个嫩芽组成：

如今简化了的这个字有着古老的特征。

一只手和两个植物组成的这个字有"柴草"和"草"的意思。

"**奔**"字如今已经看不出原来的含义，但是在金文上显示着全速：一个人摆动着双臂在草地上奔跑。

见徐光启《农政全书》

　　这张图表现一块长着各种蔬菜的菜园，四周有围栏和高树。有些蔬菜已经长高，另外一些还是小嫩苗。河从附近流过，人们很容易感到从田里发出的宜人的芳香。

从金文的"**圃**"字上我们可以很清楚地看到菜田和围栏里的菜苗，不借助它人们可能很难理解这个字。

世界上大概没有任何地方能像中国那样有效地利用土地。每一小块土地都用来耕种，哪怕只有几平方米。人们像管理自己的庭院那样管理作物。每一棵苗都得精心照料。人们培土、锄草、绑秧和保暖，每一棵苗天天要浇一瓢粪水，一滴也不能多一滴也不能少。

人们经常在一块土地上同时种多种作物。在棉花未长大之前，在棉垄之间种上速熟的白菜和葱。在谷子中间点播豆角，在谷子需要整个地土的时候，豆角已经成熟了。

在中国北方有冬季的那半年夜里寒冷，经常下霜。但是这并不妨碍人们种植新鲜的蔬菜。人们在菜地上搭起用薄竹片搭的架子。每天晚上架子上的苇帘放开，早上太阳出来以后天气变暖，再把帘子卷起来。北风大的时候把帘子卷起一半，用这样的方法能有效地挡住北风，使菜苗不受北风侵袭，同时能使它们得到所需的阳光。借助这类简陋的"温室"，人们在整个冬天都能种植萝卜、不同品种的菠菜以及很多其他蔬菜。有上千万人口的北京所需要的几千吨蔬菜的大部分就是这样生产出来的。这样的种植方法已经用了一千多年。

很久以来，蔬菜是除了粮食以外的中国食谱中最主要的构成部分，特别是白菜、葱、豆角和各种不同的速生叶类青菜。蔬菜所含的丰富的维生素和矿物质，主要是铁，以及制作过程中仅使用少量的植物油，都使中国人长期以来比世界上很多其他民族生活得更好更得益。美食专家说，中国的穷人在深冻技术和空运事业发展之前都比欧洲和美洲的富人吃得好，至少在没有发生饥荒和水灾时是这样。

1930年对中国人的饮食所做的一次调查表明，农民当时从不同的粮食里

获取近百分之九十的卡路里，从肉类里获得百分之一（仅为百分之一），其余的是从根茎类植物和蔬菜里获得。现在大体上还是这样。不同的地区、城市与乡村和不同的社会阶层都有很大的差别，但粮食和蔬菜仍然是

运煤和蔬菜的人力车。安阳。

绝大多数中国人的饮食主体。

但是目前情况正在发生缓慢变化，粮食的消费在下降，肉类消费在增加，但是蔬菜仍然占重要地位。

井

这是个"井"字。在古代这个字也表示"某个村庄的田地"。字的形状一直是这样。但它是根据什么样的实物创造的？公元2世纪的《说文解字》这样写着：井有盖和栏，因为当时的井就是这个样子，我们有时候在出土的汉朝墓砖雕刻上能看到。

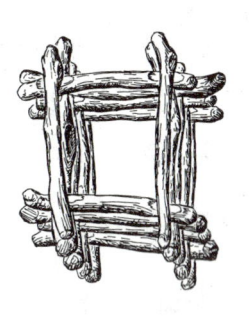

"这个字表现的是井口的框"，高本汉说，其他的人同意他的看法。但是这种观点没有现实根据。20世纪出土的文物一致证明，井在古代是圆的。保存最好的一口井是周朝的，它甚至还有半米高的陶圈。没有一口井能解释"井"字形状的样子。

但是1985年人们公布了十几年前开始在藁城郊外的考古发掘的结果，在众多珍贵文物中有两口井，是迄今为止在中国发现的最古老的井。经碳14测定，它们是公元前1300年的，与甲骨文属同时代。

我想强调，这两口井的构造可以解释"井"字。像人们发现的所有其他井一样，藁城的井也是圆的，但是——有趣的地方来了——在井底有一个四方的框，是用圆木作的，四五个摞在一起。它们组成的样子完全符合"井"字的形状。

为什么这种框是木头做的？

记得人们在沙滩挖洞是怎么做的吗？一开始沙子干和细，人们越往下挖，坑越湿。小时候我在法尔斯特堡度过夏天，我们经常在沙滩上玩建造沙滩城堡，在周围建造护城河和城墙。但问题始终是，我们挖得越深，从底下冒出的水越多，护城河很快被淤平，城堡倒塌。

古代中国的挖井人在松软的泥土中挖井的时候，他们也会被类似的问题困扰。当他们把井挖得够深的时候，地下水喷涌而出，井壁被汹涌的水流冲毁。为了制服地下水的破坏作用，他们在井底放置木框，水可能会继续流出去，但

公元前1300年的一口井的复原图。井底下的是一些木框。

不会造成更大的破坏。

井水一旦超过了地下水位，问题就不复存在了。越接近地面——井口——井体越宽。藁城的水井就是这种形状，很明显是按设计图纸施工的。

井底的木框谁都见到过。人们每天都要辛辛苦苦地从井里打水，没有人能避免。当水桶在井下慢慢灌满水的时候，人们靠在井边等待。几只虫子在水面上，井底方形木框隐约可见。这时候有片刻的宁静。当水面已经没有虫子的时候，人们开始拉紧井绳，把水桶提起来。

有一口井直径近三米，深五米。井底除了木框以外，还有二十多块陶片，是从打水人手中落入井中的。此外还有骨制的小东西，如勺子和发簪。如果打水人弯腰过多，很容易掉下这些东西。

人们在表示水井的几个甲骨文上看到中间有一个黑点。黑点是什么意思？在藁城的井被发现之前，有些中国学者在书中写道，黑点是从井里打水的水桶。考虑到考古新发现，这种解释似乎是可信的。

但是如果我们把"井"字框起来，我们就会看到它与古"田"字是多么相近。

"井"字是否表示一块田地，人们在中央有计划地打了一口井？一部分学者提出了这一思想。他们以古文字为证。

在哲学家孟子（约公元前372—前289年）的著作中有一篇描写周朝初期实行的井田制的文章。每一块土地都经过仔细丈量，分成九份。由八户人家管理这块土地，每家有权使用一块，剩下的一块由他们共同为王管理，以此作为某种赋税。当人口增加的时候，人们开垦新的荒地，然后用相同的办法分割土地。

这种分割土地的办法通常被称做"井田制"，因为它与"井"字很相似。

在公元前8世纪的《诗经》里就多次写到井田制，但是否

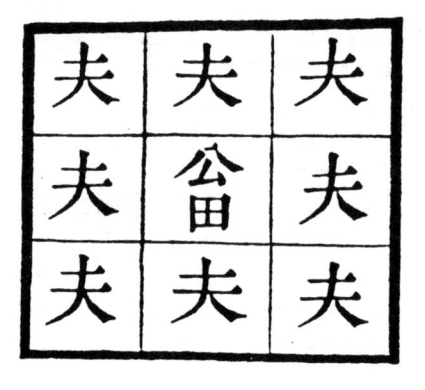

真正存在和执行过孟子所说的这种制度，是中国历史上争论最多的问题之一。这种土地制度仅仅被看做理想，还是确实存在这样一种土地分配制度？

对于孟子来说，这可能是最富有乌托邦梦想的公平社会，在这样的社会中，如同我们说的，每个人生活都有保证，所以他竭力在同时代使这种曾经是现实的乌托邦再次成为现实。

在徐光启17世纪编辑的农业技术的书中，这种制度是这样表述的：八"夫"，中间是王的"公"田。

当孟子在公元前3世纪描写这种制度的时候，人们早已放弃这种制度。土地正在向私人占有转化。铁制犁的出现和粪肥的更有效使用带来农业产量的增加。因此对于王来说最重要的是设法减少"私有"土地和增加"公有"土地。增加的土地资源比如可以用作建设水利设施和道路，从而进一步增加王的权力以及控制和扩大国土的可能性。

但是对于很多人来说，王的权力的增加并不是好事。孟子见梁惠王曰：

"狗彘食人食而不知检，涂有饿莩而不知发；人死，则曰，'非我也，岁也。'是何异于刺人而杀之，曰，'非我也，兵也？'王无罪岁，斯天下之民至焉。"

对于孟子来说，王的首要任务是为百姓造福。他不能做到这一点百姓就有权造反。百姓必须有最基本的生活条件。否则社会就要解体，这时候就不再有阻止各种犯罪活动的界线。这是孟子的基本思想，因为一个良好社会的基本条件就是平分土地。他说，但这仅仅是开始，尔后必须注意让所有的人接受教育。人类的本性是善。人类需要教育。

社会并没有按孟子说的方向发展，至少开始不是。公元前221年秦王征服了黄河流域各国，并自封为始皇帝。他下令大规模修筑运河和道路，动员全民增加他个人和秦国的权力。

但是平分土地的思想仍然保留，几百年来各种不同的改革家在批评政府的失职或者完善自己的土地改革制度时，继续引用孟子的思想。所有读过《毛泽东选集》的人，尽管他们不知道，却听过几千年来孟子对他们的说教：

"造反有理。"

"为人民服务。"

孟子作为那个时代的一种理想而提出的古老的井田制，可能直到现在依然存留在华北的土地上——不管听起来会多么令人感到惊奇。平原上的土地，主要是属于商、周两个朝代的土地，都有极为明显的划分形式。整个地区的土地有着统一的标准，有规则的地块和严格的南北走向。

英国学者F.李明根据最近发现的三百张非常精细的地形图指出，这种分田的方法可以追溯到从公元前4世纪到唐朝中叶一直有效的所谓"均田制"。

这种制度的出现绝非偶然。早在周朝平原上人口稠密，人们必须从已经存在的这种组织结构出发考虑问题，这种组织结构就是古老的"神话般"的井田制，如果你相信李明陈述的事实的话。孟子曾经描绘过这种井田制，但是经常被当做乌托邦而取消。

在上世纪30年代，曾经是秦国首都的咸阳附近的渭河谷地，每块土地一般为三百三十二米宽。如果李明提出的理论正确的话，这是三份井田的宽度。这种标准也适用于山西、河南和山东；令人感到有趣的是，汉代的史料证实，在实行"井田制"时期每户分得的方形田地的边恰好是这个长度。

但是人口不断增加，每户能分得的土地越来越少。过去只养活一百户人家的土地逐渐要养活几百户。为了应付这种局面，李明说人们取消了东西方向的分配数额，只保留南北方向的数额。在政府调整土地数量的时候，只能考虑到固定的宽度，只能有多少地分多少。

臣

农业收入在整个中国的历史上一直构成国家和民众收入的主要部分。只有在最近几十年这种状况才有改变，但是直到今天农民仍然要按规定数量交公粮（或者其他原材料）。

在最初的几个朝代帝王直接控制生产，他派官员去亲自监督田野上的劳动。"臣"字就表现一只监视人的大眼睛，"老哥我看着你呢！"

一位大臣也要对帝王俯首贴耳，是他的仆人。"一只低垂的眼睛"，高本汉总是这样说，"眼是一个俯首贴耳的人的形象"。他的话让我们想起拉丁文的"臣"（部长）字也是"仆人"的意思。

田地，灌溉水渠和水井，人类在地球上生存的百分之九十的时间是在没有这些良好条件的情况下生活过来的。他们曾经是狩猎者、采集者，他们从宽厚的大自然获取所需要的一切，特别是各种野生植物。

史前生活在中国中部和东部的人要比很多其他地方的人生活得好，从植物学的观点来看，这个地区是地球上最富庶的地区之一。一大批植物活过了第三纪和不同的冰川期。在欧洲仅存五千种原生植物，在中国却有三万种。

很可能在植物的种类与中国的农业的出现之间有某种关系。人类是什么时候和什么原因定居和靠耕种土地获取食物，详细情况我们知道得还不多。很可能发生在七千至八千年以前，如果我们相信最近的考古新发现和碳14测定结果的话。

有不少传说试图解释这种重要的过渡。很多传说中的一个关键人物是神秘的神农帝。神农帝的统治时期，据说是在公元前2800年左右，当时人口急骤增加，单靠采集和狩猎难以为生。这时候神农设计了一种犁，当天空飘下谷粒时，他把谷粒收集起来，教人耕地和播种。

我们自然不能把神话当做史实，但毕竟包含某种象征性真理，是对文字出现以前发生的各种事件的纪念。谁能知道，如果中国历史像现在这样迅速地展开画卷，神农会不会在某一天展现自己在渭河谷地的黄土地上耕地的情景。

关于神农的各种传说中，最有意思的是，他不仅被说成是中国的农业之父，他还被说成是中国的药学之父。据说他能分辨出几百种中草药，知道什么样的病用什么样的药去治。

据说他收集的三百六十五种中草药成了公元2世纪诞生的中国第一部著名的中草药著作的基础。随后又出现了几百种类似的著作。其中最有名的是李时珍的《本草纲目》，1596年第一次出版，随后又多次再版，至今仍在出版。书中介绍了一千八百九十二种重要药物，绝大部分是草药，还有一万一千零九十六个方剂。它今天仍然是未来医生的基本教材。

对于来自欧洲（在那里，重要的草药知识大部分已经失传，起码对普通人来说是这样）的"蛮子"来说，在中国的"调味菜园"里散步是一种特殊的经历。我永远不会忘记位于石家庄的解放军医院周围种植的草药，一位头戴军帽的主任医师——时为1976年——带领我们参观，并讲解医院使用七百种中草药中的几种，那里有拉维纪草、薄荷、茴香、蜜蜂花和芥子，如今这些东西在我们西方主要被当做调味品，尽管我们也知道它们是古老的药材。不过那里也有很多普通的观赏性植物，我自己家的花园里就有，如连翘、忍冬、乌头、桔梗、毛蕊花和款冬花，甚至还有车前草，我一直把它当杂草对待。

"有一部分在我自己家的花园里就有。"我吃惊地说。

"我不敢相信，"她漫不经心地回答，"这些是中药材，花园里从来没有这些东西。"

但是当我回到瑞典以后，我拿出植物志和我从上海买的中药字典，把我花园里的植物查了一遍，跟我说的一样。在我们作为观赏植物的野草中，有很大部分是中国的草药。不过当我发烧的时候，我真敢吃碾碎的连翘吗？

我真要收集忍冬以备冬天孩子咳嗽时使用吗？

我有一个朋友是司药，他笑着说：

"我对连翘一无所知。不过忍冬属于止咳的药。中国医生最后给你的那种也是一种忍冬，你没有看到吗？"

在中国中草药知识至今仍受到重视，孩子们在学校里要熟悉他们所在地区的最主要的草药植物。1978年秋天我看到了这种情况，当时我在山东半岛最前端的一个叫大渔岛的渔村里住了几周。有一天六年级的孩子们要到村子后边的山上去采集三种不同的中草药，我也跟去了，一名乡村医生也参加了劳动中的全部活动——劳动结束时吃野餐和唱歌。回来以后草药交给了药房里的赤脚医生，人们在那里把草药洗净，晾干。三种草药都有消炎作用，属于治疗气管和肺的各种病的药。其中一种也可以治疗腹泻。

此后我访问了多家中国大医院，人们从20世纪60年代中期开始研究传统中草药的化学成分，把它们的效果与西药效果进行比较。他们发现，有很多中草药的疗效非常好，尽管见效比较慢，但副作用小。

遇有严重的病，人们采用中药和从石家庄制药厂买来的西药（如青霉素和链霉素）相结合的方法治疗，这家药厂离有"调味花园"之称的解放军医院不远。它是亚洲最大的制药厂之一，不仅向中国，而且向很多邻国提供物美价廉的青霉素。我对中国人的评价是，他们是讲究实际的人民。

生 ᛘ ᛘ ᛘ ᛘ

几千年来，中国的植物世界最主要的作用自然不是药房，而是食品库。遇有旱涝的艰苦岁月，颗粒不收，人们重新成为采集者。他们所拥有的野生植物的知识就显得至关重要。

我们在前面已经看到了"苗"字。这里又有另一种小苗，它可能是生长在北方或西北地区结子的草之一，或者是多种野生蔬菜中的一种。下边的一直横据说表示土地。这个字来自甲骨文。

很多金文几乎与甲骨文一样。其他一些金文多一两片叶子，但是随着岁月的流逝，它们被削减成只剩一个笔画。

这时候我们离"生"字的标准形式已经很近了。

韭

这是"韭"字，表示一种发出轻微香味的中国韭菜，是北方饭菜当中的常见原料。

不管在甲骨文里还是在金文里都没有这个字，尽管自古以来中国人就食用韭菜，在《诗经》中就曾提到，该书的最古老的部分可以追溯到公元前10世纪的周朝初期。

《诗经》是中国最古老的诗集，是了解古代中国日常生活的源泉。书的第一部分由优美的情诗和民谣组成，充满对自然界植物和一年四季各种农活儿的具体描写。

金莺歌唱，姑娘们挎着篮子为蚕去采桑叶。人们煮锦葵和豆子，把黄麻泡进水里，吃野果，晒枣子，收谷子，酿酒和打绳。当秋天来临，蟋蟀到床底下冬眠的时候，人们用烟把老鼠熏跑，糊上朝北的窗子的缝，免得刺骨的寒风吹进来。

细心的专家读完全书以后发现，里面共提到四十六种不同的蔬菜。他们认为，大部分蔬菜生长在诗歌诞生的地方，不少蔬菜的原产地就在那里。

有很多蔬菜至今仍然是中国食谱中的典型原料。竹笋、白菜和葱、韭菜、藕、小红萝卜、萝卜和不同种类的豆角。真是一座丰富的食品库！

但是最令人惊奇的是，这些字当中没有一个出现在甲骨文里，只有极少数出现在金文里。对这种现象的一种解释是，在当时存在的成千上万的卜辞中，这些字的字形还没有固定下来。但是最可信的原因却是另外一种：人们当时还不种植蔬菜。到处都是野生蔬菜，要多少有多少，人们不必为此发愁。妇女在河边采集豆角和小红萝卜——就像地中海沿岸妇女采集车前叶做色拉一样——确实用不着询问苍天。

谷子的丰歉、猎物、对邻国的征伐、帝王牙痛和他妻子生男生女——会不会生个儿子？——这些都是有着另外价值的问题。它们的好坏关系到国家的政权和存在。

狗尾草

这个字通常被译成"禾"。我们欧洲人听到这个字想到的是我们身边通常有的小麦、黑麦、燕麦和大麦等谷物种类。中国人想到的是小米和大米。

实际上我们应该把这个字翻译成"谷子"，因为在创造这个字的地区，几千年来谷子一直是主要粮食作物，挖掘出的文物清楚地证明了这一点。直到今天谷子仍然是华北农民的主食。

小米有多种写法，所有的写法都经常出现在甲骨文和金文中，是指人们采集或种植的不同种类的谷物，主要是粟和野黍。由于种类繁多导致部分名词的混乱，直到今天仍有这种情况，但是经常被译成谷物、粮食的这个"禾"似乎是最古老的。植物学家们认为，它是指新石器时代出现在整个华北地区的各种野生的禾，至今仍有些生活在野生状态下。它实际上是一种令人讨厌的稗草！但小米是一种营养丰富的粮食。它含有的蛋白质与小麦一样多，但有多几倍的磷、镁、钾和多种重要的维生素B。

这些字的外形非常清楚。表现谷物特征的沉重穗子显得很突出。

芦粟

野黍是中国自新石器时期以来一直种植的另一种常见的谷类，它的谷穗不是紧的，而是分散的。

甲骨文的"黍"和不同的野生的谷物很相似，小的笔画表示正要落在地上的谷粒。

这不是不可能的。原始的谷类成熟期早晚相差很大，因此人们必须分批收割，一穗一穗地掐。如果不及时收就会掉在地上，这样对人类是很大损失，因为谷粒太小了。

小米可以做粥也可以做饭，也可以酿酒，祭祀的时候既可以用米饭上供，也可以用酒上供。直到宋朝（960—1279）还留存一种仪式，人们在这种仪式上供一种特殊的小米，尽管人们不再食用这种小米，但是为了重要的祭祀活动人们仍然种植这种谷子。开天辟地以来他们一直习惯于用这种米做的饭和酿的酒祭祀。

对于我们来说谷子的主要作用是喂笼子里的鸟——长长的结实谷穗挂起来喂虎皮鹦鹉。但是在华北，如同在非洲，小米是一种受人喜欢的粮食。沿黄河流域的"古典"地区农村，直到今天人们早晚都要吃一碗小米粥，像古代一样。人们同时吃咸小虾用红辣椒腌的酸萝卜，中国人说"很下饭"。

几千年来出现过多得数不清的谷子种类。仅在谷子不占重要地位的山东半岛，人们在20世纪50至60年代就收集了两千种，它们分属六百个完全不同的变种。

在各种土壤和气候条件下它们都可以生长。它们有着令人吃惊的耐干旱和高温的能力，但是在沼泽地和贫瘠的山坡上也能生长。在条件恶劣的耕作区山西和陕西，农民同时种两个不同品种的谷子，希望至少有一种能有收成。

"禾"与"口"组成"和"字。当大家都吃饱，家里一片祥和的气氛时，那是一天最美好的时刻。也可能是：当人们知道仓里装满了粮食，过冬有了吃的东西，人们感到祥和？

"香"字如今写成"禾"与"日"字的笔画。但"日"字最初是由"甘"字转化而来的。如我们已经看到的那样，它表现了一个口，舌头上有一块糖之类的东西。

造这个字的人大概是想表现小米饭蒸在灶上，慢慢地煮着，屋里充满香味儿？也可能表现小米酿造的米酒散发出的香味儿？谁知道呢。不管怎样看来是很香的。"香"字经常出现在人名、糖果名以及像牙膏这类商品的名字里。带"香"字的名字能给人美妙的联想。城市名"香港"的第一个字是"香"——"芳香的港口"。

汉朝墓柱上的图案（局部）。
下面一个农民用两头牛耕地，
上面是一排谷子。陕西博物馆，西安。

　　"禾"字也包含在"**年**"字里。"年"字起初是"收获"的
意思，是由"人"和"禾"组成。如今已经很难看出这一点。但
是古老的字形是很清楚的。

　　"禾"和"火"组成"**秋**"字。对，人们想得完全合乎逻
辑。成熟的谷物红似火，这是初秋的特征之一。

　　或者是与秋后烧秸秆有关吧？这是一种使秸秆变成肥料的简
单方法，此外也能使下一年播种变得容易一些。

　　"秋"字写得这样清楚，不免使人要去遐想它的起源。但是
很遗憾。表示"火"的部分以多种形式出现在古字里，很难确切
知道它代表什么意思。"秋"字也有秋收的意思。按照中国的农
历，每年8月7日为立秋。从这天起人们开始秋收——过去在瑞典
"秋"字的动词就是开始秋收的意思——这时候秋天已经来了。
谷子收割完，马上播种冬小麦。中国的土地没有一刻休息时间！
借助动物和人的粪便、河泥等自然肥，几千年来这些土地都能获

得好收成，只要有足够的水。

一只手抓着一棵谷子在古文里意思为"一把"，后来逐渐变成了表示谷物的量词，而且它又有了表示抓住的意思，即"秉"字。这个字可以与其他字组成各种词，其中有与政权有关的词。

这使人想起了中国历史上有很长的时间农民以交公粮的形式付税。农业是国家经济生活的基础，"抓住"粮食的人也就掌握了国家政权。

"**麥**"字表示一棵有芒的麦子。在甲骨文和金文中这个字的字形大体上已经固定下来，在秦始皇统一文字的时候只是对笔画进行了一些美化。此后两千年都没有什么变化。

小麥　　　　大麥

1958年推行简化字，对麦字的简化结果是少了四笔。然而这种简化还是可以商榷的——人们因此失去了与在中国生活和写字达三千五百年的各代人的一种联系。为此少写四个笔画值得吗？

"麦"一般被称做"小麦"，与它相对应的是"大麦"。这两种冬季播种的作物与春季播种的中国传统作物小米和大米很协调，因此能进行有效的轮作，这在很大程度上有益于土地和民生。

小麦很久以来在中国的存在就受到忽视。它虽然在史前就在那里生长——小麦来自中东——但是在几千年当中它被视为穷人的饭食，地位低于小米和大米。人们认为它太粗糙。"不过很清楚，它能解饿"，汉朝的一本书中有点惋惜地说。公元194年饥荒使谷物价格猛涨，小米的价格比小麦高出两倍半，但是人们想要的还是小米，而不是小麦。但是就在这个时期人们开始更有效地利用石头制作的磨把小麦磨成面粉，由此导致一次饮食的变化，人们不再只知道煮小麦吃，而可以制作出很多其他样式可口的食品。

在这个时期汉朝的统治向西到达了罗马帝国东部边境省份，连接东西方的丝绸之路沿线的商业获得了初次繁荣。可能就是在小麦原产地的某处高原上，中国人学会了用面粉和水合成薄的面皮，做成包子和饺子。这些形状很小的面食里边装满肉和葱，在人种中心论的西方食谱中经常把这些东西称做"中国饺子"。

中国人很可能是从沙漠到中国人口稠密的平原的驼队商人那里学会这种技术的。商人们在城门外边的帐篷里做"野蛮"的饭菜。在亚洲各地人们都做这种带馅的圆形或半月形的食品，但是什么地方都不如中国做出的这类食品易消化和花样众多，由此揭开了中国饮食历史上全新的一章。

用作料调好的猪肉和大葱是最常见的饺子馅。但是在沿海各省也经常用虾和蟹做馅，其中最香的馅之一是猪肉和虾的混合馅，这种搭配别提多妙了。人们可以煮着吃，也可以蒸着吃，可以连汤吃，也可以蘸酱油和醋吃，可能还要加一勺糖。如果剩几个，第二天很容易用油煎一煎。这时候吃起来更香。

还有很多甜的面食，里边有黏黏的红豆和枣泥馅。

有些饭馆专门卖这类小吃，但是在北方通常人们把聚在一起做饺子当做一种乐趣。饺子并不难做，但是费时间，因此理想的办法是好朋友们聚在一起做一顿好饭。饭做好了，肚子也饿了！

薄薄的面皮还可以做令人垂涎欲滴的春卷以及小小的薄荷饼，薄薄的饼里有香油、葱花和胡椒粉等作料。还有馒头！不加糖，也不加盐，比乒乓球稍大一些，不吃米饭可以吃馒头。对于习惯吃棕色长面包的人来说，第一次吃馒头觉得馒头没什么味道，可是，馒头软软的，就着各种炒菜和作料吃起来美极了。

绝大部分面粉用来做面条，北方人就像南方人把米饭当做主食一样吃面条。有各种各样口味不同的面条。人们用对我们来说极不寻常的方法做面条吃：有鸡汤面，有鸡丝、芹菜炒面和香菇炒面，或者用猪肾和香菇炒面，或者……各种花样，无穷无尽。

面条很长，是众多长寿象征之一，在古老的中国长寿是人们醉心追求的。毛泽东八十岁的时候，我正好在上海，面条在那里不像北方那样长。我问一位好朋友，是否会有官方的庆祝活动。"没有，不会有任何庆祝活动。主席不同意举行任何庆祝活动。"但是，她笑了一笑说，"我们想在今天晚饭时吃面条庆贺他的生日。"

过去人们是用全麦面做各种面食。但是如今西方的白面粉传入中国，这种面粉很细，做出的面食既白又漂亮。但是无论是在味道方面还是在营养方面都失去了很多东西。

我们西方这种面包过去中国从来没有，除了与外国人有关的少部分人以外。但是现在也有了西方式的面包。最近在城市里有了在模具里烤的面包，公园里的食品摊像糖果一样把它们卖给在寺庙和假山之间游玩的饥肠辘辘的游客。他们直接吃，就像我们西方人吃一包炸土豆或爆米花一样。在很多地方还有用普通面包做的汉堡包，这种面包是按美国的专利烤的。

小麦的地位一天比一天高，但是做起来明显比小米费事。小麦经常受到害虫和各种病毒侵害，单位面积产量低，而且难以储存。它还要求较多的肥料——中国农民的肥料一直不足，因为他们从来不像西方农民那样把牲畜养在大的围栏里。不过现在人们也有了化肥和大规模的喷灌技术，很快小麦就有了优势。

米

"米"字非常清楚。但我们看到的是什么东西呢？

"是一个图像"，高本汉轻巧地说。不错，但是什么东西的图像？"谷粒，"《说文解字》中说。"是谷子。"

"打谷场上有四堆谷子，"另一本有关文字的书说，并引证部分甲骨文中的这种字形。

"不对，"考虑其他甲骨文的人说，"那分明是稻穗，那根横线是稻秆本身。黑点是稻粒。"

"完全错了，"其他人说，"那根横线是脱粒工具。"

众说纷纭，莫衷一是。但是没有一种说法令人信服。然而人们毕竟感觉到，它是刻画某种具体的东西。人们通常把这个字译成大米，但它还有"种子"的意思。说种子非常合适。《辞海》是这样写的：一种谷物或其他植物的种子。去皮以后是白的。

去了皮的稻谷通常称做"大米"，去了皮的谷子则称之为"小米"，只有一两毫米大。"米"字转意也可用作小事或类似的东西，如"花生米"和沿海地区的"虾米"。"虾米"是一种绝好的写照。晒干以后虾米只有米粒那么大，但是非常香！

大米　　小米

多数外国人认为，中国人的主食是大米。其实不尽然。从新石器时期以来就有两种界线分明的农业传统。长江以北主要种植谷子和小麦；江南主要种植水稻。

这种情况自然有其道理。谷子和小麦能适应北方恶劣的气候和降雨量不平均的情况。稻米要求的条件比较高，它既要求温暖也要求充沛的雨水。旱地稻有些例外，它只能生长在能定期灌水的土地上，或者是雨水，或者人工灌溉。这种自然环境人们只能在河谷、沼泽和华南的三角洲找到。

人们在黄河流域早期的农业文明中发现了水稻，考虑到古代黄河流域温暖、潮湿，种植水稻是很有可能的。但是当时真的种植水稻吗？人们的分歧很大，观点各异。

百科全书上经常这样写着，水稻发源于印度，从公元前3000年以来印度一直以产水稻著称。但是现在人们在中国有了很多考古新发现，这种理论可能站不住脚了。大量的碳14测定数据证明，早在公元前5000年农民就在长江三角洲的沼泽地上大量种植水稻。当人们1976年挖掘石器时期的村落河姆渡时，到处看到水稻的遗存。有着大量米粒、稻芒、稻秆和稻叶的遗存层达半米厚。那里确实存在种植和农业，特别能说明这一点的是人们发现了大量的镐头和其他农业工具。

那里发现的水稻是目前人们所知道的世界上最早的。即使稻米不是发源于中国——有些学者持这种观点——人们也知道，长江流域各村落里人们种植水稻就像黄河流域人们种植谷子一样早。

水稻是一种喜欢潮湿的草。但是在七百多种不同的水稻当中，有一种能适应除了潮湿以外的其他生长条件。这就是旱稻。它能够在缺水和土壤条件较差的环境下生存，它比其他稻种明显成熟得早。尽管它的味道不像其他稻种那样好，但是结实、适应性强。这种稻是由于一次长期干旱于1027年传入福建省的。人民挨饿，得不到百姓赋税的皇帝下旨推广由占婆（今越南）传入的旱稻，以恢复生产。

新稻种很快传遍华南各地。过去人们只在有水源保障的河谷种稻，如今人们开辟了新的可能性。只经过几百年江南的山区就变成了梯田，在空气湿润的梯田上长着绿油油的稻子。这是中国古典美景之一。

普通稻栽上以后要一百五十天才能吐穗。占婆稻只需要五十天到一百天。在长年的实践中，农民们培育出适合当地土壤、雨量和气温的新品种，到19世纪中叶人们把时间缩短到三十天。从此以后人们每年至少种两季稻，最南部地区可收三季。这中间人们还可以种一茬蔬菜。

生存条件明显得到改善。即使一季收成不好，人们还可以在当年有其他机会。人口大量增加，中国的中心南迁，尽管自13世纪以来中国都是自北京进行统治，只有很短一个时期例外，但国家的经济中心一直在南方。在这种变化中，稻米起了重要作用。

丝瓜　　　　　　越瓜

在西方的植物书中这样写着：南瓜、冬瓜、黄瓜和甜瓜是在世纪之初的某个时候传入中国的。具体时间已经无法确定。20世纪70年代考古发现表明，它们已经在中国存在很久。

在石器时代的村落河姆渡人们发现了冬瓜的种子，这样我们只跨几步就到了公元前5000年以前。人们在村子里发现的很多陶器也有明显的冬瓜形状。其他的考古发现也表明，公元前700年在陕西就有甜瓜，在成书于同一时代的《诗经》中就提到过甜瓜。在被碳14测定为公元前2750年的出土文物中，人们也发现了甜瓜的遗存，但是对具体时间有分歧。

不管怎么说，属于葫芦科的植物在中国已经存在很久。我们在金文中明确无误地看到一个"瓜"字，它挂在架子上，充满甜汁，这是进一步的证明。

而在甲骨文中却没有这个字。不管在炎热的夏天甜瓜是多么清新可口，它对国家的生死存亡可能没有中心意义，大概用不着为它的收获询问苍天吧?

"瓜"字包含在很多葫芦科的植物名字里。甜瓜、南瓜和黄瓜属于中国人最喜爱的蔬菜和水果。有条件的都在房前屋后种瓜。我在北京的几位朋友家中，整个房前和大部分房顶夏天都爬满了葫芦秧。宽大的叶子在房顶上空创造了美丽的凉棚，室内充满柔和的光，它使眼睛在有强烈的夏日时在这里感到很轻松。还有那葫芦，用手一敲，有闷钟的声响。

饮食和器皿

自古以来中国人就酿酒。从周朝诗歌和甲骨上的卜辞里充满各种关于酒的诱人描写可以看出，酒在商代社会中起着极为重要的作用，特别是与各种祭祖典礼有关。没有多少其他的字比"酒"在卜辞中出现得更频繁。

中国人不像我们那样把酒分成酒精含量低的色酒和含量高的烈性酒。他们把一切能使人致醉的饮料统称为酒，不管度数有多么高。在几千年当中色酒是人们酿造的唯一酒精饮料。人们使用的原料一般有谷子、野果以及李子和桃这类水果。用蒸馏的方法使色酒含有较高的酒精是公元1000年才有的事情。

起初是怎么想出来要酿酒的，人们对此知道得不多，但是1985年公布的商代藁城的出土文物中有一座十五米长的建筑，从各种材料判断它是某种色酒酿造厂，它是迄今人们所能找到的最古老的色酒厂。人们在一个坛子里找到了一种灰白的干块，考古学家们认为这是当时使用的酵母的遗存。人们还发现各种各样的陶器。一部分很宽的开口陶器很适合用于谷物或水果发酵用，这是酿酒过程的第一步。其他的较细、较高。其中有很多是尖底的，上面装饰横条或棱纹。

"酉"字是仿照这些坛子及其前身的形状造出来的。

新石器时期的陶器

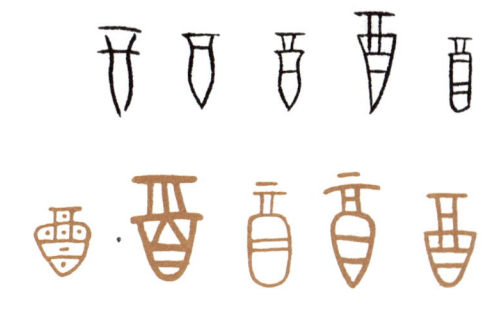

按照《马氏文通》的解释，这个字的意思为用8月新谷子酿造的酒，是沿用《说文解字》。它漂亮得像是一种新开胃酒的广告。这个字还指下午5点到7点这段时间。它是一个酒坛的形象。

就"**酒**"字的一般概念而言——《说文解字》表示为"人类的喜与不幸"——人们是根据酒坛的形象创造这个字的，加上"三点水"表示液体。当人们在公元1000年用蒸馏方法酿出烈性酒的时候，人们在这个旧字的基础上区分新的酒精饮料。

葡萄酒在中国一直不普遍，诚然在唐代就出现了，但是直到今天除了在西部产葡萄的沙漠地区以及与西方人有联系的社会阶层以外，葡萄酒仍然少见。蒙古人发酵的马奶酒——不管多么醇香——从来没冲出他们本地区。

中国最有名的色酒是黄酒，特别是绍兴产的。这种琥珀色的米酒醇厚而芳香，人们用小巧玲珑的酒杯温热以后喝下去，它会直接流到血液里。它已有两千三百年的历史，驰名海内外。

无酒不成席，遇有红白喜事绝对必要，如同在中国的重要庆典一样。过去人们生下一个女儿时，就要把一坛酒埋在地下，等她长大出嫁时再挖出来。人们请客人和祖先喝坛里的酒，剩下的作为珍贵的礼品由出嫁的女儿带到新家。

但是也有烈性酒，是名副其实的烧酒。酒精含量在百分之六十五到百分之九十五，里边还添加一些草药、水果或者像蛇和蜥蜴之类有毒的东西。最烈性的要蒸馏十二次。

福

畐

“畐”字与“口”和“田”没有任何联系，尽管它的样子是这样。像“酉”字一样，它也再现从侧面看是一个长脖的酒坛。在甲骨文里它被当做“福”字用。转意是很容易理解的。坛是最重要的储存器具，不仅对酒来说是这样，对干的东西，如粮食，也是这样。而当坛子装满东西时——心里怎么会不充满富足感和对未来美好的憧憬呢！

为了区分这两种意思，人们很早就在表示酒坛的最初形象上加了一个表示预卜的“示”字，坛成了“**福**”字。加的这个字经常被说成人们预测吉凶和解释能够影响人类生活的不寻常自然现象时使用的棍子。收成好吗？粮仓能装满吗？过得幸福、富足还是大难要临头？

新石器时期的陶器

后来的中国人总结有五种幸福：福、寿、康、宁、乐。每到春节人们就在临街的大门上贴上红对联，祈求来年幸福、吉利。如今这个传统大体上消失了。人们见到的对联其内容更多的是关于传统而不是宗教和迷信。

作为装饰，"福"字也经常出现在家具、布匹和瓷器上。有时候人们会看到五种幸福寓意在五只蝙蝠的形象里——这是中国人喜欢的一种字谜。其中"蝠"字与"福"字的发音完全相同。

壶

这是个"壶"字。在最初的几个朝代它是指温酒用的壶，如今泛指盛热东西用的器具，加上其他的字可以组成"茶壶"和"水壶"等。

"壶"字经常出现在甲骨文里。它表示那些有着很高和很重壶体、下边有结实底座的壶。有些壶的颈很漂亮，还有小眼睛和把手。这是很必要的。实际的壶经常有半米高，用的时候很烫。

这类壶以及它们与"壶"字的关系还有几个问题有待解决。其中一个是盖的问题。从甲骨文和金文上复制下来的所有器皿都有盖。但是人们保存的同时代的器皿却经常没有盖。周朝的陶壶实际上不代表如今人们保存的壶。然而"壶"字肯定是根据与这类壶相似的器皿创造的。

周代硬质陶酒壶

商代青铜卣。郑州。

　　盖本身有一个令人头痛的问题，即易碎，这一点大家都知道，特别是陶质的盖。但是这里的问题经常关系到青铜器，它们一般是有盖的——像文字显示的那样——人们在挖掘出来的文物当中应该能找到大量的盖，对不对？但实际不是这样。这类壶盖直到周朝才普遍，比"壶"字被创造晚几百年，这类盖是平的，像瓶盖。

　　同时还有一些商代的其他酒壶，样子很像古老的汉字，盖子上部总是有一个明显的圆球。唯一的区别是把手可以放下去。不过这类把手我们在已经看到过的酒壶中也能找到。

　　请看下面这把青铜酒壶。它半米高，被确定为商朝中期制造的。壶面覆盖着有力的野兽面具和浮云。这把壶是1982年夏天在郑州城墙附近基建时发现的。郑州是商代主要城市之一。它在本质上与过去的"壶"字所依据的壶难道不是一样吗？

　　但是它却称做：

有些从外观上看很像，功能也相同的器皿有着不同的名字，而那些表面不同的器皿却有着相同的名字。这是怎么回事呢？

据我所知，问题还没有很好地研究。可能这一切是个错误，学者们在宋代给青铜器分类时所依据的是不充分的考古材料。这个谜的答案对我们这里的目的是无足轻重的，但是不知道它们之间的关系让人很不舒服。总有一天会有好奇者搞清楚它，比如借助一直源源不断的考古发现。

至此，我们仅能满足于知道，今天的"壶"字最初是根据一种温酒的器皿创造的。此后艺术史家们一直这样叫它。

在我写完这些以后的一段时间里，有一天我坐着读《诗经》，我被一行诗所吸引，我就去找高本汉的译文，我惊奇地发现，"壶"字在周朝初期，也就是《诗经》创作的年代，意思为"葫芦"。

有着漂亮形状的葫芦就是第一个"壶"，此后这个名字就泛指人们逐渐用陶和青铜器制造的那些壶，有没有可能是这样？

在我们自己的语言里也有很多类似的情况。积木如今经常都是塑料做的，而不再用木头；学校里的一学时不是六十分钟，而是四十分钟；驱动现代车辆的不再是马，但度量发动机的单位仍然用马力。

汉字也是这样。当它们刚成形的时候，也是以当时人们使用的实物为出发点。但是随着时间的推移，实物的外表经常变化，而汉字则保留了昔日的样子。它们的意思已被普遍接受。

葫芦从最初人类定居时代就被用做盛物器具、打击乐和弦乐乐器、吹奏乐器、瓢、蝈蝈笼子等等，最主要还是被当做取水和存水的壶用。尽管葫芦属于葫芦科植物，但它的皮坚硬、密实。其形状多种多样：有的有长而细的颈，有的有沙漏式的腰。所有的种类都有一个硕大的身躯，秋收的时候里面装满成千上万的种子。几千年来，葫芦在东南亚创世的神话中扮演着重要的角色——根据一个传说，第一个人来自葫芦——它经常出现在与收成、生育有关的庆典中，如婚礼。

卣

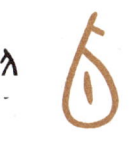

但是这个字也是"酒壶"的意思，那又怎么解释呢？一回事。它也是一个葫芦的形象。当人们看一看古字的时候，就会一目了然。

葫芦形陶器。新石器时期，西安。

可能是有某种特殊用途或者出自某个地方的壶的名字吧？或是一种方言里的字？

人们打水时要用很多容器。有一种容器构造很不一般，这一点从黄河流域的地理情况里可以找到合理的解释。半坡和其他定居点都在河边的高坡上，每次打水都会遇到这样一个问题：怎么使悬挂在长绳上的水罐倒下灌水？所有从船上打水的人都知道这有多么困难。这种水罐就解决了这个问题。它们的把手紧靠下边，这使它们头重脚轻，因此它们到水面就倒下，水就从罐口流进去。水灌满了，罐子靠自身的重量自动立起来。这时候只要拉上来就行了。

各种各样的陶器在中国农家仍然很常见，因为秋收以后各种粮食都保存在各家各户。玉米成串挂在厨房的屋檐下，谷类放在大缸里。院子里通常有一米高、带盖的酱缸，里边深色的酱散发着芳香。来自最初几个朝代的陶器，甚至是新石器时代的，在今天中国任何农家厨房里都有可能不知不觉地还在使用。

"食"字表现一个有足和盖的结实容器。按《说文解字》的解释，"食"字下半部分表示"谷香"、"美宴"，这是一个很好的提示。

山东大渔岛村一户渔民的腌菜缸和黄酱缸。1985。

"食"字也有"缺"、"暗"的意思，它包括在"日食"和"月食"的合成词当中。我过去觉得这点很模糊，直到我亲身经历一次日蚀看到这个隐喻是多么确切——月亮确实"吃"掉了太阳。

合

两个古字字形非常相同的字，表示口上有一个盖，其意为
"**合**"。

它与其他的字可以组成很多与合作有关的合成字——在商
业、唱歌和生活方面。

同

上面是一个"**同**"字。这个字包括在"**同志**"一词中——与
你经常同在，很容易同意你的意见，因为看法相同。

半坡原址博物馆内大约公
元前4000年的骨灰瓮。人
们经常把死去的儿童埋葬
在屋角外边。

至今仍有很多地方这样
做，半坡所在的渭河谷
地就是如此。它们与上页
六千年后的陶罐多么相
像。

陶器鬲有三只形似乳房的中空腿，这是中国独有的。左边两个出自新石器时代，右边一个出自中国第一个朝代夏。

把源于古代的所有字都开列出来太冗长了。让我只举出最吸引我的一个。它是古代容器之一，有着世界其他地区鲜为人知的奇特结构。它就是"鬲"。

它有三条牢固的空心尖腿，像是盛水和酒的罐子。有一种理论认为，把三个尖腿的容器连在一起坐在灶上更牢固，因而出现了这种容器。有可能，从节约的角度看，这种容器在任何情况下都优于常规的容器，因为它与火的接触面更大。食物能更迅速煮熟，柴火用得更省。

但是有趣之处不仅仅在于"腿"的形状。当人们更加仔细看的时候会发现，它们类似女性乳房，圆而丰满。很多陶器上的乳头像刚喂过奶的乳头那样突出。陶器越古老，这种特征越突出。

这种相似绝非偶然。在早期社会里妇女起中心作用。男人来来去去长期外出打猎，而女人一直待在村子里。她们生儿育女，为全族人做饭。"她们从事农业、采集植物"，专家们说，"制作日常生活、举行祭天和土地神的各种仪式所需要的器物"。

女人们坐着，手里拿着柔软的泥，怀里抱着孩子，这些陶器制作者把自己的陶罐的形状做成养育生命和享受的乳房是相当自然的。在这些妇女内心难道不会产生强烈的自我崇拜，一种对自己能生育很多孩子的躯体的快乐和满足吗？否则她们能制作出这样的容器吗？

也可能是母牛和母羊的乳房吧！有人这样抬杠。

我不相信。汉人的饮食当中从来不包括牛奶，也不包括黄油和奶酪。没有人去挤牛奶。牛奶和羊奶是给正在发育的小牛和小羊吃的，跟女人的奶给孩子吃完全一样。不管怎么样，人类是自己世界的中心。如同女人的奶能给孩子营养一样，三条腿——三个乳房——容器里的饭也能给全家人营养。这种富有情感魔力的形式很容易理解。

这种形状的容器早在新石器时代就出现了，在商代达到鼎盛时期。这时候它在盛食物的容器中是最常见的。在某些出土文物中，它占人们发现的所有容器的四分之三。它们几乎都是烟熏火燎，有长期使用的痕迹。但是后来这种形状的容器大踏步后退了，到公元之初已完全绝迹。

这时候情况发生了变化。当狩猎失去了意义而农业获得发展的时候，男人承担了主要的生产任务，占据了村落中的主导地位。据说，在商代女人的地位还很强大。大约在公元前1300年进行统治的武丁王把自己三个妻子分封为各地区的"诸侯"。其他的妻子也位居高官，甚至作为征伐邻国的军事统帅。但是女人作为村落生活领袖的地位已经在消失。

当实用但使用起来又很沉重的陶轮普及起来以后，男人也成了陶器的制造者。人们从陶器上留下的指纹就可以看出这一点。盛食物的容器也变了。与女性乳房的明显联系已经消失，仅仅空心的"腿"还留着。

那"鬲"字呢？没变化。它的形义明确。

仰韶附近的不召寨出土的蒸煮用具。新石器时期。

它一定是人们所设计的最实用的容器之一。但历史远未到此为止！人们在它的口上放了另一个底上有孔的容器。热气从硕大的腿里被煮的食物里上升，在上面的容器里做菜和其他东西。上下一体，不论是热量和味道都不会失掉。

这是一项典型的中国发明！

这类合二为一的容器通常被描写成"饭锅"或"蒸锅"。它给人的印象是，上半部分蒸大米饭，就像我们西方人有的时候做的那样。

但实际上不是。首先大米在这种容器广泛出现的地区并不特别普遍——这些地区人们更多的是吃粟类。此外，不管是大米还是粟类颗粒都很小，很容易从底上的相当粗的孔漏下去。不管是在新石器时代还是在最初的几个朝代，中国家庭的标准食物，如我们已经看到的那样，都是由谷物和肉煮的一种很稠的粥。需要煮很长时间味道才能出来。因此下边有圆形腿的容易煮。而蔬菜和其他比较容易熟的东西在上半部分煮显得更自然。这种解释也得到了一件容器上铭文的支持。铭文说，这样的容器是在旅行时用来煮大米和小米粥用的。

鼎

在商代人们开始用青铜铸造很多常用的容器。鬲也变成了由青铜制造的最常见的容器。另一种容器像鬲一样由新石器时代流传下来，被称做"鼎"。起初是圆的，有三条腿，后来演变成方的，又加了一条腿。在规模和含义上都变大了。最初它是普通人使用的一种容器，后来变成了一种高贵的祭祀容器，是国家权力的象征。人们迄今发现的最大的圆形鼎有二百二十六公斤。最大的方鼎有八百七十五公斤，一百三十三厘米高。

你们大概还记得大禹治水的故事吧？据说他制服了洪水以后于公元前2070年建立了夏朝。当大禹经过多年的努力最终把洪水引向大海而人民又能耕种以后，他把国家分为九个省，下令铸造象征这些省的九个铜鼎。"九鼎"共同代表君王和国家的权力。当夏朝四百多年以后失去了上天的委托以后，鼎被交给了胜利者商朝，据史料记载，商朝被灭亡以后又把鼎交给了周朝。

本页最上面有着尖腿的深而沉的商代大锅就是当时铜鼎的典型代表。它们简洁而庄重。同时期的金文也是这样。

后来这类容器的外观逐渐变得轻便了一些，腿上有了凸起的纹饰，如青铜"刺绣"。这种发展仍在继续。

在很多周鼎腿上给人的印象是，它是容器最主要的部分。它们经常被制作成从侧面看是鸟或者其他动物的形象。

"鼎"字就是根据这类容器创造的。

在新石器时代，陶是在地上挖的窑坑里烧制的。人们在离窑坑有一段距离的地方烧火，为了有良好的通风，灶口的位置要低一些，通过灶膛把火引到摆放待烧容器的有孔的"架"上。在窑坑的上面有一个顶，可能每烧一次都要建一个新顶。

半坡村的东部可能就是制作中心。人们在那里发现了六种不同的窑，其中在一个窑里还发现了陶坯，不知怎么没有烧。

 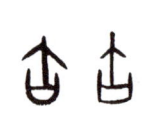 

　　在定居点旁边的博物馆里，人们借助下边这张图片说明当时的窑坑。前边我们看到陶坯被搬过来放在烧的位置上——小火苗通过灶膛升起来——后边，烧制工作正在进行。插图是表现窑的剖面图。

　　这种陶窑早在商代就使用，到了周朝继续使用，"缶"字很可能就是根据我们现在看到的这种窑创造的。字的下半部就是烧窑的灶门，上半部是窑顶。不过图形不是特别清楚，尤其金文更不清楚。

窑的复原图。半坡博物馆。

麻

我们在这里看到两捆"**麻**"。麻是一种有着又细又长的结实纤维的植物，用它打绳、织网在中国至少已有六千年。必须去掉表皮才能得到纤维，或者把收下的麻秆放在田野的架子上，让其经受风吹日晒，或者把麻秆泡在水里，加快表皮的腐烂过程，然后将其晒干。我们从上边那个"麻"字里可以看出某些过程。

麻有很多种，有些品种可高达二到三米，人们过去用它们打绳、织网和织麻袋，现在仍然如此。它们粗而硬。可能因为这个原因，"麻"字在中文里还有"粗糙"、"不平"的意思。

有一种长得比较矮的品种叫大麻，在我们这里都熟悉它的拉丁文名字 Cannabis。在中国，早在史前人们在治病过程中就拿它镇静，但是从来没有人把它当毒品吸。我不知道为什么。

这是一种喜欢在阳光充足的干旱高原上生长的植物，但它也喜欢肥沃的土壤，因此它长期跟随人类，因为人类生存的地方土壤经常是肥沃的。北方的游牧民族特别是他们当中的黄教徒，把大麻当做使他们进入幻境的药物，很可能是他们曾经把大麻带入中亚和印度，在那些地区大麻长期以来被当做毒品用。

"麻"字还包括在"麻痹"、"麻醉"、"麻木"等很多词语中，很多药用植物的名字都有"麻"字，如治疗风湿病的著名植物"天麻"，全世界治疗气喘病所使用的"麻黄素"。其实它们当中没有一种跟麻属于相同的科，但是因为很早以前人们就把麻当做药用植物使用，所以就把其他有类似作用的植物统归在"麻"字下。

天麻

能够导致严重皮肤病变的名也包含"麻"字，如麻疹和麻风病。一个人得了天花以后在脸上留下的痕迹被称做麻子。

麻子

但是"麻"字用在这里可能是转意——一个人看起来就像脸上撒了一大把麻籽儿？这个名字残酷，但确实是一个天花患者斑驳皮肤的鲜明写照。

那种低秆、树丛状的麻产籽儿特别多。人们用它来煮粥，啊，在中国古代人们把麻划为"谷物"。但主要用它榨油。这大概就是为什么很多其他重要的油料作物的名字里都有"麻"字，如"芝麻"、"蓖麻"和"亚麻"，它们都是后来被引入中国的。从植物学的观点看它们与麻没有任何共同之处。

麻是织布的原料。麻布结实、轻便，夏天凉爽、吸汗。

直到我了解到麻属于荨麻类植物时，我才明白麻织成的布何以有这样的质量。过去在我们瑞典用荨麻织出了漂亮、轻便的布料。自古以来中国人就用荨麻织布，直到今天还这样。一种被称做"中国草"的荨麻叫苎麻。它在中国华南诸省仍然有广泛种植，是一种很有实用价值的植物。当人们砍下高高的苎麻秆的时候，它马上会长出新的。如果气候好，土地肥沃，每年可以收获三至四次。用苎麻纤维织的布几乎与丝绸一样漂亮、舒适。"麻"字既包括在荨麻里，也包括在苎麻里。

如今被人视为典型的中国植物的棉花到了元朝才开始种植，到17世纪它才代替麻而成为织日常用布的主要纤维。但是至今仍然有在葬礼时穿的未加染色的麻布的。

没有任何东西比一件穿破的尼龙衬衣更无价值。但是穿破的麻布衣服、废旧的麻绳和渔网可以造纸。人们把它们剁碎、蒸煮，在一个很大的容器里搅拌成浆，然后把纸浆薄薄地摊在芦席或细密的网上，干了以后就成一

汉代造纸。
把湿的纸浆摊在木板上晒干后成纸。
现代线描。

张纸。这一发明是中国对人类所做的最重要贡献之一。这是典型的中国特征——勤俭、富于创造和进取。什么东西都不扔掉，一切都可以利用和变废为宝。

所有的纸原则上仍然这样造，即使今日先进的造纸工业也不例外。保留下来的最古老的纸是公元前1世纪的。纸已经发黄，但两千多年以后仍然不碎，尽管它仅有零点零一毫米厚。这种纸主要用于贵重物品的包装。但是二百年以后，即公元105年，宦官蔡伦和王官的造纸巧匠成功地造出了能在上面用墨和毛笔写字的密实的纸。

麻在很长的时间里仍然是造纸的最主要原料，直到元朝（1206—1368）百分之八十的各种纸都是以麻做原料，此后被竹、桑树皮、稻秆和其他材料所代替。

在六百年里中国人是独一无二的造纸者。但是751年夏天阿拉伯人在中亚的怛逻斯打败了中国军队，它是世界史上最重要的战役之一。从此唐朝开始走向衰败和灭亡。与西域的几百年联系中断了，中国被自己身后的沙漠和山脉的自然屏障所隔绝。

在被阿拉伯人俘虏的中国战俘中有一些造纸工人，在他们的指导下，萨马尔罕发展成阿拉伯帝国的造纸中心。造纸术经历一千年通过亚洲和北非，最终于1150年传到西班牙，在随后的几百年里传遍整个欧洲。17世纪末传到北美。现在连小孩都知道什么是纸。假如没有纸，我们的文明会是什么样子？

今天中国人把用麻造的纸仅仅用于包装，与当初完全一样。不同的目的使用不同的纸。最著名的安徽宣纸有九十多个品种，不仅是画家和书籍装订者使用这种纸，中国人用纸都很内行。他们为不同的使用目的精心选用不同的纸，就像法国人选用葡萄酿造节日晚餐饮的葡萄酒一样。我们要什么？"虎皮纸"还是"冷金"？

造纸是一种相当简单的生产过程——即使是要用一年时间和将近一百道工序才能生产的专用纸也是这样。然而织丝绸则是人们能想象到的最复杂的过程。但是中国人从新石器时期就掌握了这种技巧。人们迄今发现的最古老的绸布被认为有四千七百年历史。但是人们对发现的绸布进行碳14分析后得知还要再增加五百年。

蚕产于中国，桑树也是这样。蚕吃桑叶。蚕的一生短暂而忙碌。蚕从卵中孵出来到一个月以后吐丝作茧，身长能长三十倍，体重能增一万倍；但随后它的生命就不长了。在茧里待七至十天以后它就变成了蛾，脱壳而出。它是灰色的，很不起眼，没有嘴，因此不能进食。它一生只有唯一的任务——繁殖——而且要很快，因为一两天之内它就死了。

养蚕可不是一件业余时间能做的事情。仅采集蚕吃的桑叶就需要很多只手繁重劳动。要消费一吨重的桑叶，就是三十棵成年桑树上的叶子，才能得到五至六公斤丝，其中可能只有一半可用于纺纱。

蚕很敏感。天气稍有变化就可能意味着灾难。在它们化蛹时要精心护理，以阻止它们过早破茧，否则珍贵的丝就会遭到破坏，整个养殖过程就失去了意义。

丝长约一千米。为了得到丝人们把茧放到热水里。蛹被烫死，茧变软，以便找到丝的末端并把它卷起来。人们总是同时抽很多茧的丝。因为丝很细，单独一根不好操作。

上面是几个表示"**絲**"的甲骨文和金文。有一种解释说，它们是表示一绺纺好的丝；另一种解释说，它们是茧和细丝线。

按照我的观点，茧的解释是正确的，从两个方面可以得到证实。从"**系**"字的字形看更像是茧和丝而不是一绺丝，从缫丝的实际操作过程也可以看出。在现代的"丝"字里人们把缫丝的手简化成一个笔画。

缫丝。苏州一丝织厂。

织布、纺纱和绕丝场面。
屋顶的柱子上挂着一团丝。汉代画像石。

孙

早在甲骨文里人们经常写成两个"糸"，至今当人们谈到"生丝"或"丝绸原料"时，还是写成这样，但是在合成词里，人们只用它的左边或者右边。

在高本汉所著的《汉字形声论》中，关于在丝绸之国——大约公元前600年——汉语的读音和书写的介绍中，有近二百个合成字带有"糸"。

其中有五十个字表示"绑"、"编"、"结"以及"缆"和"绳"。还有表示拴家畜和放牧用的绳的专有名词，还有井绳、拉鱼网用的粗绳、马缰绳、肚兜和蹬索，还有弓弦和琴弦。有两个字表示"绞死"！谁没有听说过"被赐丝绳"的事？当皇帝对某些大臣失去信任时，他就赐给他一个小包，里面有一根丝绳，正好够他上吊用，这样他的事情就结束了。

其他的字都与丝、绸或者一般的织物有较直接的关系，不是生产过程、布的质量、衣服的名字，就是装饰物的名字。

生产丝绸的所有基本工序——有一百多个——都包括这些字和很多其他字，人们在这些工序中看到了这种费时的工作。人们在缫丝的时候，很容易打"结"和"缠"死，因为它们只有一毫米的几分之一粗。丝"绕"好以后就可以建起"经"。半米宽的高质量绸布就要三千根经线，一等品绸布要七千到八千根。有很大可能出现"纠"、"绞"、"紊"乱，因此一定要把它们整理好（绎），才能开始真正的"纺""织"。

丝的质量决定织出的"绢"的好坏。在周代就有十五种绢，每一种都有自己的名字。最常织的是粗绸（䌷、纮），但也织"绵""绘""绮""绫"。纺织专家们说，当时已有汉字指称带图案的绢和杂色的绢，真是值得赞叹，这证明古代中国人使用的那种纺车直到中世纪末期我们才有，晚了两千年。

绢织好以后，就把它剪下来（绝），卷好（缣），这是劳动的成果。然后进行漂白（缭、缏），再染成缤纷的颜色，这些颜色中也包含"丝"字，如"红"、"绿"。

人们还织出了各种丝带（缘、纶、绂……），在衣服边缘上缀上各种花边，在帽子上缝上缨络，在鞋头上结缘，马头上也装饰上缕子——所有这一切都有特殊的字表示，所有的字都有"丝"字旁。

有人死了，人们要一身"缟"、"素"，而不是一袭缁（黑）衣，因为在中国忧伤用白色表示，不像我们这里用黑色表示。

很多年以前我在台湾看到过一次送葬队伍。在棺材后面跟着死者的亲

台北的送葬队伍

戚，他们头上蒙着白布。走路时，身体前倾。大家的手里挽着很宽的白带——有孩子、中年人和老年人。直到这时候我才明白"紧"、"继"、"续"和"孙"字的结构，而在这之前我一直难于理解。

人们都希望把织完的布染上颜色。丝含有一种天然的黏液，它使纺成的线很结实，更容易织布。如果人们想得到多色和有图案的布，丝必须先洗而后再染。但是染了以后，织布变得更困难！

过去很多颜色都是从各种不同的植物里提取的。只有极少数颜色，如黄色，可能是从矿物里提取。蓝色是典型的中国颜色，在我们这里也很受欢迎，它是从中国特有的植物蓝里提的，是一种产自中国北方的植物。除了蓝以外，如今人们都使用化学颜料了。

剩下的丝——蚕已经爬出茧或者无法理开的乱成一团的线——被制成"丝绵"，用来絮棉衣。我们由丝绵这个词马上会联想到包在身体红肿处的用热水泡过的布和沉重、鼓鼓囊囊的棉花套。但是丝绵，也被称做丝绒，是

一种轻、薄和柔软的材料，优越于鹅绒和其他绒毛材料。我最喜欢的棉衣是丝绵的，像皮衣一样暖，但不到一公斤重。

制作丝绵的技术很简单。蚕茧在沸水中煮烫后，把它们捶打成浆，用水洗净，然后在薄竹席上晒干。当人们从席上揭下丝绵时，还会有一层很薄的丝留下。

织女。汉代一件青铜器上的盖。

过去人们用它包装贵重物品，就像我们用的所谓丝纸，人们还在上面写字。后来人们逐渐发明了用比较便宜的植物纤维做原料，由此产生我们现在说的纸，这一点读者早就知道了。

但是丝绸作为书写的基本材料还是长期使用的。因此"糸"字包含在"纸"字里。

在很多朝代里丝和绸布作为向国家纳税物品是仅次于粮食的最重要的东西，因此一定重量的丝和一定长度的绸布在某些时期成为支付手段。在公元前9世纪初的一段金文里，读者可以看到，一匹马加五捆丝与五个奴隶的价格相等。

汉代的一件青铜器的盖上有几个女人在织布的场面。织机的一个杠固定在腰上，她们让丝线伸到脚踏的卷经棍上。这种腰机织布方法从石器时代就有，而且至今仍在中国的少数民族和南美的印第安人中间使用。

人们认为，中国第一架织机就像这样。它看起来很原始，但是用它能织出令人惊叹的既美又复杂的布。日本几种最上等的和服用布就是用相同原理的"柴田"织布机织出来的。

　　我们从"**經**"字上或许看到一架腰式织机或者其他一种早期的织布机。这个字由两部分组成。左边是"糸"，右边，按《说文解字》的解释，表示"水帘"，但是没有提供使用这个意思的任何文章或铭文。

　　高本汉认为，可能正是这个部分就是"经"字的最初形式，"很可能它就是一台织布机的形象"，他说。

　　所有坐在织布机旁边的人都能理解这个形象。它给人的感觉就是这样。人们看着眼前像键盘一样的经线伸展出去，手在寻找构成纬线的线和布条。

　　但是我们和中国人在理解织布机的方法上有区别。对我们来说，纬线是最重要的。只要想一想我们怎么样织毯子就行了。经线粗而疏，单看没什么好看的。但是我们随后把由孩子们的裤子、夏天穿过的旧裙子、旧毛巾和旧被套剪成的布条织上去。我们织壁毯使用相同的办法：我们借助纬线织出我们的特征，在纬线上织物开始变活了。

中国人不这样认为。对他们来说，经线是基础。这一点毫不奇怪。丝是有韧性的。它们可以被拉长四分之一，可以变得很细很细而不断。因此他们可以织出比我们多很多倍长的布，在上面设计的图案可以贯通人们织出的很多米长的布——精细程度在毛和麻的布上是不可能想象的。对中国来说经线不仅仅是织布者得以发挥自己技巧的基础，还是设计的基础。是经线调整长布的面貌——几何图形、彩云和花鸟。

我们唯一可以与这些高质量织物相匹敌的是我们的亚麻缎——用欧洲的材料再创造中国丝绸美的后历史性的尝试。

考虑到经线在中国纺织技巧中的意义，"经"字与其他字组成各种概念就很自然了，如"经过"、"经历"、"经验"、"经常"等。像织物中的经线一样，"经络"通过全身，"水经"流过大地，"经线"包罗地球。

就像妇女织布时把经线绕在自己腰上一样，作为社会性动物的人类也同样依赖于规定、法律和不同时代形成的风俗习惯。因此作为转义，它们构成贯穿各代人和各个时期的道德"经"，并指导我们的生活和思维方式。因此各种重要的书都冠以"经"这个字。它们当中的十三经在两千多年的时间里构成了大家遵循的"经典"。在很多方面这些书仍然是中国生活中的"经"。

在汉代初年，即人们在青铜器盖上塑造小织女的时候，她们使用的这种简单的纺织机在中国的发达地区一千多年以前就不使用了。早在商代，黄河流域城镇里的中国人就能在锦缎上织出复杂的几何图形，在周代初年人们能够织出多色提花锦，这是世界所认识的最复杂的布。

旧式巴里纱织布机。巴里纱为近似透明的夏装料。元代。

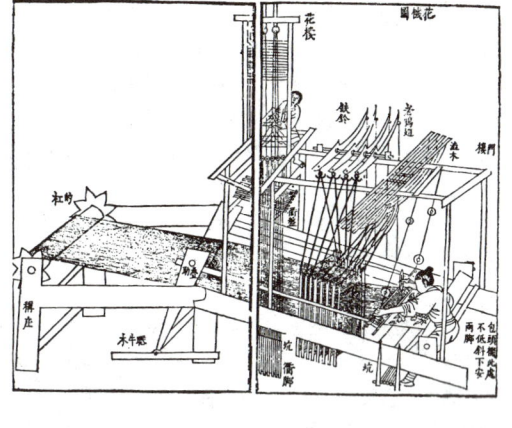

《天工开物》中的"提花机"图，该书1637年问世，介绍了农业和手工业等领域里的生产技术。它是狄德罗百科全书的先声。

仅有极少数量的商代布被保存下来，其中一块单色锦缎是从安阳附近的一座坟中发掘出来的，不过很多陪葬的物品是用丝绸包着的。布如今都不复存在，但墓中的潮湿使铜斧和青铜器腐蚀，在它们上面留下布的痕迹，痕迹非常清楚，纺织专家能看出，那些包装它们的布是怎么织出来的。

在公元前几百年里汉朝向中亚扩张，丝绸扮演了重要的政治角色。为了扩大在草原上的游牧民族当中的影响，为了与他们建立外交关系和把他们拉入自己的势力范围，中国人慷慨地给了他们很多贵重礼品，主要是丝绸。仅公元前一年就给匈奴人三万匹丝绸，当时这个民族占据着西北的草原。

中国丝绸在此之前几百年就通过不同的渠道传入欧洲，但是直到罗马帝国东征以后才建立正式的贸易关系，当时罗马人曾经到达帕米尔高原北面汉王朝的沙漠前沿。两个帝国之间从未建立过直接的联系——它们之间的贸易是由中亚和阿拉伯商人代管——但是从奥古斯丁皇帝时代开始，丝绸被广泛使用，并成为罗马上层社会一种重要的地位象征。罗马主要进口生丝，在皇帝时代最初的一个世纪里人们把生丝运到地中海沿岸的城市里进行染色和织成布，当时地中海是这条六千公里长商业大道的终点。但是在罗马帝国的其他地区也成功地发展起纺织业，比如在君士坦丁堡，从公元395年起它是拜占庭即东罗马帝国的国都。

在20世纪40年代的困难岁月里，红军没有布匹，战士们用简单的腰机编草鞋，与人们创造"经"字时参照的腰机没有什么区别。但是他们使用的是草和麻，而不是"经"字暗示的丝。这是当年南泥湾的情形。

一个难以解决的问题是丝的供应不均衡。罗马和不同的中亚人民之间、中国与游牧民族之间不停的冲突时常使贸易中断。但是公元552年情况发生了突变，当时蚕卵被引进君士坦丁堡。究竟是怎么传过去的，没人知道。根据最富有想象力的那种解释，是几名僧人（或者是商人）把蚕卵装入竹筒里偷偷从中国运出来的。使人难以理解的是，仅凭为数不多的几粒卵怎么可能生产出蚕丝呢？在拜占庭有谁能真正熟悉蚕的生命周期和处理这种细丝的技术细节呢？没有人知道。但是实验成功了。在公元11世纪初意大利和西班牙也学会了生产蚕丝，但是直到15世纪欧洲仍然依赖从中国进口来满足自己的丝绸生产。

中国人在汉代用有两个脚踏和一个固定斜框的织机织布，我们在前面纺织图中已经看到了。这种织机在我们眼中没什么奇特的。但是它在当时是世界上最先进的。

西安奉贤村的织布机。1982。

在人们织提花锦的时候，使用一种更为复杂的织布机，一种所谓"提花机"。它被认为早在周代就使用了——被保存下来的那个时代生产的提花锦就是证明——但是它到底是什么样子人们知道得很少。1637年有人以极为先进和古典的形式对提花机进行了颇为壮观的描写。它表现了一台两层高的提花机由两个人操作，按照设计好的纹样，织工和"提花工"在机前上拉一束，下投一梭，一往一来地织着。

提花机是在后世纪某个机会传到欧洲的，给那里的丝绸生产带来了快速增长。1801年法国商人约·纳·杰奎尔德向世人展示，他用打孔的卡片代替调理经线的"提花工"，其原理与把程序输入计算机完全相同。担心失业的纺织工向这种纺织机和杰奎尔德发动进攻，不过他和这种纺织机都生存下来，就是在杰奎尔德纺织机上今天的中国人织出了自己富有魔力的提花锦。

在大工厂外边有很多老式的织布机存在。在云南和西藏人们仍然使用腰机织布，在中国农民家里仍然有很多当地木匠制作的粗糙纺织机，冬季农闲的时候，农妇们从事纺织业。不过现在她们不是为了家里的人织做衣服的布——她们无法与农村商店里几百个花色品种竞争——而是织作为口袋、提包和被面等物品用的粗棉布。

1971年人们要在长沙建一家新医院。让人不悦的是路上有一座汉墓，人们决定挖掉这座墓以便腾出房基地。墓中的出土文物公布后，引起世界轰动。密封的墓室里躺着轪侯夫人的躯体和大量的随葬品，墓室四周填满木炭和白土。

经过两千一百年以后侯爵夫人的躯体保存得相当完好，人们可以对她验尸。她属于O型血，生前患有轻度血管硬化、胆囊炎和血吸虫病，还有肺结核后遗症。她的皮肤和组织仍然有弹性。当人们注射保护液时，出现鼓包，然后消失——与我们出国旅行前打防疫针完全一样！

在所有的艺术品、生活必需品和食品当中，纺织品最为华丽。考古工作者发现了如此古老而又保存完好的高质量物品真是不寻常。不仅有十五件丝绸衣服——十一件丝绸棉衣——还有手工缝的丝绸袜、鞋和手套，四十六匹绸布，上面织有最富有艺术性的图案或用缝形缝法制作的美丽刺绣。它们就像仅在储存室放了几年一样！有几匹布颜色褪了，但是绝大部分布匹还保留着红、绿、黄、蓝或黑色。

衣服是直的，有很长的袖子，衣领和前襟有很宽的边。大襟向右"开"，与袖子连在一起或者有一根柔软的带子。它们使人觉得很像浴衣，但是制作要精美得多。

有两种式样：一种前襟的两边是直的，另一种的右边在半身处长出一块。

当时大家认为这些文物是绝无仅有的，但是1981年几个烧砖工人挖土时找到一个比它还早几百年的墓，里边有各种各样陪葬的衣服——三色锦缎棉衣，薄如蝉翼的绸布做的夏装。一件衣服只有四十九克重。

从公元前165年轪侯夫人墓中发掘的
诸多丝绸衣之一。
两个严肃的宫女俑出自同一古墓。
她们穿着相同的衣服，
按照同一样式剪裁的。

衣

　　它们都是以相同的样子缝制的。在人类历史初期中国的服装就达到了这样的水平。这一点人们可以从几个商、周时期的小型雕刻上看到。

　　就是根据这种衣服人们创造了"**衣**"字。

穿着棉袍的大同华严寺和尚。
1985。

　　在三千年的时间里中国人都是照这个模式缝制自己的衣服。农民的上衣到膝盖，下边配一条汉朝时的肥裤子，用一根柔软的布带把它系在腰上。很多农民直到现在还是这个打扮。官员和其他不在田里干活的人穿到脚面的长衣。随着岁月的流逝，袖子越来越长越来越肥大。在唐宋时期袖子几乎能到地面。1644年满人建立清朝，在全国推行自己的服装式样。那也是一种长袍，但是袖子很瘦，有很多布制的纽扣。中国女人穿的漂亮旗袍就是由此演化而来的，它的领子高到脖子，但是在大腿以上开叉。而僧人却不为之所动。他们仍然保持了自己的旧式的布制衣服，一直穿到今天。日本的和服也不是日本人的发明，而是唐朝上层阶级服装的延续。这种服装8世纪时传入日本。一千多年以后日本妇女穿的和服加了一根宽带子，但是男人穿的和服还是老样子。

网
与
山

竹

没有任何一种植物能像竹子那样深深地感动我。我觉得最能让我感动的是它们在风中摇动时薄而干的叶子发出的声音。

夏天它们轻轻摇曳，发出泉水般的响声，或像丝绸的摩擦声，竹影婆娑。

寒冷的冬日竹叶能锁住肆虐的北风，让它消失在主干之间。我背靠竹丛，面朝南，让阳光洒在我身上。北风吹不到我。但是空中的呼啸和竹叶的响声使我听到，如果背后没有竹子保护我，那会有多么冷。

从纯粹的植物学观点看，竹子是一种极为奇特的植物。它是一种草——但是一年里它比很多树都长得高。它一百年左右开一次花——然后死去。坚韧、虚心，而且常绿，不择水土，也不嫌照顾的粗疏。

同时它比绝大多数植物都坚强。风暴把它吹倒在地上。但是天气一好转，它能马上恢复自己的生存空间。在中国人们经常说，一个聪明人在遭受挫折时应该像竹子一样。屈服、顺从，不错！但永远不要放弃自己的理想，不要破罐子破摔。时间一到风向就会变。

几千年来竹子一直吸引着中国的画家们。他们把竹子比喻为人类生活，以抽象、但很清楚的形式表现一般用具体形象很难表达的情感和思想。

激励人们像竹子一样具有灵活性也属于此类。竹子不断变化，在下雨和下霜的日子里竹叶重重地垂下。在平静和干燥的天气里它们舒展摇摆。在风中它们站在低垂的竹枝上像旗帜一样啪啪飘动。

《芥子园画谱》中说，画竹子很困难，最困难之处是画竹叶。因此要有耐心，在你动手之前，要胸有成竹，你眼前的每一枝竹竿，啊，甚至每一片叶子。

当你随后在纸或帛上下笔时，该轻的要轻，该重的要重，轻松自如。稍有犹豫不决，画出的叶子就会过厚和无生命力。《芥子园画谱》中说，人们可以从临摹文同和苏东坡等大师的竹子中学到很多东西。他们毕生致力于这种题材。如果你无才就尽快放弃这种努力。画竹子是很困难的。

作为书写汉字的艺术，书法已有很长历史，它被看做是中国最重要的艺术形式。人们可把画竹视为书法的一种。写字和画竹使用同样的笔画，同样的运笔和同样的墨。竹叶要通过用力压和动作之间的繁杂配合才能画出来。中国毛笔有独一无二的适应性。用笔法可以画出很细的线。用力下笔，就能画出一片叶子，慢慢提笔，就会画出又长又细的竹叶尖。

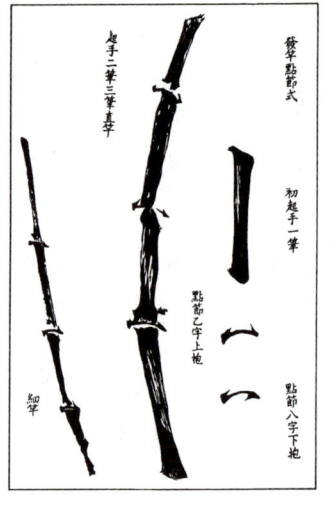

《芥子园画谱》中的一页。它告诉人们应该怎样去画竹节——一系列"l"的不同画法。

人们还不知道甲骨文里有任何表示竹子的字，仅仅知道有为数很少的自成体系的金文；但是我们在青铜器上的很多合成字里看到"**竹**"字。我们在那里看到的是什么呢？按照通常的解释，"竹"字表示出带有低垂叶子的两个竹枝，按照另一种解释，那是两组单片叶子。对我们来说后一种解释更能令人信服，特别是考虑到竹叶实际生长情况。春天，当主干——或者明确地说是竹竿——往上长时，开始没有叶子。但是一个月以后长到最高点的时候，从竹顶的最高处冒出三个刀片状的叶子，在竹节周围发出一簇细而尖的枝，枝的顶端也是一组叶子。由于绿叶过重，成熟的竹竿变成柔软的弓形，风吹过竹林时，竹枝在微风中轻轻摇摆。看到这种景象，我就想到"竹"字。

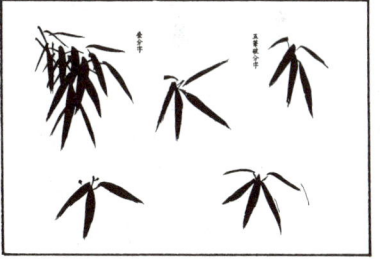

画本中美丽竹叶的不同画法。有时把竹叶画成"人"，有时画成"分"或"个"。

竹子不仅仅关系到画家、书法家和哲学家，它在很大程度上是中国日常生活的一部分。我们所理解的很多带有典型中国特征的东西都与使用竹子有关。没有一群群农民用颤悠悠的扁担挑着竹篮还能成其为中国形象吗？

再想想中国的大屋顶吧，部分专家认为，屋顶一度是由易变形的竹子造的，所以形成建筑风格上弓形屋顶。

没有任何材料像竹子那样具有如此广泛的用途，便宜、易加工和结实。过去长江和其他河上纤夫使用的缆绳是由竹片编的，他们还用竹缆绳在山涧与河谷架吊桥。越着水拉力越大。

直到今天，在中国的很多地方人们还是用竹子建造房子和桥梁，用粗大的竹筒做水管，用竹心造纸。人们哪里能找到比它更好的做椽子的材料！细竹子可以制作家具、水桶、礁床、笔屉以及很多精美实用的东西，如鸟笼、梯子、扇子、帽子、花瓶、笔架和鸽哨，这种鸽哨小而轻，装在鸽子的翅膀上。当一群鸽子在黄昏飞过屋顶时，整个地区都会充满和谐的鸽哨声。骑车到北京的朝阳区去，你肯定会听到！

很多实用商品带有"竹"字旁，而且至今仍然用竹子制作。如：篮子、筷子、筛子、笔、簪子、簾子、管子和笙等。

用竹子也可以制作"雨伞"和"阳伞"。人们用线把竹条串起来制成伞骨，在上边绷上蜡纸或布。繁体"**傘**"字和简体"伞"字，形义相同是明显的。

伞的最初结构既简单又具有天才性。人们把一段竹子简单地劈成又长又细的竹条，在一端保留一段。竹条被撑开，像车轮子上的辐条一样，上面铺上蜡纸或绸子。再拿相同的一块竹子，但是只要一半长，用相同的方法劈开和弯好，用细线把它们固定在顶上。借助装进顶端和穿过套索"肚脐"的一根竹棍人们可以把伞打开和折上。

如今，人们有时候仍然能看到竹伞和纸伞，但是金属和尼龙伞越来越普遍。它们更轻便，但结构完全一样。

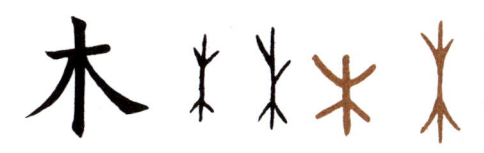

"木"字没有任何叶子，只有干和枝。一年的绝大部分时间树是这个样子。在冬天的天空下树黑乎乎地站着，没有任何美感。一种单调但真实的形象。

对我来说这个形象一直与我第一次看到中国的树像一个"木"字相连。20世纪60年代初我在北京大学留学，"大跃进"刚刚失败，随后一连几年缺食品。秋天连北方人冬季通常吃的大白菜也很缺乏。每一片叶子都要捡起来，晒干使用。

我们宿舍外面的树刚刚落叶。有几周时间树上挂满了白菜叶，开始是绿——白的颜色，后来一天一天变黑，就像春天鸟筑巢时掉下来的一些东西。树枝上挂满菜叶，好像给死人披麻戴孝。我来自另一种文化，人们已经忘记晒干菜的方法，这种景象是不可理解和可怕的。

春天来了，人们很快拉开了窗帘，一切都变了。公园里的树复苏了，长出了新的叶子，青翠欲滴，就像12世纪风景画上的景色一样，木兰盛开。但是有一点与画上的景色不符。树丛中，树枝上，到处是人。到处响着叭叭的折断树枝的声音。平时在路上悠闲散步的大学生们不见了，他们像山羊一样采集新树叶。

我本人是在斯科内度过的童年，我仍然记得春天山毛榉叶子是多么好吃——清香可口——但是中国大学生太过分了。树在他们身下颤抖，树枝被折断了，像受伤的鸟的翅膀一样耷拉着。

"这是一种破坏行为！"我向老师抱怨说，"没有人能制止他们吗？他们在破坏树木！"

"你要知道"，她平静地说，"他们半个冬天没吃到过任何绿色的东西……我们当中没有一个人……"

我想起了去年秋天树枝上晒的白菜叶，我不再抱怨了。我过去经常抱怨学校强迫我们外国人到一个特殊的食堂去吃饭。我们受宠的胃从来没吃过大米粥、小米粥、玉米窝头泡黄菜。

这时候我突然用另外的眼光看待华北平原上的树木。它们是人类生命的一部分，而不是大自然的一部分。它们被过多地索取。夏天它们遮阳，冬天它们避风，但是主要当做劈柴，叶子喂动物，荒年岁月人也吃。绿冠像球一样挂在树梢，渴望保住自己的叶子。人们无法想象自由的参天大树。那种形象一定很特别。

厦门植物园的盆景。中间那棵有三百年树龄的榆树，1981年被绘制成邮票。

同样特别的是和尚们经过几千年的时间，培育了艺术盆景作为寄托物。人们在小小的花盆里栽培松树、榆树和桃树。通过对小树浇水、施肥，人们成功地培育出有枝繁叶茂的大树所有特征的盆景树，但是只有几十厘米高。人们通常在树旁摆放一块石头，以此来象征泰山或者其他圣山，而一位诗人能从一件盆景上体会出自然界的宏大和人类的渺小。借助于它，人们可以进入画的境界。在无数个中国家庭中都有这类盆景，往往是几代人精心培育的。

即使老盆景死了，它也不会失去魅力。人们会在它们的空树干里栽上一棵新树。人们称之为"传宗接代"。这一切在古老的中国文明中都有说法。

在今日的很多古刹旁边的公园里仍然培育着盆景。精美的花盆里生长着成百的盆景树。在厦门植物园办公楼的楼顶上有一棵树龄三百多年的榆树，这座古老的港口城市昔日被称做Amoy。

"过新年或者有贵宾来访时，我们有时候把它拿到接待室。在一般情况下都不搬动它。它已经很老了，不喜欢动。"几年前我参观公园时高级女园艺师对我这样说。

这棵榆树是那么古老，人们根据它制作了一枚邮票。

枝繁叶茂的古树在"中原"地区只能在公园和寺庙附近看到。它们的存在使人想起树的概念，一种自然界的古老景象。一般来说松和柏可以活很多年。它们坚毅挺拔，刚直不阿。因此人们用它们象征那些光明磊落的清官。当周恩来——清官的代表——逝世以后，人们在一个布满松柏的大厅里悼念他，使人觉得置身于常青的森林中。

中国有很多确实很古的树。其中一棵在山东的四门塔外面，该塔是中国保存最完好最古老的地面石建筑，建于公元661年，那棵树——一棵柏树——据说是同一时期栽种的。

"啊，这么古老。"我惊奇地对我的陪同说。"古老？一般吧。不过有机会你到附近的曲阜看一看。那里有孔子栽的几棵树，还有一棵三千年的银杏树。它每年还能结一吨的果实，果仁是甜的。"陪同答道。

嵩山书院内的一棵有三千年树龄的古柏。该书院是中国古代四大著名书院之一。汉武帝把这棵树命名为"大将军树"。

那些树我还没有看到过，但是早在商代就已经成为城市的郑州以北的嵩阳山有一棵与甲骨文和金文同样古老的柏树。如今这棵老树的身躯只剩下一个"**木**"字。

我刚才说过，"木"字表现一棵树的干和枝。但是人们可能难以把下边那部分理解为下垂的树枝，那不是树根的形象吗？《说文解字》里就是这样说的，但是由于某种原因，人们总是省略这部分解释。很多古字都没有解释原因。

但是有一个特殊的"**本**"字表示根。在"**本**"字当中树的下半部分已经简化为一笔。"**本**"字转义还用于"本源"、"根本"、"原本"、"起源"——与我们瑞典语中的"根"字一样。我们讲"万恶之源（根）"，我们感到"我们的根"存在于一定的环境和时间里。中国人也这么说。但是对他们来说"根"、"本"含义更广泛，这是他们悠久的传统和深刻的历史意识的自然结果。

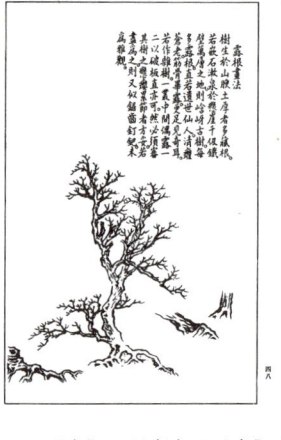

延安附近一村庄里裸露在干旱地上的树根，与《芥子园画谱》中说的完全一样。

"本"还用来表示"卷"和"书"。一开始觉得很奇怪，但是想到书作为中国教育之本所具有的决定性意义也就不足为怪了。特别是在哲学著作中规定了人类生活和作为社会的人应具备的道德基础。

生长在峭壁或泉水附近的老树经常有根裸露在外，选自《芥子园画谱》的这张图画的就是这样的情况。它们像遗世的仙人，清瘦苍老，筋骨毕露。如果人们画一片树，只能画一两棵有露根，不能画得太多。太多看起来就会像锯齿，有失雅观。

画谱上的文字说明出自观察，生活在中原地区的人都会了解。细细的松土很容易被夏天的暴雨冲走，树根裸露出来。它们长长的根裸露在离树干好几米远的干旱的土地上，寻找藏在土窝里的雨水。

"木"字能组成很多合成字。有时候会出现莫名其妙的形式。不管怎么样都是"木"，"木"字上面加一横就成了"末"，意思为"树尖"、"树梢"，转义也有"结尾"、"细末"、"粉末"——这是最后唯一留下的。

"独木不成林"，这是一句中国成语。这是对"林"字的绝妙解释。

"林"与"火"组成"焚"字。是一场森林大火或者是对刀耕火种时代的记忆吧？可能是这样。但是"焚"字在很多与狩猎有关的卜辞里使用。因为人们经常在森林里放火，把隐藏在里面的鹿、野猪和其他猎物轰出来——这是在世界很多地方都用过的一种古老的捕猎方法。

 三个"木"组成"**森**"，阴森、繁密的树林。

 一个人靠在树旁边，可能要乘阴凉。其意为"**休**"。

　　一棵树上有一只鸟意为"**集**"。猛一看显得有些奇怪——自己跟自己怎么能"集"呢？但是根据一些专家的意见，这个字最初的意思为"过夜"，如果这样解释的话，这个形象马上就清楚多了。考虑到造字时的实际情况，这个字还是不错的。如我们看到的那样，黄河流域古老的中心地带的大部分鸟类是鸡类鸟，在树枝上睡觉，喜欢集群。因此"定居"的含义逐渐也有了"集"

的意思。为了使这个字变得更清楚，人们又加上几只鸟，这种字形保持了很长时间。但是现在多余的鸟不见了，原来那只鸟仍然站在树枝上睡觉。这个字也用于"集中"、"结集出版"和"文集"等。

树顶上能听到小鸟张开嘴叫的声音："噪"。在一个时期树顶上由于某种原因平静了，比如20世纪50年代人们开展了"除四害"运动，麻雀被认为吃掉了人自己需要的粮食。当害虫侵害庄稼增加的时候，这个运动也就停止了。

一棵树下有一张口。什么水果这么馋人？张口的嘴在等吃一个"杏"子。

葉

当人们寻根求源的时候，笔画多得令人厌烦的"**葉**"字在古汉字中相当清楚——一个清楚的树冠。加上草字头以后只是更乱了。

朱

汉语里表示"**朱**"的是一棵树，树干上特意有一个笔画或一点——人们是从树干上获取红的颜料。

其他的红色是人们从辰砂和丛生植物茜草里获取——轪侯夫人的很多丝绸衣服就是用它们染的。

周代，很可能在商朝后期，红色就成了皇帝专用的颜色，所有的东西都染成红色，衣服、车辆、宫殿、旗帜和各种日常用具等等。短命的秦朝把白色作为自己的专用色，汉朝是黑色，但是红色在各朝代都是主要的吉祥色。庙宇和宫殿都是红色的——故宫就是一个很好的例子——在节日期间中国人喜欢悬挂纸或绸做的红灯笼。

新娘被人用红轿子抬到婆家去，新郎和新娘要用红被子，新娘结婚那天要穿红衣服。如今新娘已经不再坐轿子，但被子还是红色的，孩子过满月发的请帖是红色的，孩子从学步开始就穿红衣服，小学生游行、跳舞用的鼓是红色的，系的红领巾是红色的。无独有偶，毛泽东的语录也是红色的。红色伴随着中国人的一生，红色是喜庆和快乐，但也是庄重。中国到处红旗飘扬可能跟共产主义没有多少关系，认为有联系那只是我们的想法——红色确实是他们保持的长期民族传统。

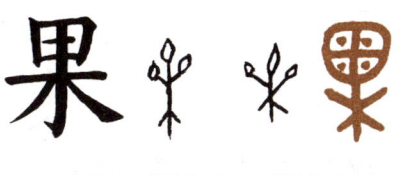

这是个"**果**"字。"果"字的现代字形不特别好理解——看起来它是由"田"和"木"组成。但如果看一看古老的字形就会一目了然。

甲骨文表现一棵树,树枝的顶端结着圆圆的果实,金文的上半部分看起来像是一个树冠,圆点表示果实。

人们发现延安剪纸表现一棵树的方法与此近似。

"果"字也有"结果"和"后果"的意思——与我们说的"某某事情的结果"的说法完全是相同的转义。为了把这个概念区分开来,人们把这个字的具体意思称做"水果",一种馋人的形象——人们感到新鲜的果汁直涌到舌根!

我们在甲骨文里的"**采**"字中看到了相同的树。我们也看到了伸向果实的一只手,这使我们想到了原产中国的橘子、柑、杏、桃和猕猴桃,还有金橘、荔枝、柿子和出现在我们水果店里

的很多其他水果。

很遗憾，在金文中表示果实的部分已经消失，后来这个字定型的时候也没有恢复这部分。

对古代的采集者和早期的农民而言，种类繁多的水果构成极其重要的资源，即使在中国后来的历史当中水果也扮演重要的食品角色。直到今日果脯在中国仍然是最受欢迎的甜食之一，特别是北京产的。亮、甜和有点儿筋道儿的北京果脯是一种典型的地方风味食品。

"采"字当中表示手的部分在抓什么并没有说，其实也没有必要——树上有很多值得利用的东西。

"桑"字经常被描写成一棵树上有很多只手的形象。这种解释容易被接受——谁都能看到树顶上有三只手。在中国没有一种树比桑树被人类的手碰得更多。蚕昼夜要喂新的树叶。装满桑叶的篮子一个接一个地运回家里。养蚕是一项非常繁杂的工作，要求很多双手不停地工作。

在一件周朝的青铜器上，我们看到正在采桑的工作场面。在这里桑叶——不是手——无疑最重要。

但是如果人们回过头来看甲骨文，对这个字所做的解释却不能令人信服。坐在树梢上的真的是手吗？难道不会是叶子吗？后世的部分学者强调过这一点，这种解释至少同样有道理。桑叶是桑树上最有价值的部分。在"桑"字中突出桑叶不是更自然吗？

采桑叶。周代青铜器上的饰图（局部）。全图见本书87页。

我们在前面看到过与"弓"字和"箭"字有关的一件很有气势的青铜酒器，饰有狩猎和征战的场面。保存完好的类似青铜器很多，尽管造型有些变化，但题材都是一样的。我们看到青铜器的顶部有女人在树冠上采集桑叶。树叶很大，整个树枝都很漂亮，就像锦缎上的图案。左边的女人是一个人，但是一个帮手正准备上去帮助她。右边有两个女人合作采摘，一个人抓住树枝，另一个人采摘桑叶，在她们下面挂着一个篮子。

直到几年前大家还都赞同树上的妇女是采摘桑叶，但是按照一种新的解释，她们不是采摘桑叶，而是在折制作弓箭的树枝。这种解释不能令人信服。实际情况是，弓箭出现在很多场里：整个作品表现了人们怎么样准备战争，不是祭祀仪式、音乐和舞蹈，就是练习射箭和打猎。但是这个形象清楚地显示，是采集桑叶，而不是折树枝。看看那些采集桑叶的女人的动作就明白了。

弓弦是丝制作的——没有任何材料能比它更结实和轻便——为了获得丝，人们必须采桑叶喂蚕。作为传统，妇女的任务就是采桑养蚕织布和做弦。我们在青铜器的最上面那部分也可以看到，一个女人正在制作弓弦，而其他的人正在用自己的弓箭试射。

桑树过去是现在仍然是蚕丝生产的基础，而采集桑叶经常在整个过程具

259

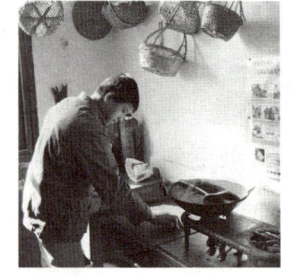

上海的这个小伙子正准备给家里人做饭。圆锅里的油已经热了，菜板上放着一大块肉，墙上挂着关于要节省能源的宣传画和几个采购用的竹篮子。人们也用篮子盛葱头和鸡蛋。

有决定性意义。没有桑叶也就没有蚕丝，没有蚕丝也就没有弓上的弦——也就是没有箭上的细丝线，有了这种细丝线就可以把猎物收回来，如果鸟飞跑了，也可以把箭找回来。

旁边这个妇女采桑的场面是一张清楚的图画。无须过多简化就能起到一个字的作用。

拿这张妇女提篮子行走的图与出自同时代青铜器上的作为装饰的金文"人"字比较一下吧。

把她手中的篮子与金文中这个"**箕**"字比较一下，这个字也来自同一个时期。

箕  其

在岁月的长河中，人们给这个字增加了竹字头，这一点很合适——绝大多数中国篮子都是由细竹片编的。如今这个字的意思为"箕"，人们用它簸去秕糠。

相反，"箕"字的原型被人们简化为代词**其**字。一个清楚的古字遭到如此悲惨的命运。

几

妇女采桑叶的时候，可以蹬在"**几**"上，人们从明朝的一本有关养蚕抽丝的手册的插图中可以看到。

"几"字不论在甲骨文里还是在金文里都没有，但是我们知道，"几"作为家具早在汉朝初年就有了。在马王堆轪侯夫人的墓中人们发现了一个涂漆的小几，几腿稍有弯曲，其形状与"几"字没有什么不同。

中国的森林覆盖面积曾经达到过国土的一半。如今不到百分之八。有史之初气候的变化是一个原因，但主要原因则是人类自己的活动。

人口增加的时候，人们就毁林造田。其结果造成水土大量流失。另外一方面土地过量使用，固定植被消失，表土被夏天的暴雨冲走。

其他的灾害是风造成的。春天从西伯利亚吹来的风暴横扫华北和黄河流域的平原时，带走了细土，那些细密黄色的沙暴消失在大海上。

1949年以前没有一届政府有能力治理水土流失。但是革命成功后仅几年人们就发动了广泛的植树运动。口号是"绿化祖国"！沿着过去为阻止蒙古人侵犯中原而修建的长城人们建造了新的绿色长城。在千米宽的防护林带上，树要锁住北风，阻止它肆无忌惮地侵袭和吹走泥土。人们主要利用速生、耐风寒和干旱的杨树、槐树和柳树。

人们还在村庄、城市周围、河边和路旁栽种了几亿棵树，仅北京一地自1949年以来每年植树一百万棵。在山西、陕西光秃的山上人们修筑了很多梯田，在深谷中种上果树，主要是苹果树和杏树。事实是，人们已经成功地抑制了三北的风暴，降水量增加，冰雹减少，无霜期延长。

但挫折也有很多。在某个时期人们乱伐树木，以满足工农业对木材的需求。为了增加粮食产量，人们忘记了增加国土上森林面积的主要目标。

1980年人们发动了一场新的植树造林运动，此后又开展了一次。年满十一岁的中国人在五十年之内每人每年有义务植树五棵。老弱病残除外。五乘五是二十五，二十五再乘十亿就是二百五十亿棵树！这是世界上规模最大的植树造林尝试。希望这些树越长越好！

如果没有树苗，人们就在山脊和部分边远地区采用飞播的形式。事实证明这是有效的。每一座山都是一个小苗圃！从长远看中国有理由再度名副其实——繁荣的中央王国。

到了有所作为的时候了。早在公元前3世纪哲学家孟子就谴责掠夺大自然。他建议人们在田野和水边种植桑树。很多年过去了，如果他在天有灵，他会看到自己的愿望变成了现实。人们在鱼塘周围经常种植的正是桑树，用桑树叶养蚕，用蚕的排泄物养鱼，反过来用鱼的排泄物给桑树施肥。人们得到了一个良性的生态循环。这种循环是非常有益的。每二吨半桑叶可以养成半吨鱼。

工具与武器

我第一次见到中国菜刀时吓了一跳。这哪里是刀，分明是砍头的斧子！宽大的刀片和连接刀把的小圆脖子使人觉得既可怕又笨重。

可怕是确实的，但不笨重。当人们学会使用它以后，就会觉得没有比它更好的刀，至少对做中国菜如此。所有中国菜在做之前都要切成丝、片或剁成碎末，做好以后舒舒服服地用筷子吃。

切肉丝的时候，人们喜欢用宽和锋利的碳钢刀片。人们用轻柔的动作使刀片在肉或菜上摇动。实际上刀刃与案板从不离开。手可以自由地动，做出大而有效的动作，而不会碰骨节。

人们剁肉的时候，喜欢重的刀。每只手拿一把刀，肉很快变成了肉末，就像用绞肉机绞的一样。啊，实际上更好，因为保持了肉的结构，不至于变成肉酱。请看一位中国厨师剁肉——没有比这个场面更动人的了。两只手轻巧得就像云雀的翅膀，沉重的菜刀长而有节奏地摆动着，案板上发出咚咚的响声，就像打鼓一样。这是中国厨房里典型的声音，对于饥肠辘辘的人来说它是美妙的音乐。

这是一种奇特的刀型，除了中国以外，仅出现在亚洲北部某些民族、印第安人和爱斯基摩人当中。在石器时代这种刀是由一片很薄的沙石、燧石或贝壳制作的。没有把手。人们把刀握在手里，用手指卡住，它伸出的范围以不伤指尖和指甲为限，而刀刃可以自由活动。很多刀都有孔，人们用绳或者皮子系一个扣，伸进两个手指头，把它牢牢拿住。

人们在收割谷子时用这种刀，俗称爪镰。较原始的黍子和谷子的品种成熟期不均衡，因此人们不可能像收小麦那样一次就都收割完，人们只能熟一部分适时地收一部分，免得成熟的谷粒掉在地上。

后来人们培育出品种更好、成熟期均衡的谷子，这种爪镰就失去了意

义。但是直到20世纪30年代华北地区仍然使用这种爪镰收高粱—— 一种常见的作物，人们用它酿造烧酒。这种爪镰不再用石头而是用铁来制作，但仍然没有把。

"刀"字是根据古代日常用刀创造的吗？我有很长时间认为是这样，没棱没角的刀把和结实的刀弓笔画很令人喜欢。

但是"刀"字似乎不是根据这种刀创造的，而是根据商代用于祭祀的贵重的青铜刀创造的。刀背很厚，刀尖向上翘。这种刀，就像古代收割用的石制爪镰一样，是中国独有的。

在安阳以北的古代商城藁城，人们找到了有文字的陶片，这些字是甲骨文和金文中"刀"字的前身。在人们找到的十二片陶片中有两片有刀的图形。其中一片有很宽的刀片，它使人想起了古代石制刀的刀片，但它有很明显的尖和短把。它酷似今日的菜刀——特别是切青菜用的刀。

另外一把刀的刀片要窄得多，很像祭祀仪式上用的青铜刀。这是一种很有生命力的刀，后来还传到蒙古和中亚，似乎还通过阿拉伯传到西班牙，但究竟是怎么传过去的，还没有进行过调查。

这两种形状的刀怎么弄到一起的，还有待研究。窄刀片的那把是在祭祀仪式上用的，所以地位比其他形状的刀明显要高。因此甲骨文是根据它的形状创造的，上面写着祭祀时询问死者和苍天的问题。

有刀形图画的陶片，藁城，商代。

很多商周时代的青铜器上都有反映屠宰的场面。这一点不会令人感到惊奇——青铜器是在祭祀仪式上使用的。动物四脚朝天地躺着喘粗气。握有弓形长刀的手慢慢靠近柔软的肚皮。

在商朝的墓里人们发现了很多类似的青铜刀和玉制刀。早期的样子简单、笔直，后期的样子经常有弯曲的刀刃，沿着刀背有装饰物。

"刀"字的问题我长期没有搞明白。特别是金文里没有任何独立的"刀"字——我们在前一页上方看到的"刀"字都是从不同的合成字里摘出的——我也不知道字形是什么。是一幅画？如果是的话，哪一部分反映刀把？哪一部分反映刀片和刀刃？经过查阅甲骨文和金文卜辞辞典中带有"刀"字旁的各种字我才明白，在合成字当中近百分之九十的"刀"字旁都在右边，刀字主线上突出的那个小"尖尖"总是对着合成字的其他成分。即使有个别情况"刀"字在左边，它也反着，尖尖仍然对着合成字的其他成分。

这种解释有什么含义吗？我确信这一点。除了数量有限的一批抽象的字以外，古字都很简单，直接描述实物和现象，直接从前面看、从上面看或者从侧面看。表示动作的字经常把动作本身的样子和如何操作作为出发点，我们还记得"取"、"敝"、"射"和很多其他的字，做这些事时都是用右手。诚然地球上有一部分人是左撇子，即使这样他们当中的绝大部分人仍然选择右手，比如握刀。因此我相信，"刀"字的简单形式是表现刀尖向上、刀刃朝左的一把刀，就像我们在金文当中看到的刀的同族一样。

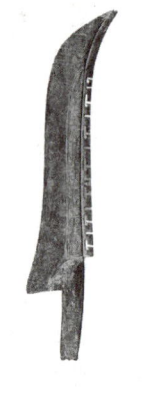

安阳出土的商代青铜刀。
右边是几个早期金文"刀"字。

我们在"刃"字中找到了有利于这种解释的进一步的证据。"刃"是用一笔来表示，所依据的原则同"木"字加一笔为"本"和"末"完全一样。这一笔有的斜放——像一滴血——有的放在旁边。

分

"分"字表示用一把刀切开或者分开某种东西。它经常用于把一个大的东西分成若干小的部分，比如表示零钱的"分"，表示部分的"分"或分支的"分"。

初

"初"字。字的左边为"衤"，右边为"刀"。这种结构表明，这个字最初可能与裁衣有关——人们首先要做的是裁开——如果真是这样的话这种联想也很早就消失了。这个字包括在表示不同阶段开端的词里，如"月初"、"夏初"或者表示某件事即将发生或出现，如"初次"、"初雪"、"初恋"和一本书的"初版"。这个字也有"初步"的意思。

利

这个表示"刀"字的偏旁与我们看到过的"刀"字完全不同，但是它也有相同的起源。早在金文里它就出现了，公元前3

世纪以后它被普遍使用，随着时间的推移它变得最常用。主线直立着，刀刃完全分开。"**利**"字表示"锋利"、"收获"，右偏旁是一把刀，左偏旁是长着沉甸甸谷穗的一棵谷子。"收获"同于"赢利"，"赢利"同于"利息"，"利息"同于"利益"。这个字包括在很多与商界获取利益有关的合成词里，如"利用"、"利己主义"、"见利忘义"、"损人利己"、"利润"和盲目追求"暴利"、"名利"和"经济权利"等。

斤

这是个"**斤**"字，表示斧头。

在金文里原则上已经定型了，后来逐渐简化到很难看出到底是什么东西的地步。

甲骨文比较清楚，人们能辨认出斧把和斧片，锋利的斧刃很突出。

不同类型和不同材料制成的斧和锄在文物中是很常见的。它们都有特别的中文名字，但是很遗憾没有真正的术语序列。一部分被称做"斧"的看起来都像"锄"或者正好相反。如今人们不用过多地思考就能明白，在很长时间里斧和锄不管在形状还是用途方面都是很相似的。直到人们开始用金属制造常用工具以后，才出现我们习惯上称之为斧的工具。我们只要稍微留意一下"斤"字在创造时所依据的那件工具的图形就会明白。那个图形我们可以在大汶口文化中的一件陶器上看到。山东半岛上的大汶口文化繁荣期是在公元前4500年至公元前2500年。这件工具的样子像一把结实的锄头（镐）或者砍斧。

这类工具在新石器时期的整个华北似乎都很常见。它们是由鹿骨或树杈制作的，后来为了结实改用石板、青铜或铁。直到最初几个朝代它们还存在，尽管当时已经出现了祭祀时使用的青铜斧。

这种鹿角"斧"存放于济南的山东省博物馆。它就是从大汶口出土的。

 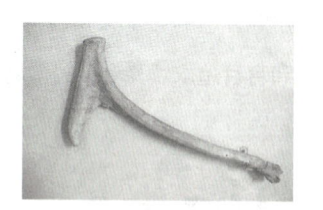

在大汶口出土的一件陶器上的斧的图形。新石器时期。

大汶口出土的鹿角斧。

大渔岛的孩子们在校农场收红薯。山东。

这种古老的"斧"以某种形式仍然存在于今日中国——至少可以看得见。农民在田里干活儿或者修筑梯田使用的工具跟"斧"很相似。或者说今日的镐是不是从中间有个孔用来装柄的那种石斧演变来的？看来没有人知道到底是怎么回事。

石锛复原图

"图书馆里装满了有关青铜器和象牙制作的各种中国艺术珍品的书"，我对北京的几位考古界朋友说，"但是有关日常工具的历史至今没有人写。为什么会这样"？

"这有什么奇怪的"，他们说，"我们大家从童年时代起一直使用这些常用的古老工具。古时候叫做斧，一直是这个样子"。

当继续谈这个话题的时候，他们想起了一位同事，他是研究中国西南地区少数民族的，主要是苗、纳西和哈尼族，通过他我找到了有关的一些文章。这些文章说明，与大汶口出土的镐属于相同的原始类型的镐和斧或者叫它们其他什么，至今还在使用，比如用它们修树和在田里松土——这正是这些文字被创造的社会里最主要的农活儿。

析 析 析

"木"与"斤"组成"析"字。这个字的古老形式清楚地表现了字的含义。左边是一棵长着几根枝的树，右边是一把斧子，气势汹汹地对着树干。这种景象在古代村落肯定是极为常见的。由于人口的增长，人们需要不断地通过垦荒扩大耕地面积。除此

之外，人们还要获得盖房、修围栏、制造犁、耙、镐等农具以及
车、船所需要的木材。

有一个类似的字，其意为"折"。我们在这个字的古老字
形中也看到了一把斧子正在砍什么东西，按一般的解释被砍的是
两棵"草"。从金文中看是这样。但是我们在甲骨文中看到的真
是"草"吗？为什么朝着不同的方向？用斧子砍草是不是小题大
做？有没有可能是一棵被剪掉树枝或被砍倒的树的形象呢？秦始
皇的语言学家通过用一只"手"代替两个"草"字解决了解释中
的问题，从此这个字一直保持这个样子。

在"斤"字表示刃的部分加一点为"斥"。

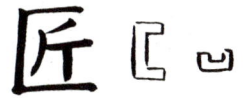

"斤"字外面加上一个表示匣的字为"匠"。

兵

工具和武器的界线在中国古代是变化不定的。人们用来伐木、建造马厩和车子的斧子也可以用来保卫家园和御敌。"兵"字表示两只手拿一把斧子。

中国古代最通常的武器是戟。在商代它是由一把装在一米长的木柄上的宽匕首组成，用楔子或者皮带固定住，很像西方中世纪的戟，但是中国的样式非常奇特，在同时代的青铜文化当中独一无二。

尽管现在已经没有这种武器的柄被保存下来——木制的柄很容易腐烂——借助于金文人们仍然能想象出这种武器的样子。很多字的下半部分有三个尖。这部分是做什么用的，人们知道得并不多，但是人们找到了一个足有一分米高、带有令人不寒而栗的锋刃的青铜配件。从各方面判断，它是装在柄上的。这部分肯定能有效起到武器的作用——很像中世纪欧洲农民军队打仗时使用的草叉。武器的这部分似乎也有很长的历史。甲骨文确实很不规则，很细，没有传达出我们在金文里感受到的力量。但是武器的结构还是很清楚的。

与这些戟的清楚的图像并存的还有甲骨文和金文中更加简洁的表现方式，从它们演化出"**戈**"字。

在漫长的历史当中，"戈"字经历了许多变化，专家们投入大量的工作进行调查。刀片越来越长，有了一个长而弯曲的锋刃，就像刀刃一样。通过刀柄的那部分刀片在另一边拉成锐利的钩。人们还经常在顶端装上一把刀或者一支箭。不管武士把它砍向或刺向哪个方向，都会有一个利尖可以碰到敌人。

甚至在战车上人们也装上这种武器，两个一对，中间有像切面包用的锯齿刀一样的锋刃。当这种战车全速冲向敌群的时候，它本身就成了锐利的武器。

从战国时期出土的一件青铜器上，我们看到了当时使用戟的全部活动场面，从步兵使用的一米长的到攻击战车或船上的敌人使用的三米长的戟。

武

两只手加"戈"——"**戒**"。

"亻"加"戈"——"**伐**"。这个字经常出现在卜辞里。在绝大多数情况下人们只能看见"亻"和"戈",这就足够了,因为人们知道它的含义。

但是也有几个如今被看做是派生字的金文,残酷的场面显得特别清楚:一只有力的手握着戟,从背后砍向一个人——简单地说是处死。有一个字的内容是跪着的充当祭品的人。我记得有一张反映19世纪60年代中国的照片,有一个人上身裸露,双手被绑着,朝地弯着腰,周围是好奇的观众。刽子手的助手紧紧抓住他的辫子——辫子是屈服满清的象征——扶住犯人的头。

"戈"也包括在"**我**"字里。按照《说文解字》中的传统解释，"我"字表示一只手握着一件武器。后世的学者引用甲骨文中的字形提出另外的建议，认为"我"字表示有三个尖的一件武器。还有另外一些学者引用金文，认为是两件武器相碰。

人与战斧，可能是名字或职业。

不管怎么说，"我"字当中包括一件武器不容置疑。多么可怕的想法，但是考虑到人类在地球上的生存历史就不足为怪了。如我们已经看到的那样，它起源于国王和它的巫师在祭祀和预卜吉凶的仪式中。有很大一部分卜辞是讲述他对邻国和部落进行的战争，手中握着武器，像国王那样唯我独尊行使自己的权力。

商代的战争有双重目的。它们是保卫领土的一个环节，这是不言而喻的，但是也为了掠夺奴隶。邻国人稍有不轨就可能引发大规模征伐。根据一段卜辞，一次征伐就捉到三万名俘虏。他们不仅被当做耕种土地、建筑房子的奴隶，还与牛、狗和羊一起当做隆重仪式中的祭祀品。

我们在前面已经看到了与"齿"字有关的一把巨大的青铜斧，人们用它砍死奴隶当做祭祀品。类似的斧子也出现在很多戏剧性的金文里，在这些金

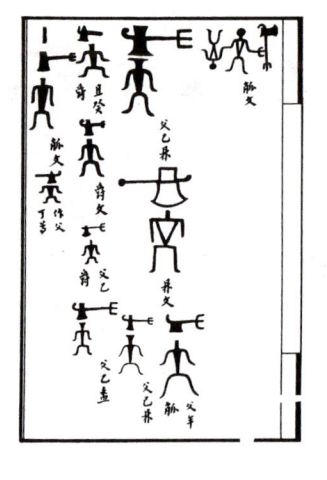

《金文编》里的一页，它表现在一个无头的躯体上方有一把宽大的板斧。
右上角有一个人一只手拿着斧子，
另一只手抓着一个倒立的人。
下边的这个字是按原大复原的。

文里人头似乎已经落地。《金文编》——书中对过去的金文做了最广泛的介绍——有一页就展示了其中几个字。它们已经失去了与其对应的现代字，因此被认为是已经消失的名字和职业。

古代的现实就是这样的残酷，大的祭祀仪式会有很多人丧命。在安阳郊外的小屯村，一个大的建筑物的揭幕式，一次就有六百人被杀。在离那里不远的一个坟墓里发现一百六十四个殉葬人，而在郑州有一百人的头被砍成与眉毛和耳朵一样齐。真是举不胜举。

同样的斧子也出现在山东半岛的大汶口文化出土的一块陶片上。它比金文至少要早一千年。

王　太　太　太　王　太　太　王　王　王　王

从各方面判断这是一个"王"字。起初它是一件武器的图形。几百年来"王"字被人讨论来讨论去。由于"王"字表面形式简单，而在人类社会中国王具有重大意义，它招来各种富有哲理性的解释。

一种解释说，"王"字是一团熊熊烈火，象征王权。另一种解释是，那个竖笔画代表王，它把天、人和地连起来——即三横。按照第三种解释，王（竖笔画）是天（最上面一横）与二元世界的连接物，在二元世界自然的巨大力量阴与阳（短横和长横）在永恒的变化中互相转换。

商代安阳妇好墓出土的青铜斧

这些思想是很美妙的。但是"王"字似乎是极为简单地按照一件处死人或把人砍死作为祭祀品用的斧子创造的。早在商代这种斧子就起这种作用，像其他纯粹的仪式性玉制斧子一样，它们是王的权力和权威的象征。很多这类斧子从来没有为了最初的杀人目的而使用。

这些考古发现再次平息了世界上流传甚广的各种猜想。

在最近几十年的考古挖掘当中发现了很多形状奇特的斧子。有一部分斧刃差不多与斧背一样宽厚，另一部分有着巨大的弓形刃。两种类型的斧子都可以在文字中找到对应物。

君王由他的主要权力工具——举行仪式时的斧子和处死人用的斧子——来代表是最自然的想法，至少对我们欧洲人来讲是这样，罗马帝国的权杖（束棒）即所谓的"法西斯"至今仍然是权力的象征。

让我们回到较和平的话题吧。

这是个"工"字。按照一般解释，它代表木工的三角板——这个工具的形象可以代表整个活动。

为了证明这种解释是正确的，部分专家引用意为三角板的那个字，即一个人手里拿着像"工"字的一件东西。这是个金文。甲骨文里没有这个字。

作为证据这点充足吗？不充足。在甲骨文里"工"字有其独特的形式，与三角板的意思不相符，至少不是我们平时看到的那种三角板。"工"字给我们印象更多的是描写一件工具，人们能用它夯或者砸什么东西。

制作陶器用的"夯"。
10—12厘米，新石器时代，
河南省博物馆，郑州。

此物究竟为何物无人知晓，但是早在商代就有一种工具可以作为"工"字的仿照物，起码不亚于三角板。其中一个是小型石杵，在陶轮使用之前人们用它制作陶器。人们先把和好的陶泥制成长条，把它们一圈一圈地摞起来，组成陶器的形状，然后用石杵夯实。当一切就绪以后，再把作为装饰的图案压进去。当陶轮问世以后，石杵也就不用了，但是偶尔在博物馆里还能看到，人们介绍说用它来"平整"或"拍平"什么东西用的，当时叫什么不得而知。

当人们用土建房子或墙时使用另外一种杵或夯。在整个中国历史上夯是一种最古老、最重要和使用最多的工具之一。目前仍然大量使用。初春的时候，天气干燥，农活还未开始，农民趁此机会在家里修建房屋或院墙。他们从附近取来黄土，放到用木板或圆木搭成的H形框子内，夯成十厘米厚的土层。当土层硬了以后，人们拿掉两边的木框，将木框上移，然后再加土，再夯实，直到墙达到理想的高度。

最常见的夯是石头做的，下部是圆的。大约二十五厘米高，二十五厘米宽，装有一个木头把。在黄土高原和平原地区每个院子里都有这种夯，就像在我们的院子里总能看到锤子和锯一样。

也有较大的夯，可达半米宽，有五十至六十公斤重，在人们打地基或者建广场和坚固的堤岸时使用。一般需要五个人，也有需要八个人的。由一个人握把手，掌握方向。其他人通过拴在孔上的长绳把夯拉起。

这种技术从新石器时代就有。看起来似乎很原始，但是用这种方法建造的墙却非常结实。郑州的城墙是公元前1400年建筑的，当时正是商朝的鼎盛时期。城墙平均有十米高，二十米宽。直到今天，即三千年过去以后，尽管岁月的流逝和人为的破坏，它还有四米高。有一段位于城内。人们对它不知道爱惜。他们在城墙上种蔬菜，在墙根旁边种植倭瓜和西红柿。但是只要不用镐刨和铁锹直接挖，它还会存在几千年。城墙上不同的土层仍然清晰可见。还有更奇特的：人们仍然能看到当时夯土时工具留下的密而深的痕迹。

这些工具到底是什么样子，直到现在人们也知之甚少。但是最近几年从古代中原地区的考古中，人们在很多不同的地区发现了一些石头，人们认为它们是古代使用的夯。其中最古老的石头看起来就像普通的碓臼，还有的更宽大。它们的共同特征是都有一个圆形的厚底盘，它们有二十至四十厘米高。有些上面窄，下面宽，另一些上下一样宽，顶上有一个孔，人们认为那是装木把的地方。

人们在打土坯的时候使用一种类似的工具。打土坯有多种方法，但是效果最佳的方法与人们打土墙用的方法有很多相似之处。人们在木框内填满土，然后用力夯实。土干以后就成了坯，坚固性和承受力都明显高于普通的坯。人们夯土使用的工具通常是石头做的，上面装有一个木把。

两个人在打土墙

从考古的观点看，人们打土墙或打土坯所使用的石头都不引人注目。它们就是一些相当简单的石块。但是从语言文字的角度看，它们非常有意义，我想强调，它们是"工"字被创造时的参照物。据我所知，此事无任何文字记载，不会给这类区区小事某种地位。但是如果我们回过头来看看"工"字的古老形式就会看到，很多字形都有一个沉重的底部，我们完全有理由把它们解释成夯土时使用的石头。上部是柄或者把手。

早期的中国建筑都把土作为建筑的基础材料，这一点是有文字记载的。人们拥有的黄土资源很适合建筑用。人们只要把土夯实，它就具有接近于黄土高原地区山的承受力。古城墙就是这方面的极好例证，宫殿、神庙和其他重要建筑物下面的台阶和地基是另一个例证。很多这类建筑物至今仍然高出地面二十米。

建筑这一切需要繁重的劳动。郑州城墙的周长有七公里。河南省博物馆的考古专家计算出，这种规模的建筑需要投入一万个劳动力，每年工作三百天，连续工作十二年才可以完成。

直到今天差不多所有位于华北和西北的城市都还有这类城墙围着。靠近沙漠和荒野的北部边界的长城有很多段也是用这种方法建造的。长城经过漫长的岁月仍巍然屹立。除了运河的河堤以外，建筑中国北方的长城是人类历史上所进行的最繁重的集体劳动之一。这样又增加了一个思考的理由，人们在建筑长城时使用的工具难道不会成为"工"字的参照物？

在中国城市能听到打夯的声音如同在我们今天的城市里能听到汽车声音一样有特点。但是不仅仅是打夯声。为了动作协调一致和使劳动显得轻松，他们唱号子，就像世界各地人民在从事沉重劳动时所做的那样，如升帆、拖船和拖网、收割、装货和卸货等。

石头夯，安一个木头把。古老，但它是人们建房基、墙和堤所使用的很有效的一种工具。人们在已建好的墙上能清楚地看到不同的土层。
陕西，1987。

　　"工"和"口"组成"舌"，意为很多人发出的声音或歌声。这个字令人惊奇地出现在很多卜辞里面；也有人说它是与商朝不断发生冲突的西部一个敌对部落的名字。另一个派生字是"共"，我们从这个字里看到两只手托起一个东西。我很难想象还有其他的字比它能更好地描绘出奴隶们在长城下共同劳动的场面，但是还有很多其他的解释，我们最好到此为止，不然就会越来越玄乎。

士绅与乡图

半坡村的半地穴式和圆形房屋。新石器时期。

当我第一次听说这个字表示屋顶时，似乎清楚地看到了我面前的屋顶：它是平的，有烟囱。但是我错了。诚然在中国北方有很多屋顶是这个样子，但是当这个字被创造时，绝大多数屋顶很高很圆。甲骨文里表示屋顶的字也是这个样子。

屋顶是由木柱支撑着，上面有很轻的椽子，椽子在烟道处相会。最初上面很可能盖着苇草，上面的插图就再现了当时的房子。

新石器时期人们开始使用这种房子。当时屋顶直接坐落在地面上，人们住在坑或地洞里，三米深，直径四至五米。

后来房子逐渐高出地面，但是墙不承重，由柱子支撑的屋顶仍然是基本部分，墙的主要任务是避风遮雨。墙和屋顶都是草拌泥。

这种圆形的房子在公元前四千多年以前的半坡村是常见的，在最初的几个朝代里也是这样。门一般是朝南开。

这种圆的房子很容易使人想起草原上的蒙古包，两者最主要的区别在于墙与顶。但是专家们强调这两种房子的形式没有任何联系——这一点很难理解，因为蒙古包的顶也是最重要的，同样由类似的结构支撑着。

圆形房的复原图。半坡博物馆。

半坡也有一部分方形房子。人们复原了其中的一栋，其形状很像金字塔形的旅行帐篷，进口处能挡雨。它坐落在村子中央，似乎是部族人举行集体活动时使用的。尽管表面上不同，但其结构与圆形房子大体上相同。它的面积大约有一百六十平方米。

半坡在当时是一个组织良好的大村子。人们已经找到四十六栋房子和二百多个地窖的遗址，人们把粮食和其他重要东西储存在地窖里。村北有一个坟地，村东有一个陶器制作中心。村子里可能很长时间都有人居住，但不是没有间断。当时人们仍然实行休耕制。当土地产量低的时候，人们就搬迁到新地点，过一两代土地恢复了肥力以后再搬回来。这时候人们再建新房子——还是用土和木头。

在博物馆内的黄土地上人们仍然能看到昔日的地基和埋木柱的坑。正是在这些坑和土地上曾经建有房屋。当1957年挖掘完毕的时候，人们建造了一所大房子，把这一切都罩起来。如今人们可以走在木板搭成的路上在那里参观，仅有一个轻便的护栏把村子隔开，人们竭力想塑造出六千年以前那里的人类是怎么生活的。

半坡村模型

有一个展厅向人们展示挖掘中发现的器皿、工具和其他文物，还有一个村子的模型，它坐落在河附近的一块台地上，周围有一条深与宽各有四至五米的"护城河"。

随着岁月的流逝，方形和长方形的房子越来越普遍。在郑州附近的大河村有一栋房子的遗址，有四个房间，比半坡的房子晚了一千年左右。挖掘工作已经结束了，但是文物考古工作还在紧锣密鼓地进行。1984年的一个星期天下午，我手头没有事情做，便闯到那里，一位友善的考古学家把我放了进去。

村子位于黄河附近的土地肥沃的农耕区。人们正在炎热的田野上插稻秧。与在半坡一样，人们也在那里建造了一座极简易的房子，保护那里的地基、地窖、灶坑和考古工作者留在那里的一切。潮湿的地面上已经长出了一层薄薄的苔藓，与昔日墙壁红色的遗址交相辉映。护栏上挂着新收获的大蒜瓣。苔藓和大蒜味儿，墙边成千上万块等待复原的古陶片，让我感受到一种浓烈的气氛，使我直接回到几千年以前，确切地说是五千年前。

二里头官殿是迄今中国发现的最古老的官殿之一，使用期为公元前16世纪至公元前13世纪。从考古学家复原的模型看，主体建筑进深八间、面阔三间。它坐落在夯土的台基上。大门朝南开。院子周围建有立柱廊房。20世纪70年代进行的挖掘显示，这座官殿早在公元前2000年传说中的夏朝就有人居

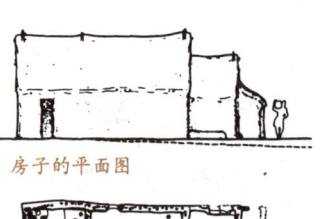

房子的平面图

地基。大约公元前4000年。半坡博物馆。　房子的示意图。

住，按照很多不同文献的记载，它们所在的地区正是夏的中心地区。

这种建筑传统究竟能追溯多远，现在还不得而知，但是在大运河朝北拐处的杭州附近的河姆渡1970年发现了房梁，经碳14测定其年代距今大约七千年。在如此温暖、潮湿的气候下，能保留这么久远的木块真是让人感到惊奇，此外也证明当时已经有了极为先进的建筑技巧，各种不同的梁架能够很精确地连在一起，而当时仅仅使用石制工具。

在安阳没有这样清楚的环境被保存下来。挖掘完毕以后，地基和墙又盖好了，它们还埋在那里，经过短时间供人参观以后，又用黄土保护起来。农民重新在上面种玉米。

我们从挖掘的情况可以知道，那里很大一部分建筑是由我们过去看到的居住洞穴组成的，但是更宽更圆，还经常建有台阶。但是也有一种完全与此不同的建筑：坐落在夯土台基上的排房。其中有一栋长二十八米，宽八米，它坐落在有台阶相连的一米高的平台上。屋顶可能盖着苇草。它由三十一根木柱支撑着，每一根支柱都有一个台基，就像烛台上的蜡烛。不承重的墙由草拌泥建成。

人们在安阳以前的商代国都发现过类似的排房——最早的在郑州和黄河附近的二里头，最大的在南边的盘龙城。

黄河附近大河村新石器时期的
一栋房子的地基。

安阳长形房子

在甲骨文里表示屋顶的"宀"很少单独出现，金文里根本就没有，但是很多与房子、家和建筑有关的合成字里都包含着它。

安

"安"：一个女人坐在屋顶下。"安"字表现了一个人的安宁感受，就像一个女人在自己家里一样，或许是她在灶坑旁自己感到安宁？这一点我们无法知道，但是我们能够看到她蹲在那里，双手朝前，好像在干活儿。

"家"：屋顶下有一头猪。人们在那里有住房和家畜。像通常那样，甲骨文瘦小、枯干，但金文却饱满有力。

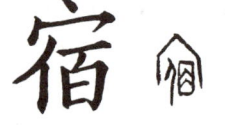

"宿"：一个人躺在屋顶下的垫子上。

"牢"：房子里有一头牛。从甲骨文上我们可以看到，现在被写成"宀"的部分开始可能是根据某种围栏创造的。在某些字里牛被换成一头羊或一匹马。

尽管到目前为止，我们还没有找到马厩或其他围栏的遗址，但是从其他渠道我们可以知道，商代人们肯定已经大规模饲养牛、羊和马。人们频繁举行各种仪式，用大量的肉祭祀祖先和供国王和王室人员消费。

"寧"，屋顶下有一颗心和一个器皿。当人们经过一天的劳累最后在自己家里休息或吃一点东西的时候，身心充满了安宁的感觉吧？

这个字还有另外一种写法，人们加了一个谁也不懂的下半部分。1958年简化字时，"心"和"皿"都不见了。

"守"。人们从金文上可以看出，"守"字的下半部分最初是一只手的形象，有时候还加上一小笔，表示拇指。手代表保护吗？或者人们看到一只富有威胁或偷东西的手在行动？

"宫"。有一种解释，说这个字表示两个房间的设计图纸，后来加了一个"宀"。这种解释由于甲骨文和金文里经常没有"宀"而得到支持，在这种情况下人们不可避免地会得到这样一种印象，这个字正是表现两个互相为邻的房间。这个字从公元前

2世纪统一文字起就包括"宀"，完全是因为人们要把这种意义的字——如与"房子"这个概念有关的所有的字——都集中在一个相同的范畴下，因此才有了"宀"。

另一种解释是，这个字是一个有门和窗子的房子形象。人们拿几个新石器时代的像房子一样的小泥塑来证明这种理论。它们都是在离半坡不远的渭河谷地发现的。它们与考古学家们所复原的半坡那里的住房有很多相似之处。这种房子到了商朝还很普遍，当时这个字已经被确定下来。

根据高本汉所著《汉字形声论》里的解释，"宗"字有"祖庙"、"祖先"、"宗族"、"获得荣誉"、"庆贺"、"价值"和"朝拜"等意思。还有什么别的字比这些各种不同的意思更能描绘出作为社会重要活动中心的大房子所具有的功能呢！

"宗"字最早的字形是一个排房山墙的清楚形象，就像考古学家们现在想的这样，由立柱和檩条支撑屋顶。但是按照通常的解释，"宗"字是由表示屋顶的"宀"和表示"预兆"的"示"组成。

示 示 示 示 示

　　高本汉经常说，被他称做"**示**"的这个字是人们占卜时使用的一种棍子的形象。但是很遗憾，它表示这种意思的可靠性不大。按照传统的解释，它上面的笔画代表苍天，下面的三个笔画代表日、月和星，苍天通过日月星向人类传递旨意，并用表示它们的"字"进行解释。其他论者认为，"示"表示祭坛或祖宗牌位。

　　没有一种解释真正令人信服，特别是回顾一下甲骨文的字形以后就更如此。人们唯一能确切知道的是，有对各种自然现象观察和与凶吉预示有关的"示"字，其活动都发生在高大的祖庙或附近。"示"字包括在很多与观察和仪式有关的合成词里。

　　长期以来，我一直考虑这个字所具有的不同字形。在甲骨文里它的样子很接近窑洞的圆形、蜂房式的屋顶，而在金文里我们经常看到这个字更像与墙明显分开的房子——按照我们的看法它是真正的房子，很像考古学家复原的祭祀大厅。这个字的不同写法是否因为反映的是不同的房顶？

　　我与之交谈的中国文字专家坚决否定这个想法。"不同是暂时的"，他们说，"主要是因为不同的人都有自己的笔体，'误笔'。"但是1984年夏

天我在北京遇到一群写《中国建筑史》的专家，他们很快理解了我的意思。

"两种不同的房子样式并存了很久"，他们说，"普通人继续住半地穴式房子，同时按照安阳的排房模式建造了更多的大房子。随着时间的流逝后者越来越普遍。这种发展趋势表现在文字上，但是迄今为止还没有系统研究能说明这一点的材料。"我们相信谁说的呢？我宁愿把问题交给读者来考虑。

不管表示屋顶的不同字之间有什么关系，商代的排房开创了以后延续近三千年的建筑传统：房子坐落在夯过的台基上，后来铺上一层砖；屋顶是由分散在台基上的木柱或者说由特殊的石头制作的"蜡台"支撑着；墙体是不承重的，墙与墙之间的空间是开放的，或者装上门、窗子或薄型木隔扇；门安在长墙的中间，朝南开。

执着的中国人直到今天仍坚持这样的建筑方式。房子的大小或华丽程度自然可以变化，但不管是民房还是厅堂，或者是塔及楼阁的基本原则还是这个样子。在汉朝（公元前206年至公元220年）房子和屋顶的模式最终都被确定下来。此后大体上没有变化，直到最近几十年，来自西方的建筑思想才步入这个领域。

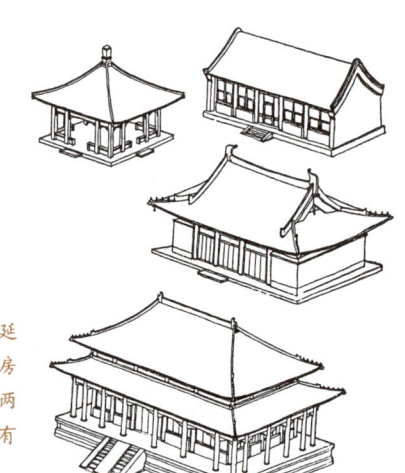

新石器时期的圆形房子在历史上延续了很长时间，但是在汉朝中国房子又有了另一种样子，它存在了两千年。住宅、亭子和庙宇——所有的建筑都按同一原则修建。

中国最古老的房子——肥城祖庙

山东半岛的肥城有一座中国最古老的房子，至今仍保存完好，此地距离泰山仅几十公里远。这座用石头建筑的房子出自汉代，公元129年建成。此后它一直屹立在孝子村的高坡上，直到1978年人们在房子上面又建了一座保护性房子，用几根木梁支撑屋顶。

这是一座祖庙，是为了纪念一个叫郭巨的人修建的。郭很贫穷，不能养家糊口。他的老母亲还要把自己那份饭分给小孙子吃，而她自己变得骨瘦如柴。为了挽救老母的生命，郭决定活埋自己的儿子——儿子还可生，而母亲不可能再有第二个——他动手挖坑，欲埋其子。他对母亲的孝顺受到人们的极大赞扬。只挖了几铁锹，他就得到黄金一釜，中有丹书："孝子郭巨，黄金一釜，以用赐汝。"就这样郭巨变得富有了，他让儿子活下来，全家人都能吃饱饭了。

郭巨孝母的故事写在祖庙的墙上，是《二十四孝》中最有名的故事之一，直到今天仍然包括在对儿童的教育当中。其他故事还有：一个男孩夜里赤身睡觉，以便把蚊子吸引过来咬自己，而让父母睡个安稳的觉，一个人在寒冬躺在河里的冰上，用身体的热量化开冰，以便捉到娘要吃的鲜鱼。这就是孝道。

汉朝以后中国建筑的变化主要在屋顶方面。这时候出现一种复杂的系统，即斗拱系统。不用一根钉子。结构相似的斗形木块和弓形肘木纵横交错、层层叠叠，并逐层向外挑出，它们彼此之间是自由和活动的，具有防震功能——这在地震区是很重要的——以及支承荷载的作用。

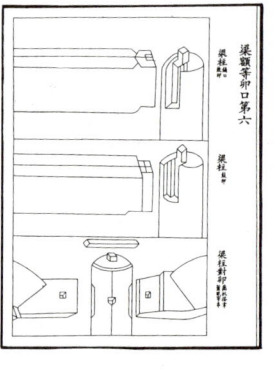

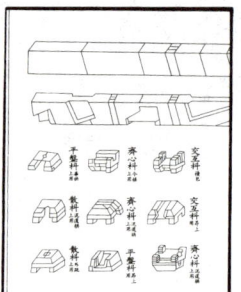

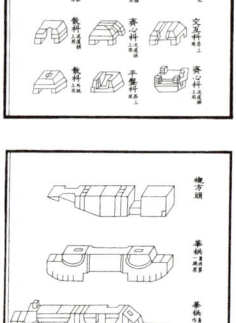

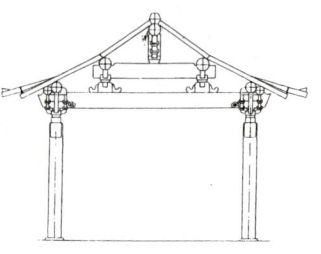

选自1100年问世的《营造法式》

这种系统很像中国和日本的积木，它由一定数量的木块组成，只有一种方法把它们组合起来，成为一个紧密的六面体或圆球。

本页的图取自《营造法式》。它是一部中国建筑技术的专著，是由将作监李诫于1100年重新编修的。李诫本人是一名有经验的建筑师，他对一座建筑的各个部分以及它们彼此之间的联系所做的具体细致的介绍——几百年建筑经验的总结——直到今天仍然是中国建筑技术的范例。

一旦人们决定了建房的位置、宽度和进深，马上就可以动工。《营造法式》这本书里有一切必要的资料，一切都用清楚的规范图标出。

如果有人想造一栋个人用的小房子，只要限定房子的宽度和进深就行

在河姆渡出土的有七千年历史的木榫架和《营造法式》一书中的建筑图纸，此书成书于公元1100年，它是中国传统建筑中连续性的众多例证之一。

了。这本书能标出从山墙的角度看到的房子断面图。

如果有人要建造一座大庙，只要加大进深和长度就行了。山西太行山里的五台山佛光寺大殿宽七间进深三间，始建于公元857年，但是经历一千一百多年以后仍完好如初，尽管中国经常发生地震。对于这座寺庙和很多其他木制建筑所以能保持如此完好的解释是，这些建筑的各个部分之间是活动的，它们不是固定在地上，而是自由地支撑在各自的台基上。用现代建筑术语说它们是"移动的"。甚至很高的木塔也是自由地坐落在那里，没有一颗钉。当大地震动的时候，只是通过它们颤抖一下，但是不会倒塌。唯一能毁掉它们的是火。位于佛光寺北面一百公里处的应县木塔是中国保存下来的最古老的木制塔。它有六十七米高，是世界上最高的木制建筑，建于1056年。这个房顶的所有部分都有一个功能，它们承受和分担压力。

随着时间的流逝，屋顶变得越来越具有纯装饰的作用，很多细节只为了看上去赏心悦目。北京故宫里的太和殿是皇帝庆祝年节、颁诏和殿试的地方，其建筑原理同于市中心各条胡同里和平原上乡村的低矮平房，也同于最初朝代的王公祭神的祖庙。

北京故宫的太和殿

中国建筑有其特点。没有任何地方比在北京故宫周围更能看清楚这一点。没有任何地方比在那里更容易理解为什么"城"字和"墙"字都有"土",因为那里所有的建筑都像古时候一样建有围墙。

故宫坐落在市中心的红色高墙里,是城中城。它的八千多间房子整齐地排列在南北中轴线两旁。尽管它的规模很大——南北长九百六十一米,东西宽七百五十三米——却没有欧洲文艺复兴时期或巴洛克的宏伟,几乎看不到任何远景。从大门处看不到主要建筑物,其他中国大的建筑群也看不到。相反有着自己的大厅和大理石台阶的院子一个接一个地在我们面前展开,就像我们"漫游"在一幅中国画里,景色一个接一个地映入我们的眼帘。或者像夏日里蓝色的大海一浪接一浪地向海岸冲击,慢慢汇成巨浪,铺天盖地而来——平静的一刹那是为了积蓄力量,然后喷出巨大的浪花。大海在积蓄起新的浪花之前,要退回去,变得平静而深沉。

到太和殿周围达到最高点,然后平静下来。它向北慢慢低下去,在一个幽静的花园结束。那是皇帝的私人花园,在高大的竹林和假山之间有松柏和花圃。

故宫外面是大片居民区,布满单层的灰色小房子,周围是灰色的院墙。所有的房子都朝南,像故宫一样,它们像火柴盒一样有序地排列在石头墙小院周围,人们在小院里种花和瓜菜,补裤子和包饺子。

仅仅在几十年前这些房子和院墙周围还矗立着有碉楼和城门的高大城墙。但是现在没有了——很多人都很伤心——代之以公路和新的居民区。不过在20世纪60年代,我第一次住在北京的时候,城墙大体还保留着原样,我们还经常说"城里"和"城外"。中国人自古以来就是这样说。

从北面看北京故宫

在"城里"，自己的世界清楚可见，尽管挤满了房子和人。人们在那里有一种安全感。在"城外"，有华北大平原，平得无法再平。它无边无际，使人觉得无路可走。城墙不仅是城乡可见的分界线，它还给城市一个固定的形状，给人一种安全感。人们能感受到自己在世界上的位置。

人们对城市有这种感觉在很大程度上与城市本身的规划也有关系，这一点可以追溯到文明史之初。在《周礼》一书中有一段专讲城市规划。该书与很多周朝的著作一样都到汉代才最后定型。城市应该为九平方里的长方形，每边的城墙应该有三个门。东西走向的九条大街和南北走向的九条大街像织布的经线和纬线一样把城市分开。这是一种理想，尽管现实中并非总是准确无误，但这种固执的理想一直存在，就像建房的方法一样。由各条大街划分的区域经常构成各自的行政管理单位——相当于今日城市划分的街道委员会。

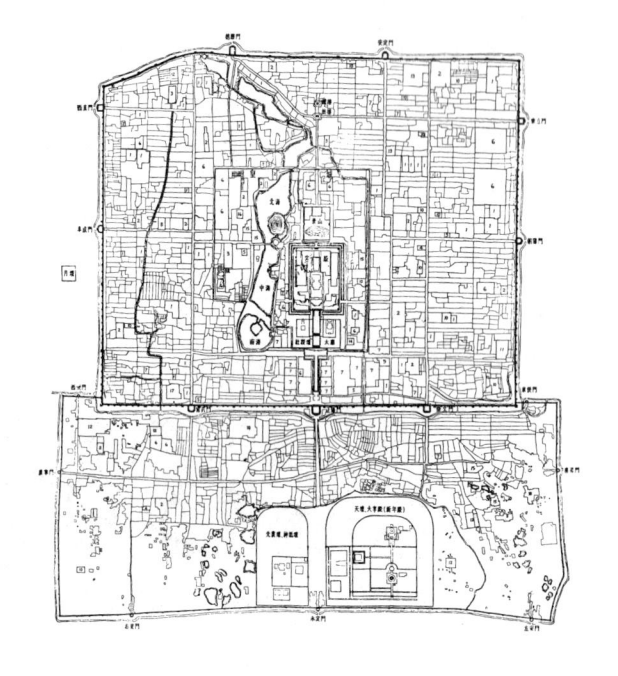

几百年来,在北京城范围内,形成的民居的布局就是排列着一个一个分开的院子。一进大门——小门——正房,东西厢房,大门花木,树木。院中心是客房,使得八口之家居住而有足够的房子。

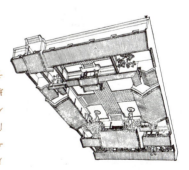

北京西城的居民区

在城墙里边有被保护的各家各户的房子。同样，农村的村落和城镇也有墙保护着，在当时的国境线上有一条万里长城，是防范野蛮人和外域危险的文明线。

从文明史初期中国城市就有城墙围着，这一点在考古和文献上都有记载。人们在离郑州不远的地方发现了被认为是亳城的遗址，这是商朝第一个国都，大约建于公元前17世纪。

该城建在一个山冈上，那是伊河和洛河在黄河以南的交汇处，按着传统说法离大禹的家乡不远。20世纪30年代初中国科学院对此地做过一次考察，但是后来日本侵略中国，一切考古活动都终止了。1938年蒋介石下令扒开黄河堤以阻止日本人推进，整个地区被水淹没。当河水最后总算流掉以后，地形发生了很大变化，人们再也找不到那个地方了。上面堆满了河泥。经过不懈的努力，人们在70年代末最后确定了古亳城的位置，挖掘中发现了丰富的文物。

一些出土的文物表明，亳城曾经有一道十八米厚的城墙围着。街道呈后来常见的方格形。城墙的南半部分被洛河冲毁，但仍有七座门存在。那里很可能有过按传统理想建造的十二个门。

山西省应县木塔，始建于1056年，是世界上最高的木塔。

"高"字是描写一个高的建筑，可能是一个碉楼，也可能是指城门。像中国城门那样令人赞叹的建筑不多，既威严又充满安全感。对于生活在附近的人来说，它们肯定被认为体现了"高"这个概念。

在17世纪后半叶出版的《芥子园画谱》中有很多城门楼，它们很像"高"字。尽管它们出自中国历史上很晚的时期，但还是表现了城墙和碉楼的形象。

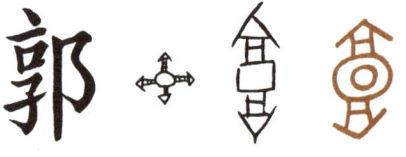

"郭"字在古籍里是一个清楚的建有碉楼的城墙形象，尽管有很多细节与《周礼》中理想的样式不相符合。

统一文字以后的"郭"字已经失去了原有的清楚形象，但是

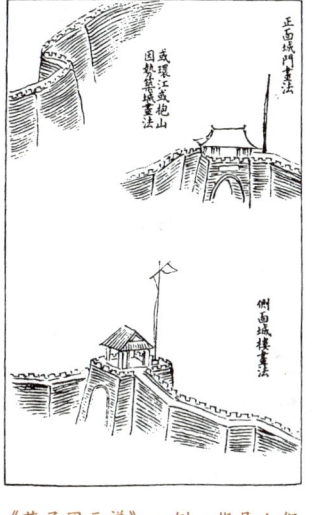

《芥子园画谱》一例，指导人们怎么画有城门和城垛的城墙。

表示碉楼或城门的部分仍然出现在与高大建筑有关的很多其他文字里。后来还增加了表示城市的右半部分。

碉楼的上半部分也出现在"亳"字里，它是商朝的第一个国都，在甲骨文里被写成这样：

"京"字也有相同的上半部分，在《诗经》等部分古籍中也有"大谷仓"的意思。这一点不像猛一看时显得那么不可思议。税收的很大一部分是以谷物的形式交付的，借助谷物帝王才能维持行政管理和军队。重要的祭祖活动也需要粮食。除此之外帝王作为国家的领导用储备粮养活人民也是他的任务。因此要储备大批粮食，为了安全要放在国都城内。

"京"字是名副其实的谷仓形象，是用柱子支撑起来的房子，它高于地面，免得受潮和被老鼠吃。这种房子在今日中国华南的少数民族地区仍然很普遍，他们生活在炎热、潮湿的气候里，很像最初几个朝代的中原地区。汉朝时传到日本。商和西周用来盛粮食祭祖的青铜器被认为是仿照谷仓制的。很多金文表现了相似的结构。

也有很多汉代陶瓷墓雕表现立柱式或与立柱有相同作用的高台式谷仓。

在有很高桩柱的谷仓前面，我们看到左边有两个人使用脚踏碾米机，右边的两个在去秕糠。汉墓砖，39×25厘米。

門 門 門 门

这是个"**門**"字。所有看过美国西部电影的人都会看出来，影片中的"风门"在中国也有，特别是华南。它们有把房间与外部世界分开但不阻碍空气流通的优越性。不管在炎热的夏天还是冬天都很实用，冬天不生火的房子确实需要室外阳光的照射。

但是绝大多数门占满了整个门洞。它们有一个结实的门框，这种门框是由直立的方木拼起来的——用术语叫嵌入。它们不像我们的门那样嵌在铁制的合页上，而是靠自己的力量直立着，上下有两个伸出的圆形门轴插入上面门框的孔和下面门墩的槽。

这是一种天才的结构，简单而实用，此外花钱不多，因为它不要求任何金属——而这种结构适用于各种各样的门，从室外的大门到花梨木上漆的考究柜橱上的门。

这种门易开易关。人们首先将上面高出来的门轴插入门框上的孔，然后让门下落，使下面的轴进入门墩上的槽，它自由、可动，但很稳定。

武汉花山村魏姓人家的街
门用一根横梁锁住

过去农户人家突然来了客人，炕上睡不下，就摘下一块门板当床用，用不着睡在地上。在1949革命成功之前的漫长战争岁月里，免不了会有很多意想不到的借宿者。因此毛泽东下了一条指示，在战士的守则里加上这样一条：上门板。

古"门"字是一个门的结构形象。一张1229年著名的苏州城地图上的三个门也是这样，当时也安在一个两米高的石柱上。它们是通向市中心有围墙的居民区的进口处。

中国古代住宅是很少上锁的，但是临街的大门夜里总是插着门闩，就像昔日世界各国的城门一样。我们在武汉郊外花山村一户姓魏的农家门上能看到一种最常见的门闩：两个闩栓从各自的方向分别插入固定在门上的闩穴里。一只白炽灯泡发出的微弱的光照在凹凸不平的木板、土墙、镐、扁担和放在墙角里的其他工具上。

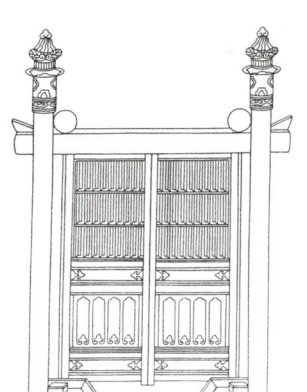

《营造法式》中豪华门的设计图

1958年简化后的"门"字。

閂

较沉重的门经常用一根长长的门闩横在两门中间。"**閂**"字就出自有很长传统的锁门方式。

開

开

早晨开门的时候，要用很大的力量，双手一齐开。我们在"**開**"字中看到了这个动作。

在今天的简化字里我们已经看不到外部的"门"字，但主要部分还保留着，书写起来更简单。

閃

有人从门里突然消失了，人们只来得及看到他的两条腿，他就这样不见了——"**閃**"。

戶

"**户**"，当人们谈到一个城市或乡村有多少住户的时候用这个字，它一开始也是一个门的形象，但不是临街的双扇门，而是人们通常在自家房间里安的单扇门。在某些合成词里，这个字仍然当"门"字讲。

上海市中心通向一民居的半截门，门外有可移动的炉子和水壶，洗脸盆。很多家务活儿都在过道里做。

一个房间就是一家一户在中国仍然很普通，不久以前在我们瑞典也是这样。1985年上海人为人均住房面积总算达到了四点七平方米而兴高采烈，只相当于瑞典的十分之一多一点。一般来说农村的住房面积要大一些，但是单扇门的形象表示一家一户仍然合乎逻辑，因为很多家庭仍然没有两间以上的房子。

"户"加"羽"：白天的时候人们出出进进，门就像翅膀一样，开了关，关了开。这个字就是"**扇**"，就像人们用手不停地开和关，或者用宽树叶把火扇旺，或者在夏日里降温。这个字转意为"扇子"。

表示单门的"户"与表示斧子的"斤"组成"所"。"住处有一把斧子",高本汉这样写道。其他的人解释说,表示斧子的"斤"构成人们劈柴时发出的声音,住在附近的人能听到这种声音。

我认为这两种解释是一回事。

"穴"字的早期形状与表示屋顶的"宀"很相似。表示屋顶"宀"下面的两撇是什么意思还不清楚。一种可能的解释是表示屋顶的内面和屋顶下的那间房子,而"宀"代表一般意义上的屋顶。我们过去遇到过这种方法,比如"末"、"本"和"刃",人们用一笔可以表示一个物体的任何一部分。

这个字与"犬"字组成"突"。一个多么有趣的形象!

延安郊外柳林村的窑洞。1976。

北京猿人和他们的后代，在旧石器时期住在自然形成的深洞里。后来的中国人在山坡和平原的黄土地上自己挖窑洞。直到今天河南、山西、陕西和甘肃仍有大约四千万人住在窑洞里。原始吗？当然，但很实用、舒适、便宜，完全符合一万年的传统。在一个极缺耕地，连一棵可做建材的树都找不到而又缺乏任何从其他地区买到建材的经济条件，找质量适合建房的石头又困难的地区，住窑洞是一个简单易行的解决办法。

造型别致的窑洞是令人叫绝的美丽住宅，在很多方面优于建造的住房。如果我生活在黄土高原地区，我宁愿住窑洞而不住一般的房子。这跟怀旧和猎奇无关，窑洞具有现代住房所缺少的优点。窑洞里非常安静，湿度适中，宜于呼吸。冬暖夏凉，昼夜与四季温度变化不大。冬天这些地区极为寒冷，经常刮刺骨的北风。但是吹不进窑洞里。即使气温在零度，寒风肆虐的时候，窑洞内的自然温度也会有十一二度，如果感到有些冷，在炉子里加一点柴就行了。夏季，当白天室外温度超过三十度时，窑洞里的温度也就二十一二度，就像装了分文不花的无噪声的空调。

窑洞在一般情况下都建在山坡的陡峭处，人们希望避开河谷的潮湿，不愿占用宝贵的耕地。它们不是特别大——三四米宽，五六米深，顶是拱形的，节省空间，用白灰粉刷墙壁，有一种宁静高雅的气氛。人们经常建一排窑洞，用一个大门把它们连起。通过糊着白色窗纸的木窗格子照射进来的光最漂亮。延安地区

修建窑洞。延安郊外柳林村。

的花窗最有名，它们从拱形窑洞顶部一直伸展到离地面一米左右的地方，就像我们中世纪教堂安装的富有艺术内涵的彩色玻璃的中国世俗翻版。

在临窗子一面或者靠一边的墙下建有土坯炕，从底下烧火，可与西方的卧式壁炉相媲美。炕是房子的中心。夜里人们睡在暖炕或炕上铺的苇席上，盖着红棉被；白天坐在炕上，补衣服、纳鞋底、孩子做作业或剪纸等。

人们尽可能把窑洞的门朝南或西南开。这样可以背北风，但是低矮的太阳可以把光照进来，使屋里变得暖和，也可以使屋内黑得晚，这是一个非常重要的因素，因为迄今为止这些地区仍然没有电。夏天，太阳高照，直到阳光不那么强烈的傍晚才能照到屋里，这时候夜已经临近，窑洞内凉爽、舒适，阳光不会造成多大影响。

人们在围绕窑洞的院子里整年忙个不停。院子有一小块菜地，种着葱和洋葱，盆里栽着花，有灶房和猪圈。在很多地区人们在"房基地"附近建有板打墙。

在远处看窑洞、院子、院与山坡浑然一体，人们唯一能看清的就是一个黄土坡，窗子勾画出自己高高的拱形轮廓。这种形式似曾相识——人们记得在半坡和其他新石器时期的人类定居点有这类窑洞。

在部分没有可挖窑洞的山坡的高原地区和黄土流域的平原上，人们自己建造这类山坡。人们朝下挖大约八米深，运走所有的土，每边大约有十米的平地。这时候人们就有了一百平方米的一个方坑，用通常的办法在坑的各边挖窑洞，一个坑挖三个。北边太阳照不到，一般不挖，至少不挖住人的窑洞。每个家通常一个方坑，四周土墙围成一个小院。绝大多数家庭院子里种上树，有自己的水井，有养鸡、养猪和小孩子玩的地方。农民们一般生活在他们耕种的土地下面的窑洞里。平地上，风吹着庄稼，云在天空飘动，路过这里的人唯一能看到的是农田和泥土，只有当他站在村子中央，一个接一个的院子才突然出现在大地上，像一块有着现代主义图案的布上的黑色方块。

这种窑洞已有数千年的传统，根据人们的需要和建筑材料的可能性各代人都有细微的调整。在20世纪很大一部分时间里，人们把窑洞轻蔑地视为贫穷、落后的残存物，必须废除，越早越好。如今人们开始认识到它们的优越性。在近年召开的多次大型会议上，人们讨论如何开发窑洞蕴藏的建设经验，在使其现代化的同时不破坏它们原有的长处。

窗

表示窑洞的"穴"字也包括在"**窗**"字里，不过是在很晚以后才加上去的。被认为最早存在的下半部分表示某种窗子，可能是让空气、阳光和烟通过的简陋风斗，但可以阻止各种"不速之客"进入。

人们从新石器时期房子上的小型砖雕和考古学家们复原的半坡房子上看到，门上方的屋顶有类似的窗子。它是屋里空气流通所必备的。通过门和门上面的窗子可以使屋里有足够的穿堂风，用这种简便的方法把不新鲜的空气和灶里的烟排出去。

在屋顶装一个窗子并非难事。当人们为了挡风避雨往屋顶上抹泥时，只要留下一块就行了，人们可以在那里编上树枝或竹片，免得空太大。也很容易在窗子上面建一个小屋顶。在商、周时代使用的圆形房屋和地穴式房屋上也有类似的通风孔，在今天黄土高原地区窑洞高大的拱形窗子下面仍然有这种风斗。

中国古代狭小的窗子谈不上特别美观，经过千百年的发展，中国窗子才形成自己独特的风格，随着岁月的流逝它们成为中国建筑中最富有表现力和美学上最引人入胜的因素。在汉代的墓砖和住宅画像砖上我们可以看到窗子，它们是由立式、卧式、斜式或交叉式的木条制作的窗棂组成。此后发展很快，早在唐代，庙宇、官府和名门望族私人住宅就有装饰性的镂空精美的窗子。窗子里面糊有稻草制作的纸，在特殊情况下糊白绢。

在随后的年代里窗子越来越讲究。窗子和门——从明朝开始窗与门已经很难分开——整个房子的正面都被窗和门占满。柱子与柱子之间有四个门，门上面有五个较小的窗子，在较大的建筑和庙宇里通常都是这样安排。

高高的窗子朝花园里的假山和池塘开。苏州。

因为传统的中国木构架房子墙是不承重的，所以人们可以随心所欲地使用柱子之间的空间。人们完全可以不要墙，在这种情况下就成了一个亭子，夜幕降临邀几位朋友在此娱乐或进餐。人们可以在柱子之间建起不高不矮的护栏，或者全部装上窗子和门，其形状如薄薄的花边图案。严冬来临时，人们关上窗子和门，上面糊稻草制作的纸（像用单层玻璃隔开一样）；当修长的柳条发芽、樱桃花开的时候，人们打开窗子和门，或者干脆把它们拆下来，夏季就成了一个凉棚，太阳晒不进来，但四面通风，可以在此避暑乘凉。

在中国各地人们仍然能看到这类漂亮的窗和门，长期以来在极为普通的房子里也是这样，它们占了整个长墙的上半部分。一般来说山墙和后墙没有窗子。如今窗子的下半部分经常装有玻璃，但是上半部分仍然糊着纸。

苏州的一处花园，长廊上有带传统窗棂的窗户。靠左边墙上的黑石板上镌刻着诗词。

在中国可能有多少木匠就有多少种装饰图案，但原则上都是普通对称的变化，如正方形、长方形、圆形和菱形等等，或单独存在或互相交替使用，看起来就像有无数的组合。简单的图案经常使人想起我们国家很普通的编织椅子背，但是也有彼此衔接的波形、S形和U形图案，以及独具特色的裂纹图案，它们就像人们踩在刚结的冰上时出现的裂纹一样，还有表示喜庆的"寿"、"富"、"龙"、"云"、"鸟"和"花"字—— 一切都用薄薄的棕色或红色木条制作成。

我记得有很多夜晚我在古城北京、苏州和安阳的旧居民区散步。首先是屋顶和灰色的院墙引起我的注意，还有沿街树下的居民生活：洗衣服的女人，玩牌和提鸟笼子的男人，跳猴皮筋的小女孩。但是每当夜幕降临，街巷空无一人的时候，大门里面活跃起来。从大街上人们看不到大门里边大多的事情——房子的结构确切地说是院子的结构使人不能直接往里看——但是人们能很清楚地听到各种声音，就如同身临其境一般：炒菜做饭的声音，孩子闹觉的声音以及那里发生的一切，这时候人们正准备过夜。如果人们从大门旁边的影壁小心地往里看，就能看到像自身发光的抽象画一样的低矮窗子，窗子木格勾画着自己细细的线条，微弱的灯光洒在院子里，消失在自行车、

点缀传统的中国窗子的几种窗棂图案。

小板凳、花盆和鸡笼上。偶尔有人在室内走动，身影在洁白的窗纸上滑动，使人想到这仅仅是一个普通家庭的普通窗子，尽管充满神秘的色彩。

临街的院墙从来不开窗子，但是在中国传统的院子里连接各建筑群的墙上通常有窗子，它们就像花园里连接各建筑的甬道和长廊。窗子肯定有助于各个场所之间的通风透气，但是主要目的则是引人注目，把人们的视线引向远方，使人产生一睹对面隐约可见的房子的激情。

当空间过于狭小的时候，中国人使用再分割的办法，创造被充分利用的小房间、暗角和背景，使我们身不由己地驻足观看。在轻巧的砖状窗棂后边，我们会看到长着沉重蓝穗的紫藤、奇石或仅仅是对着白墙的婆娑竹影。仅此就可以使一个不起眼的回廊成为房子或花园里最漂亮的空间。明亮耀眼，使人无暇顾及此处实际是多么狭小和昏暗，而正是由于窗子提供的有限平面，我们才有可能如同在一幅画面前那样聚精会神。

泥做的器皿经过窑烧就可以防水，它属于最初定居下来的人类的最主要的知识。早在新石器时代居住在中国的人类就知道运用这种知识使房子有防水功能。如我们看到的那样，黄土在很多方面都是极好的建筑材料，但是有自己的弱点：容易泛潮和怕雨淋。为了利用它，人们必须对它的表面进行防水处理。

从半坡、大河以及其他的村落里的房屋遗址，我们能相当清楚地知道，人们当时是怎么做的。屋顶、墙和地面——有时候也包括承重的柱子——上面都盖一层泥。泥层干了以后，人们就用温火烧房子不同的平面。由于高温水分很快蒸发，泥变得坚硬、密实，就像容器上的陶片一样。工序要求非常仔细，温度高低要合适，火烧得过旺就会把整个房子都烧掉，但是烧得适度房子就会结实，不但能防雨，还能防老鼠和害虫。

据我所现在已经不再使用这个方法。人们用白灰粉刷墙，用砖搭炕。但是看中国农村做饭的时候，仍然能使人回忆起古代中国人使用火的技巧。农村的炉灶很原始，但是通过使用不同的柴火，毫无困难地调整温度，使其适合所做的饭菜。做米饭要文火，人们就烧柴草和树叶，蒸馒头烧树枝，炒肉要旺火，人们就烧整块木柴。

中国华北和西北的大部分地区雨量很少，人们仍然用花秸泥抹房，抹实抹平以后也能防水。中国南部地区用瓦。根据文献记载，早在夏朝人们就开始使用瓦，但是人们保存下来的最早的实物来自周初。当时人们把瓦主要用在屋脊和外沿部分——屋顶上最容易损坏的部分——经过千百年屋顶从上到下都使用瓦，这是新石器时代用烧过的泥土做屋顶的进步。

周朝的瓦是灰色的，直到今天普通房子仍然使用灰色的瓦。它们有三十厘米长，十五厘米宽。人们制作瓦的时候，先制作成泥圆筒，然后再把它们切成长条状。因为是由圆形泥筒切开的，

飞檐。苏州。

所以中国的瓦垅很像我们屋顶上的泄雨槽。短的一端压在另一块的下边，用一小块突出部分把它们固定住。人们相信"瓦"字就是起源于这类的瓦。以前的"瓦"字是什么样子人们不了解，但是考虑到瓦的形状，这种解释是合理的。

按照另一种理论，瓦的形状是从切开的竹而来的，历史上中国人一直把竹子作为铺盖屋顶的材料，至今在南方仍然很普遍。人们把厚竹筒劈开，去掉内层，制成竹瓦，把这种竹瓦里朝上铺在屋顶上。在它们之间有时候用泥盖上，也可以把它们面朝上摆在里朝上的两排竹瓦之间。雨水落在屋顶上很快就会流走，非常有效。在汉墓雕刻中，有许多住房、碉楼、粮仓和门楼是有瓦顶的。从这些雕刻中可以看到，瓦上有圆形或半圆形装饰，图案为动物和植物，釉瓦也出现在汉代。自唐代以来，公共建筑用黄、绿和蓝色的瓦把房顶装点得金碧辉煌。黄瓦是保留给皇官用的。官衙用绿瓦，庙宇用蓝瓦，平民百姓则仍用灰瓦。

口 圂 困 囚

这是一个方框。它只能与其他的字组成合成字。我们在"园"字中已经见过它。它与"豕"字组成"圂",与"禾"字组成"囷"字,每个农民家里都有,它们与京城里盛皇粮的高大仓库形成很大反差。

一棵树被围起来:"困"。像一棵树那样被一个框围起来,一个人也可能被几个朋友围起来。这个字还有被围困、困难等意思。

一个人被围困起来:"囚"。每当我看到这个字的时候,我总会想到小偷和走私者受惩罚时脖子上戴的四方形刑枷,他们要戴几周或几个月,日夜不得取下。枷上用大字写着他们所犯的罪行。受罚时间的长短和刑枷的重量取决于他们罪行的轻重。刑枷做得不大不小,戴上以后犯人自己不能往嘴里送食物,要由其他人帮助。

上海的站笼。1904。

囚笼是刑枷的一种变化形式，给盗墓者和严重的刑事犯使用。这种囚笼经常摆放在官府衙门前面或城门上，让公众观看。有时候，囚笼很矮，囚犯直不起身体；有时候很高，囚犯够不到地面，不得不踩几块砖。每过一天脚下的砖被拿掉一块，囚犯只得踮着脚。当最后一块砖被拿掉以后，囚犯只能用身体撑在四壁上。当他的力气用尽的时候，他被自身的重量勒死。这个过程一般只有两三天。

方框也包括在"圖"字里，但问题是最初的形象是否标出了村落、道路、河流或者我们今天的所谓地图。

中国有绘制地图的悠久传统，早在周、汉时代就设有多种从不同角度勘察国土的专门机构，有标明不同地区、矿产资源、军事要地等的专用地图。皇帝巡游时也需要有能标明地形、当地物产的地图。

公元前2世纪秦始皇下令收集各种各样的地图，随后他多次派人勘察新的地区。中世纪大型探险是这种活动的自然延续。

1973年人们在长沙的两座坟墓中发现了最为古老的一批地图，它们被确定为公元前168年的。地图是用三种颜色绘制在丝绸上。其中两种颜色表示山川、河流、道路和城市，第三种颜色细致地标出了军事要塞和设防地区。

很长时间以来我确信我知道什么是地图。我们做过一些旅行，特别经常看地图——说不上有什么较大的享受——但是有一天我走进了北京最大的一条商业大街王府井大街的一家书店，我看到一幅错误百出的地图。面目全非。各大洲东一个西一个，我从童年时代起就习惯视为永恒、神圣不可侵犯和共同的形状变成了一团团形状不定的东西，好像一团画面突然向完全不同的方向伸展开来。

中国人不会绘制地图吗？当然不是。但是当时我不懂的是，世界在我头脑中的样子怎么会那样片面,直到我走进那家书店那天我是多么依赖把欧洲视为世界中心的看法。如果我们把中心放到其他地方,比如放到中国,各大洲在地图上的样子马上就变了,大的变小了,宽的变窄了。这是一个有益的教训。

后来我遇到了一件更为吃惊的事:我看到古老的中国地图上不把北标为上方,而是把南标为上方,就像中国的房子和城市总是朝南一样。他们的罗盘也是这样,称为指南针。没有什么值得大惊小怪。但是他们始终如一的态度是多么不寻常!

牺牲与器乐

册

当人们第一次手里拿着一本中国传统书籍时会有一切都颠倒了的感觉。不仅是从我们的角度看必须从后边往前读——我们书籍的最后一页恰恰是中国书籍的第一页——而且字行不是从左到右，而是从上至下，人们从每页的右上角开始读。

这种安排方法有其古老的传统。早在甲骨文和金文中人们一般都这样写，到中国第一批真正的书还是这样写。

最古老的书是写在竹简上。为了得到竹简人们要把坚硬的竹子按着一定的长度截开，最短的二十厘米，最长的七十厘米，再把截开的竹子劈成一厘米宽的竹简。外面那层绿色的薄皮要去掉，然后晒干，人们用笔和墨在光滑、质密的竹面上写字。用麻绳或丝绳把写好的竹简连上，卷起来，"书"就完成了。

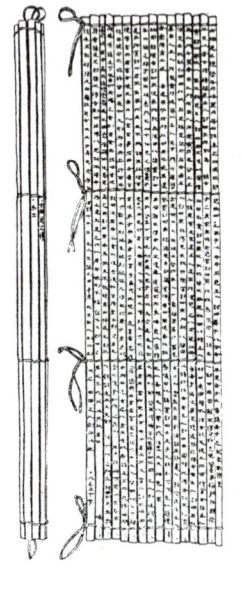

从上至下写并不像刚看到时那样特别。现代书写调查表明，人类通读直行比通读横行快——这一点大概与眼睛的肌肉有关。这样写特别适合汉字。每一个汉字都是一个不变的单位，没有变形，词尾也不变化。

下右图是《仪礼》一书中的一段，该书是构成从汉朝至现代中国文化主体的"十三经"之一。组成书的竹简有半米长。左边是卷起的部分，右边是写好的十六片竹简。

从"册"字上我们能看到这种书的形象——些竹简用绳串在一起。

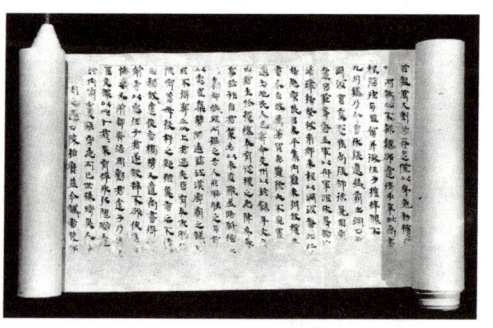

纸卷书。文章是从4世纪世界上最古老的纸书上抄录下来的。人们从右上角开始念，一边阅读一边往后打开卷书，就像我们拉照相机上的胶卷。为了使卷书平稳，人们把卷书的两头粘在木轴上。书上的字体介乎于隶书和楷书之间。

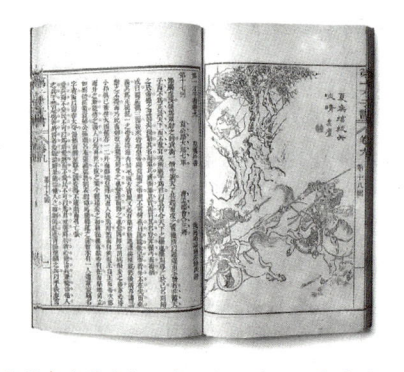

这本书的内容是介绍汉朝灭亡以后三国争霸的混乱情况。在广场和茶馆的当代说书人都从里面取材，编成说不完道不尽的故事，反过来他们编的故事又构成中国最著名的文学作品之一《三国演义》的基础。这部作品成书于15世纪，直到今天仍不断再版。我们在上边看到的是该书打开的一页。

　　用竹子制作的书是传统的中国书的直接前身。从商朝到公元3世纪的汉末——大约一千七百万年间人们一直使用竹简。在人们一共找到的四万片竹简上包括多种不同文字材料：军事条约、哲学、医学、数学、天文学、法律、历法、传记和随笔。

　　竹简有着实用和便宜的特征，但读起来很笨重。在使用竹简的长期过程中，社会发展很快。国家的各个地区和周边国家商业以及其他各种接触使往来文件骤增。从纯体力上讲，阅读这些竹简变得越来越沉重和烦恼。据说，作为官僚和掌权者的秦始皇为了控制和领导自己的国家每天要翻阅六十公斤重的竹简。早在公元前7世纪，如果说不是更早的话，人们因为实用的原因就在长条丝绸上写，与写在竹简上相同。但是丝绸太昂贵，似乎只有官方的重要文件才使用。随着时间的流逝，普通文件也开始使用丝绸，一直延续到唐朝（618—907）人们开始使用纸为止。

　　另一方面文件变得越来越长，把那么多竹简卷起来已经很困难，因此人们开始把纸折成手风琴的样子，然后装订起来。这样人们就有了由平展的纸页组成的书，外表上比古代成卷的竹简更像我们今天的书。但是文字的排列仍然没有变化。一直到近代人们仍然这样印书——只在纸的一面印——直行。近几十年我们西方的印法才在中国通行。

　　中国的画家们仍然在丝绸或纸上画山水，然后裱成画轴，还配上诗词，方法与写在竹简上的完全相同。

　　竹简，加上一个凳子，还有一个小桌子，组成"典"字，有"经典"、"典籍"等意思。在这个字的一个变体中我们能看到拿着书的两只手，样子好像在看书。

筆 聿 𦥑 𦥑 𦥑 𦥑 𦥑 笔

直到唐代中叶开始印书的时候，人们仍然用手写字。按照传统说法，人们在公元前3世纪发明了笔，但是新的考古发现证明，用笔的历史还要早三千年，可能在新石器时期就有笔了。在测定其年代为公元前4000年的半坡发现的一个陶器上有很多符号，酷似后世用毛笔和墨汁写的文字。确实是用笔写的，从笔道上看也很清楚。

有时候在甲骨文上我们也能看到用红色或黑色写的字。人们用刀在甲骨上刻字之前似乎先用颜色打草稿。有些字由于某种原因一直没有刻，从其中一部分没有刻的字上我们能看到用柔软的笔定型的情况。有趣的是，写字时遵循与现在相同的原则：先左后右，先上后下。

我们在甲骨文和金文中看到的"聿"字为笔的古老历史又增加了新的证明。这个字表示一只手直握一支笔，就像现在人们仍

1983年出版的一本介绍书法的书中的握笔图

然遵循的各种握笔规则一样，因为这种握法可以使手和笔在写字时有更大的自由活动余地。

最古老的毛笔是什么样子，如今我们已经一无所知，但是很可能是用竹子修成的，可能把笔杆的一端加工成柔软的竹丝。早在周朝人们就给"聿"字加了"竹"——这一招很不错。

人们保存很多周朝后期的毛笔，其构造大体上与今日的笔相同。笔杆是用竹子做的，笔头是用各种不同的动物毛做的。笔头的中心部分用兔毛或鹿毛做成，外层比较柔软的部分用羊毛做成。各种不同的毛使笔既柔软又挺拔，适合写出所有的笔画。

毛笔的种类不计其数。不同的写法和各人不同的爱好要求不同种类的笔，因为所有从事书法——按照中国的看法是最高艺术——的中国人都有适合自己的特别商店，人们可以在那里选购几千种不同质量和不同价格的笔。一支货真价实的笔要花掉一位教员或一位工人一个月的工资，但是注意保养的话可以使用多年，可能几十年。笔的大小也很悬殊。有些小笔只有几克重，有些大笔有几十公斤重。一家书法杂志最近公布了一些笔的照片，有的笔重四十公斤！但是它们有一个共同特点：笔尖很细很细，毛笔的轻重笔道就源于此。

通过不同的运笔姿势，笔道的宽窄有变化。笔对纸的压力越大，笔头压出的墨就越多。笔头起储存墨的作用。抬起手使笔从纸上滑动的时候，笔尖就会写出梦幻般细的笔道。

20世纪50年代文字改革的时候，人们取消了最初"筆"字中表示笔的部分，代之以"毛"。改得不错：笔仍然是由竹子和各种不同的动物毛制作成的。此外简化的"笔"字也有很长的历史。

墨像笔一样古老，通过对写在甲骨上的颜色进行化学分析就可以证明这一点。起初它是用木柴燃烧时产生的烟垢制成，这种木烟仍然是制作今天中国墨的主要成分。最著名的墨是徽墨，与著名的宣纸一样都是出自安徽省的黄山附近。徽墨是用松木烟制作的。

后来，很可能是宋朝（960—1279）某个年代，人们开始用各种不同的油烟制墨。这种通常被称做油烟的墨比木烟制作的墨更细腻、色更深。

在人们制作墨的时候，要混入用骨、角、皮熬制的胶，有时候还要有蛋清之类的其他黏合剂，并加进麝香、檀香木、樟脑或其他香料。

墨被晒成墨锭保存，上面经常装饰有龙、鹿、鲤鱼等吉祥动物或花草、山水。人们使用墨的时候，要在砚里先倒进水，然后研磨。通过把墨锭在砚里慢慢地转圈磨，墨会溶解在水里，达到人们写字或绘画所需要的浓度。

几千年来，中国的文字不仅仅是记录和传递信息的工具，也不仅仅是为了写文章和作诗。书法本身——赋予文字平衡、清楚、激情、力量和生命，一句话赋予人们内心具有的一切感情——但仍然保持在传统的书法框架内——长期以来被视为最高雅的艺术形式。书写使用的工具本身——笔、墨和砚——很早就被视做艺术品，在众多的文献中被提及和讨论。墨和砚成为人们的收藏品，直到今天一个漂亮的古砚与出自中国古代的珍贵瓷碗一样值钱。

"黑"字猛一看似乎是一个简单东西的图像，但究竟是什么东西，人们提出了多种解释。按照《说文解字》的传统解释，它是锅灶冒出的烟在窗子上的风斗形成的烟的图像。但是在古字的字形当中没有任何一点可以证实这种说法。后世的评论家则认为，它表现一个人，脸和身体沾满黑点——可能是作战时涂的颜色？可能是伤痕？可能是纹身？

在中国西北出土的狗头型骨灰瓮的盖。新石器时期。

也可能是萨满教巫师的形象，他（或者她）在祭祀祖先的仪式上跳舞时在脸上和身上绘有各种图案。时至今日萨满教巫师仍然这样做。

这是世界上最古老的人物塑像之一，它很可能就是表现一位萨满教巫师，他的头构成来自新石器时期一件骨灰瓮的盖子。他的脸上涂着黑线，脖子上好像缠了一条蛇。直到几年前，它还是近乎于独一无二，但是80年代人们又发现了更多的带有类似盖子的陶罐。很遗憾我没有看到过它们。借助于它们人们可以进一步获得解开"黑"字之谜的材料。

墨

"黑"字加"土"字仍然是"黑"的意思，但是如今主要的意思是"**墨**"，是人们写作和绘画（往自己身上画？）时使用的一种黑色的泥土状材料。在部分文献中也有"烧伤疤"的意思。烧伤经常会变成黑色。

不管"黑"字和"墨"字现在是什么关系，直到今天毛笔和墨仍然是重要的书写工具。目前钢笔和圆珠笔已经在日常的记录中占主导地位，但是一旦人们要写大字或者稍微需要有某种美学意义的文字时，人们就拿出毛笔。学校安排大字练习课，画廊里经常举办书法展览，书法爱好者聚集在一起热烈地讨论每个字的笔画。甚至大字报——野蛮的革命论战——也是手握毛笔写的，现在的商店和饭馆的广告也常常是如此写就的。

这个"文"字在古文里有"笔画"、"线条"、"花纹"、"美好装饰"和"装扮"的意思。但是早在周朝这个字就主要用于"文章"、"语文"、"文学"、"文献"以及"非军事的"（反义词是"武"）和"有文化"的意思。

"文"字在甲骨文和金文里表现为一个人轻轻地平伸双臂。

从各种迹象判断，胸是字的主要部分，在绝大多数情况下饰有心或嘴，或者一个"X"、"U"、"V"，至少是一个黑点。

"交叉的线"，《说文解字》里说。

"是文身的人"——后世的评论家这样说，并引证古典文献中有关边陲地区的古代"蛮子"经常用文身来美化自己的段落。

如果是这样的话，那真是一种讽刺。正是有这样起源的字后来构成了中国文化中的高雅和文明，其反义词是粗鲁、落后和"野蛮"。

文人在古老的社会中属于特权阶层。通过掌握文字和经典作品的知识他们高居于"愚民"之上——文人把居民中没有阅读能力的人称为"愚民"。文人们从事书法、收藏砚台和种植兰花，夜深人静的时候饮酒作诗，或画迷人的风景画：一只小船在笼罩云雾的江河上缓缓航行。

人们使用的"文言"经常指"古典汉语"或"文学语言"。

这种艺术语言具有语言常有的各种利弊——做作和死板，充满陈词滥调和各种典故，因此对于掌握它的人来说很有意思，但是对于缺少正规的古文教育的人来说是难以理解的。

直到"五四"运动人们才开始为广大公众打开语言和文学的大门，缩小了文言文和白话文的距离。20世纪50年代的文字改革构成了这项工作的一个环节。如我们已经看到的那样，两千年来人们第一次试图改革文字本身。

这个字如今主要的意思是"话语"，但是它的基本意思是"大笙"。"言"字一般被认为最初是一支笙的形象，有一个口

周朝后期的石鼓文铭文

在吹它。由笙——声音——转义为"言"是很容易理解的。

"言"字可以组成很多描写日常生活各个方面的合成字，褒义或贬义的，如"读"、"诵"、"评"、"训"、"询"，"批评"的"评"，"调查"的"调"，"间谍"的"谍"，"警告"的"警"，"证明"的"证"，"谴责"的"谴"，"失误"的"误"，"保证"的"证"，"感谢"的"谢"，"阿谀"的"谀"，"夸"、"谎"，"发誓"的"誓"，"争论"的"论"，"荒诞"的"诞"和"诽谤"等等。

这是我最喜爱的字之一，不是因为它特别漂亮，而是因为它能引起联想。

"人"和"言"组成**"信"**。

很遗憾，世界并不像人们渴望的那样聪明："言"被两个表示狗的字夹在中间组成**"狱"**——指两个人见面像"狗"一样"骂架"形成的不愉快局面。结果经常是其中一个进了"监狱"。

在甲骨文里没有出现过"**音**"字，但是在金文和周朝的其他文献中有与"**音**"字相同或近似的字。最右边的那个字刻在一件陶器上。这两个字很可能有着共同的起源，但是后来逐渐分成了两个形和义不同的字。很多学者已经证明，在合成字当中这两个字可以互相代替，并由此证明，开始它们是一个字。

"**音**"与"**心**"组成"**意**"（"心的音"）。

人们把一排长短不等的竹管连起来就制成了排箫，这种乐器从人类历史初期在中国就有名了。很多专家认为，我们看到的"**龠**"字就是根据这种乐器创造的。从这个字上我们能看到音管、音孔或"嘴"和把音管连在一起的带子。

几个金文字有"**龠**"字意思不明的上半部分。在公元前2世纪统一文字时，人们还是保留了这部分。

把两排管固定在一个葫芦或木制音斗上，就制成了笙，它是中国最古老、最具有中国特点的乐器之一。这种乐器在今日中国西南地区的少数民族当中仍然很常见，他们的笙确实很壮观，有时候音管长达六米多。

迄今保存完好的最古老的箫出自郑州以南一百公里处的舞阳，它有八千年之久。这支骨制的箫有七个音孔，仍能发出动听的音，但是一般来说考古材料中箫比较少。有时候人们会遇到像哨子的小型骨箫，不过绝大多数箫似乎是由竹子制作的，很容易腐烂。因此很难确切知道可能是"言"和"音"字前身的箫到底是什么样子。

成书于周朝初年的《诗经》经常提到各种乐器，其中就有箫。那个时代的箫没有保存下来，但是有两个公元前4世纪和一整套公元前2世纪的竹箫。这套保存完好的竹箫共有长短十二个，其中有几个仍能吹出声音。

这类箫大概从来没有被当做乐器使用，而是借助它来确定音阶上的十二个音的准确位置。这一点在中国有着至高无上的意义。音乐不仅仅是一种享受的手段、休息和消遣，它是调解天地关系的神圣礼节，代表存在内部的和谐。人们借助音乐影响自然力，在多灾多难的黄河流域，人们在水灾与旱灾的夹缝中讨生活，所以要利用一切可能。因此音乐不仅对农业——大家赖以生存的营养来源——至关重要，而且影响岁月本身的进程。冬至——每年从此转入艰难时期——是要举行重要仪式的节令之一，人们敲锣打鼓，以确保平安和来年五谷丰登。

长沙轪侯夫人墓出土的彩色木俑小乐队。后排两个人吹笙，前排三个演奏弦乐"瑟"。32—38厘米高。

长沙轪侯夫人墓出土的十二支带绣花套的竽。所有竽的直径都为0.65厘米。最长的竽为17.56厘米，最短的为10.2厘米。

音乐不仅决定国家和农耕的存在和发展，它也决定个人的生命。就像某种特定的音调据说可以使水晶破裂一样，不圣洁的音调可以破坏存在的和谐。"低级的音乐"和"庸俗的声音"是对苍天的污辱，导致伤风败俗，打破男女、君臣的伦常，由此瓦解国家政权的基础。反之，按照各种艺术规则演奏的优秀音乐能给粗鲁者注入温柔，使强悍者不再残暴和无礼。

因此音乐很早以前就变成了君主统治国家的手段和他热爱的东西。相传黄帝在公元前2697年就派醉心于音乐的大臣伶伦去寻找能正确反映出十二个音阶的竹笛。伶伦在西山找到了粗细匀称的竹子，他用最结实的竹子削成一支竹笛。当他吹这支竹笛时，听到了一个低沉的声音，与他自己能发出的最低声音相符。当他拿着自己做的笛子坐下来听河水潺潺和风吹树叶沙沙响时，突然有几只神秘的凤凰降落在他身边的树上。只有当大事临门的时候，这种鸟才出现在人面前，伶伦意识到有重要的事情要发生。

首先是凤唱，它的第一个音与伶伦的笛子发出的声音相同。然后它又唱了五个音，伶伦很快削了能反映它声音的笛子。凰唱了六个音，伶伦连忙削了也能记住它的歌声的笛子。当他把十二支笛子按音序排好的时候发现，每一支笛子的长度正好是能发出下一个低音的那支笛子的三分之一。他的音调系统用现代术语说就是建立在互相衔接的一系列音程之上。

一切都相符。在《礼记》一书中有这样的记载："三是天的象征数字，二是地的象征数字。因此声音三与二的比例就像天与地一样协调。"

按照传说十二支笛子发出的音是中国音调系统的出发点。为了在较永久性的物质里保存这十二个音，黄帝下令铸十二个能准确再现竹笛声音的铜钟，后来所有其他乐器都要与此相符。

公元前433年的编钟。曾侯乙墓出土。

这是世界上现存的一种建立在准确主调和各调之间准确音程的音调系统方面的最古老的资料。最有趣的是，这种音阶与具有十二个音调的现代半音阶系统很近似，人们在钢琴的八音度上能看到七个白键和五个黑键。

音最低的竹笛不仅是中国音调系统中的主调，它也是长度——跟巴黎米的标准差不多——和容量的标准单位。能容纳一千二百颗谷粒的叫"龠"，就是我们刚才看到的那个字，很可能再现了一件形状类似的乐器。人们敲击的时候，它能发出主调。

作为带有准确音程的音阶出发点，准确的主调是保持天地之间协调关系所必需的。对人们的日常生活来说准确的量具、钱币和重量同样是重要的。如果人们把它们搞乱了，就会出现投机、欺骗和腐败，商业就会出现危险，人间就会出现无序状态——或者用中国的俗语说是"天下大乱"。当皇帝的一个音乐机构逐渐建立起来时，它就成了负责量具、钱币和重量的官方机构的那部分。

根据传说黄帝下令铸造铜钟，这些钟后来怎么样了，我们不知道，可能埋在渭河谷地的某处柔软的黄土中。但是最近一个时期人们发现了很多编钟。迄今为止最令人惊叹的是1978年曾侯乙墓出土的乐器，自公元前433年以来它一直躺在那里。此公肯定喜欢音乐！他把一百二十四件乐器带进坟墓，其中有笛、笙和鼓，所有的乐器都是极为罕见的，对于了解中国音乐的发展来说是无价之宝。但是最珍贵的是那套六十五件的编钟，其中最大的有二百公斤重。

整套乐器有三米高，近十二米长。编钟分三层悬挂，挂在最上层的小钟可能用来为乐队其他乐器定调，最下层的钟演奏低音部分，是音乐的脊梁。

中间一层是高音部。所有的钟都没有钟舌。人们用木槌敲打，每一个钟都能发出两个不同的音调，取决于敲打的是中央还是旁边。在钟上明白地写着，敲什么地方发什么音。整套编钟的音域包括五个八度音以上，从大提琴能发出的最低音到笛子能发出的最高音。主调序列相当于现在的钢琴。

这些钟与我们的钟不同，横断面不是圆的，而是椭圆的或者是卵形的。这种结构能使振动很快止住——这是人们演奏这些钟时必备的条件。它们相互间发出的声音极为准确——很多八音度、音程和音区与今天人们用现代技巧演奏出的完全相同。音调也是这样，发出平C调的钟振动频率为256.4赫兹，理想值为256.0赫兹。

这是一种令人赞叹的乐器，很沉重。整套编钟加起来有两吨半重，但是钟架似乎是为了一劳永逸而设计的，历经两千四百年仍然没有被压断。

来自周朝后期的一件青铜器皿上的装饰物就是表现这样一件乐器。在一个两头为兽头、支架为鸟的形象的架子上，人们能看到左边有四个钟，几个音乐家手持木槌坐在那里演奏。

在架子的右边我们能看到另外一种乐器。它由大小不等的五块L形石片组成，人们像打钟一样敲打它们。在曾侯乙墓发现的众多乐器当中有一组三十二件的编磬。它们能发出半音，与铜钟完全相同。音调纯正、清脆，像水晶一样。

这类乐器非常古老，可以追溯到新石器时期，但是最初似乎是由一块块石头组成的。

迄今为止人们发现的最古老的磬出自黄河附近的陶寺。中国漫长历史上的第一个朝代夏朝的中心在黄河流域，而陶寺正好位于这个地区。该磬近一米高，粗犷而坚固，就像一个老鳄鱼头。经碳14测定其年代为公元前2500—公元前1900年，这个年代与人们掌握的夏朝的资料相符。

有三十块商代磬被保存下来。它们一般有三十——四十厘米高，六十——八十厘米长。其中一部分饰有动物浮雕，像下图那样，我们能看到一只老虎张着大嘴，卷着长长的尾巴，完全是根据当时的习俗制作的。

这块磬上有长期使用过的痕迹，用绳子悬挂过的沟很明显。

我们在甲骨文中也看到了根据实物创造的"**磬**"字。它像是一块很大的斜面石头和一只拿着结实木槌的手，好像正在敲打。石头上分叉的笔画要么被解释成悬挂它的绳子形象，要么被解释成某种形式的装饰品。商代的时候又加了一个"石"字，考虑到悬挂的磬的形象本身已经很清楚了，这种做法是画蛇添足。

 声

"殸"和"耳"组成"聲"字。现在经常使用的这个字的简体字既没有拿木槌的"手"，也没有听声音的"耳"，只剩下了那块斜面的古老石头形象，悬挂在绳子上。

但问题是，它到底是不是绳子的写照。我们在"磬"的上部看到的分叉的笔画也出现在"鼓"字的上部，"鼓"字无任何绳的问题可言。商代的鼓不用绳悬挂着，又宽又重的鼓放在矮座上，至少在人们相信从那个时代保存下来的这些东西是鼓的情况下是这样。人们马上就会说，到现在只发现两面鼓，细看时能发现鼓的结构。那两面鼓都是青铜制的。地面上还有一个鼓的印迹，因时间太久木头已经腐烂，它是1935年在安阳的一个古墓里发现的，但是对于这面鼓的原样专家们有不同看法。

两面商代铜鼓中最古老的那面有七十九厘米高，四十厘米宽。它完全保留了原样，据说它的声音仍然很美妙。它肯定是一个鼓的仿制品，因为最早的鼓都是木制的，从考古材料和古籍中都可以知道这一点——我后边还要提到。从几排仿佛是为了固定鼓皮的竹钉纹也可以证实这一点——木制鼓是需要的，而铜鼓铸成一体，完全不需要竹钉。鼓上部的"鞍"形物，现在还没有确切解释。

另一面是商朝的双鸟饕餮纹铜鼓。在这两面鼓上的"鞍"形上都有一个孔。人们移动或抬鼓的时候串绳子用——它们的重量都在四十公斤至五十公斤之间，搬动它并非易事——但是我认为，它是为了固定某种装饰物用的。

1977年在湖北省出土的纹饰丰富的商代铜鼓

究竟是何种装饰物，现在我们还一无所知。在《诗经》里有描写庆典的诗，人们手持野鸡或苍鹭的羽毛跳舞，用高高的羽毛装饰钟或磬的框。人们也可能装饰鼓吧——按着周朝最杰出的思想家之一荀子的话说，鼓是"音乐之王"，它构成最重要的仪式的中心。

对古代的中国人来说，音乐是联系祖先和苍天的工具。在我们凡人世界和自由的宇宙之间可以自由行动的鸟是人与更高力量之间的信息的传递者，在宗教仪式上使用的很多青铜器经常是鸟的造型。根据一个传说，商朝是由一只黑鸟变来的，而音阶中的十二音调是凤凰鸟唱出来的。悬挂钟和磬的架子经常是类似鸟的造型，长长的脖子，有翅膀和喙。鸟和音乐是近亲。叼着商代鼓的那两只鸟不仅仅是饰物，它们还有更深刻的象征意义。

商代苍劲的"鼓"字我们在一大批甲骨文卜辞中都能看到。它有时候是根据蒙着鼓皮的圆形短面创造的，有时候是根据长面。最早这个字还有一只持着木棍或鼓槌的手，好像正准备敲打，以便让沉重的鼓声响彻整个平原上空。

短而重但样子相同的"鼓"字我们在青铜器的铭文中也能看到。

直到不久以前我们对"鼓"字前身的样子还几乎一无所知。但是20世纪80年代中叶有了惊人的发现。在陶寺曾发现那块结实的夏朝的磬，这时，在相同的古墓区又发现了两面鼓，它们是迄今在中国发现的最古老的鼓。其中一面有一米高，是由一块掏空的树干做成的。众所周知，木头会很快烂掉的，所以它确实令人震惊。这面鼓有大约四千年历史。当年它的上方曾经蒙着一块蛇或者其他爬行类动物的皮。上面似乎涂上红色，在中国后来的历史上鼓通常也是红色的。在表皮上人们还可以隐约看到一些颜色的残存。据古籍记载，为了驱鬼的目的人们经常在鼓上涂人血，但是我们在这面鼓上看到的颜色可能有其他来源。

人们把鼓转半圈，平放在一个矮架上，把另一端也蒙上鼓皮，这样商朝的大鼓就诞生了。

在陶寺发现的另一面鼓是陶制的。古代通常是这样：上层社会的人使用木鼓或青铜鼓，普通人敲打陶鼓，《礼记》上是这样说的。

陶寺出土的木鼓，可能属于夏代。

后来人们也敲打陶器，与人们敲打磬和鼓的方法差不多相同。通过往陶器里放水的多少人们可以准确地定音。这类陶器发出的声音比金属片还美妙动听，这是唐末一位负责音乐的官员说的。我本人在北京听过一次用盛水的瓷碗演奏的音乐会，它们发出的声音是那么纯真和清脆，人们仿佛是在听仙乐。

从很多周代的金文中可以看到，鼓已经从地面被抬到一个高台阶上。现实中也是这样。随着时间的流逝，鼓被放得越来越高，很可能是因为放得越高越容易打的简单原因。

一面红色的鼓，像串在草秆上的一棵野草莓，它是来自公元前433年曾侯乙墓随葬的乐器之一。类似的鼓我们在来自相同时期的青铜器铭文中也能经常看到。

在随葬品丰富的曾侯乙墓中还有很多漆器，其中有一件样子像一只肥鸭。这件漆器的一端绘有图案，是表现两个人的场面，一半像人，一半像兽类，样子像在跳舞或者在举行什么仪式。

我们在两个人之间看到一面鼓串在一根长棍上。棍上饰有羽状物，使人想起甲骨文和金文中"鼓"字的上半部分。

我们在汉代墓雕中也能看到鼓，这些墓雕是表现为帝王和国家举行的各种庆典仪式。有很多鼓饰有一米高的羽毛，还有些鼓饰有羽类的花冠。在公元193年制作的一块浮雕上生动地描绘了杂耍艺人、舞剑者和各种乐手，从中我们可以看到一面饰有一只鸟的大鼓。

有一面类似的鼓，装在一辆车上，由三条蛟龙拉着。在乐手上方的一个平台上，一位杂技演员在倒立。

从汉朝到现在，载有乐手和其他表演者的车经常出现在政治和传统的庆典当中。20世纪50—60年代北京的国庆游行带有传奇性。成队的巨大彩车连续几小时从天安门前隆隆而过，接受国家最高领导人检阅。人们可以看到彩车上表演的著名戏剧片断。漂亮的女士扭秧歌，怀里抱着大倭瓜的孩子表演歌颂农业进步的节目。震耳欲聋的

曾侯乙墓出土的"楹"鼓

鼓声在穿着蓝色衣裤的欢乐人群上空回响。

很多有趣的鼓都是根据肥城一间小屋里的浮雕壁画复制的——它是为纪念一位孝子而作的。组画当中有一个表现帝王巡游的壮观场面，帝王乘坐的车有长矛手和骑马卫士护送，还有一辆载有乐手的双层车。上层有两个活跃的鼓手，下层有四位神态平静的先生吹笙。

汉墓浮雕拓片。我们看到一个人正在敲打一面装饰华丽的鼓。
右边和下页的《车行图》拓片出自肥城祖庙。

世纪初由这种车演变出所谓的轮转计或者叫路程计量车，人们用它计算路程。车子每走一里——半公里——木头人就敲一下鼓，十里时另一个木头人敲打一下金属钟。传动力来自安在轴上的两个轮子。

音乐不仅仅是统治国家和与苍天沟通的手段，音乐与战争也有紧密联系。当军队战前集合完毕以后，乐手吹起能发出音阶主调的号，如果一切正常，便击鼓发出进攻的信号。

这是个"豐"字。按照传统的解释，它是一种被称之为"斗"的祭祀容器的形象。但是很多专家曾经指出，这种解释过于含糊。相反，很多方面表明，它是一面鼓的形象。如果人们拿过去的"鼓"字与之相比就会发现它们之间有明显的相同之处。唯一的实质区别是，"豐"字的上半部分笔画明显多于"鼓"字，此外还增加了一些我们还不知道其含义的东西。

禮

　　与祭祀和占卜凶吉有关的"示"字和"豐"字组成"禮"字。举行典礼是中国古代社会宗教政治文化的中心活动之一。当帝王准备外出狩猎时，当他为祖先酿制香醇的米酒时，当与苍天相通的音乐开始演奏时，都以击鼓为信号，直到今天中国传统乐队同样用鼓为指挥。"礼"是一个抽象的概念，很难用具体的形象表达。通过举行仪式时使用的最主要的乐器和能明确表达典礼目的的"示"字，人们就得到了一个能准确达到要求的"礼"字。

太原永祚寺里一人高的鼓

我们已经看到过很多战国时期的著名青铜器，在它们的装饰物上我们可以看到使用战鼓的情况。鼓手站在战鼓旁边，高举鼓槌，号召周围手持一米长的戟、宝剑或弓箭的强悍的士兵进攻。旌旗招展，长船上的舵手摇着橹，而那些不幸的士兵没有手（有时候也没有头），掉进河里喂了鱼和鳖。

各种不同的鼓的形象清楚、逼真，它们与曾侯乙墓出土的鼓属于同一类。其中很多饰有长幡，另一些饰有战斧。但是下边有一个奇怪的东西，至今没有人做过详细解释，样子像个圆球或一个长柄上的金属薄片。

有很多年我们带着这类鼓的精美印刷品在中国各地旅行，向一切有可能做出回答的人请教——历史学家、音乐家、语言学家和考古学家——这个奇怪的圆球是什么，但是没有人知道。

我开始失望了。但是当我为了寻找别的东西重新翻阅《左传》和《周礼》这些古籍时，发现了过去从未注意的资料：人们打仗后退时，经常打钟或某种金属片——锣的前身。

这种解释对吗？

不是不可想象。战争有进有退，结果难以预料。负责发出进攻信号的人完全可以发出后退的信号，为了尽可能完成这两项任务，再没有比他掌握尽可能近地装在一起的两种乐器——鼓和金属薄片——更自然了。

鼓是帝王在战斗中掌握军队的主要乐器。鼓是他权力的象征，只要他顺利，鼓就敲得震耳欲聋，激励士兵更勇敢和更野蛮地战斗。在一些古籍里曾提到，周朝的时候人们使用精神病患者当鼓手，只有他们才具备达到最后胜利的义无反顾、勇往直前的执著精神。

周朝鼓的形象可以解释长期欺骗专家们的那个字，即"中"字，中国人从公元前680年至今一直把它当做自己国家的代称。

在中国各朝代中历史最长的周朝始建于公元前1028年左右，在最初的二百年中国家稳定、平安。人们能够控制北面和西面的游牧民族，并向南扩充自己的势力。但是随着岁月的流逝，周朝逐渐走向衰落，分封各地的诸侯纷纷割据。

公元前771年游牧民族大举南侵，国都被夷为平地，国王丧生。老的权力机构解体。诚然周王的国号又保持了五百年，周王仍被称为天子和唯一能够主持国家赖以生存的重要祭祀仪式的人，但是政治权力已经转移到大约一百多个诸侯手中。他们表面上承认周王为国家元首，但直到公元前221年周朝灭亡，他们一直在争霸——类似欧洲中世纪大战。这就是为什么周朝后期叫做战国时期。

公元前680年内战暂时停止。由于受到北方游牧民族和南方日益强大的楚国的威胁，中原地区的一批小国结成联盟，称为"中国"，即位于中心的国家。

"中"字被人们无数次讨论过。一种解释是，四方框中间加一道，另一种解释是，一支箭射入靶心。为了能够理解这个形象，人们必须在两个不同的平面上看箭和靶，而这样就显得不够合情理。

还有另外一种解释，说它是"方（旗子）"，甲骨文和金文都是这样，其意思是指一面旗子或一面有长穗的旌旗随风飘动。

这个字最初是根据带长穗的旗子或者旗杆上某种形式的旗子创造的说法我是完全理解的。如果我们把甲骨文中"方"字的形式与"中"字相应的部分做些比较的话就可以看到这一点。

相同的形象也出现在"**族**"字里。

"**方**"包括在很多合成字里，其中有表示十几个不同种类旗子的字：旂（龙旗）、旟（羽旗）、旃（龟或蛇旗）、旄（牛尾旗）和旝（隼旗）等等。当时这些概念意味着什么，我们知道得不多。它们可能描写装饰物——它使人想起了我们旗帜上代表家族、城市或者国家的动物形象——可能旗本身的形象就是龙、龟或者隼，可能旗子就是由羽毛或牛尾制作的。这个字也包括在意思为旋转的几个合成字里，而另一些字表示军事单位"旅"。在"旅"字里，我们看到两个人大步走过来——参加战斗的很多人当中的两个——在他们头上飘扬着旗帜，就像"中"字中飘扬的旗帜一样。

甲骨文里的"旅"字

问题是，旗杆中心的那个圆形或者方形物是什么，迄今为止没有任何解释。

我认为它是一面鼓。

周朝后期编的《礼记》一书有这样的记载：商时的鼓装在旗杆上。这一点与考古发现不符，但是另一方面考古发现的鼓的数量很少。我们已经看到，唯一保存下来的商代鼓像放在矮架上的沉重的葡萄酒桶，我们在"鼓"字上看到就是这种类型的鼓。但是还有另外一些字，表示其他类型的鼓，催马用的大型战鼓，安装在杆子上的小型手鼓，它们既用于宗教仪式也用于世俗庆典。有时候我们能在汉砖上看到这类鼓的形象。手鼓一直流传到今天。我本人就多次听到走街串巷的小贩和匠人敲打这种鼓，借助它们招揽顾客。

让我们重新回到"中"字上来。我们在一个甲骨文上看到平常的旗子在飘扬。在我们认为表现一面鼓的那个木棍上的器物旁边，我们看到两个笔道，它们似乎是从那个器物上分出来的。

我们在古籍里会看到有着类似笔画的一个字，它的部分意思为"有力的"、鼓的响声，这就是象声词"**彭**"。我们看到一面结实的商代鼓，周围是用细笔道组成的云雾——有时候被说成是打鼓或鼓槌上下翻飞的形象，但每一位熟悉连环画的读者马上会把它解释为鼓发出的强有力的响声。

在甲骨文中，有点随意性，有时候笔画在左边，有时候在右边，有时候两边都有；有时候是三个笔画，有时候是五个。所有的笔画，就像金文的三个笔画一样，似乎都是来自鼓，与甲骨文里的"中"字相同。

当我们看到来自战国时代的一件青铜器上装饰的鼓手们拼命敲打自己乐器的情形时，很容易就会想到笔画表示声音。他们身处战争之中。在一个鼓手的头上飘扬着一面长旗，在另一位鼓手的头上危险地立着一把锋利的战斧。

鼓体现着帝王的权力和军队的命运。战斗之前人们用被杀的战俘的血祭鼓，战斗进行当中大家都要跟随着它，它被放在指挥船或指挥车上。成书于公元前三百多年的《左传》有这样的记载：军队的眼睛和耳朵要跟着旗和鼓，随着它们前进或后退。

就像权杖象征罗马国家、镰刀和锤子象征俄国1917年十月革命以后工农共同建立起来的新国家一样，"中"字一开始象征周朝后期为了求生存而联合起来的一批小国家，后来象征整个中国。生活在那里的人把自己视为世界的中心——像古希腊人和罗马人一样——周围生活着野蛮人，他们是在篝火前用刀子吃饭的生番，周围是狂吠的犬，他们对于定居在中国的那些举行庄严仪式的人的高雅的思想方法一无所知。

与显示早期法国文明与周围麻木世界关系的"美妙的法国"的那句话一样，中国也是"恰如其分"的称呼，而"**忠**"字则是"中"与"心"的合成字：表示一个人自己心里有"中"——也许是有"中国"吧？

"忠"字出现得比较晚。最早出现在战国时期的铭文里，当时"中"字由主要表示方位，转变为象征国家，也表示知识分子对新建国家有限的支持。

"中国"这个名字后来与另一个名字"中原"结缘。中原是指构成中国文明摇篮的地区：山西和陕西的黄土高原以及黄河流域平坦、肥沃的华北平原。"中国"和"中原"成了中国的象征——地理的、政治的和道德的象征。

在很长的时间里鼓仍然指导人类的生活。就像我们城市里的钟日夜报时或发生战争和火灾时召集居民一样，每一座中国城市都有鼓。晚上七点开始，鼓声在低矮的房子、市场和城墙上空回响，告诉人们白天结束了，城门就要关了。鼓开始敲得很慢，力量也很小，随后逐渐加大，声似暴风雨，最后突然止住。这个过程不断重复。

夜里每隔一小时敲一次鼓，告诉胡同里值勤的人换班；早晨鼓响告诉人们天亮起床，城门又开了，市场上的活动可以开始了。

在北京、西安和南京这些古城里，鼓楼仍然保持着昔日的风采，但是它们已经变成了博物馆，从窗子里飞出来的唯有大群的燕子。

人们使用所谓铜壶滴漏来计时，壶里的水——就像沙漏一样——从一个壶慢慢流向另一个壶。这种漏壶始于周朝中期，在汉朝时发展成系列，人们能准确地看出时间，几乎与看我们的钟表一样。广州有一个漏壶，从1316年一直使用到1911年清朝灭亡。

鼓有时候也用于召集居民抗敌。这方面似乎可以追溯很远。据说周王在很高的城楼上放一面鼓，当敌人来进攻的时候，击鼓动员民众抗敌。有一个字表现一个人站在一面鼓的旁边，意思为"问题"、"不幸"和"紧急情况"，不过现在已经被改得面目全非。但是这个字经常出现在卜辞当中。

鼓楼上的鼓现在已经不敲了，但是鼓声依然在中国城市上空回响。像过去一样鼓还是红色的，人们喜欢在上面装饰飘动的绸带和蝴蝶结。一遇到隆重的庆典和节日，人们就拿出鼓，遇有红白喜事也一样。庆典要求不间断的鼓声。

老工人从工厂退休时，同事们一直把他送回家，朋友和熟人坐在卡车上，敲打着鼓和汉朝时候人们坐在轻便车上演奏的其他乐器。

囍 喜

音乐在中国自古就是一种严肃的事情。但是这并不排除它也有喜庆的意思。其中我们可以看到这个"喜"字，它由"鼓"和"口"组成。两个"喜"字就是"囍"，两个人结合的婚礼上经常使用这个字。这时候人们把红"囍"字贴到临街的大门上，也经常贴在灯笼、窗子和镜子上，经过的人都能看到这里正在举行庆典。人们通常还把"囍"字作为装饰物和布匹的图案，或作为老式的黄檀木和黑檀木家具的珠母层镶嵌的图案。

剪纸。双喜字周围是一条龙和一只凤凰，象征着皇帝和皇后。

最后一个字既有喜庆的意思也有音乐的意思，即"樂"字。按照传统的解释，这是一个大鼓的形象，周围是四个小鼓。它们被装在一个木架上。

初看这个解释很容易被接受。这种乐器在汉朝是很普通的。它们由骑在马背上的鼓手演奏，在同时期的墓砖上可以看到这种情况。不少金文使人很快想起它们。

但是如果我们再看看甲骨文和古老的金文，马上就会产生疑问。这里连鼓的影子也没有，而仅仅与"木"以及使人想起"丝"的两个因素，即最初和丝有联系的"小"和"幺"有关。我怀疑我们应该不应该在这里寻求对这个字结构的解释。

自周朝起人们就按着制作乐器的材料来为乐器分类，即所谓"八音"：

石——磬

金——钟

丝——弦乐器

竹——笛

木——梆子（一块掏空的木头，用力敲能发出声音）、木鱼、木虎和响板

革——鼓

匏——竽、笙

土（陶）——埙、缶

纵观中国整个历史，直到今天人们仍然使用"丝竹"作为"音乐"的总概念。人们可能拿出"八音"当中的两个，让它们代表全体——在这种情况下，人们选出前两个——金和石——可能更合乎逻辑。可能还有另外一种设想，即管弦乐器是中国音乐中最常见的结合，特别受过教育的阶级在亭台楼阁和书斋里欣赏音乐的时候是如此。

"弦乐器"这个术语过去是指"丝和木"。在周朝有两种乐器——琴和瑟。这两种乐器都是由一米多长的弯形木头制作的，组成一个音箱，弦是由丝拧成的。琴是最早属于知识分子的主要乐器——孔子和其他文人据说都为

这种乐器谱过曲，在他以后的两千多年中，这种乐器变成了用于平静、近乎神圣的沉思的高雅工具。

人们还没有任何证据证明琴和瑟早在商朝就使用——这些人们迄今发现的最早的乐器实例出自约公元前四百多年的曾侯乙墓——但是在《诗经》中多处提到过它们。只有这个"乐"字似乎向我们指明，文字被创造以前这些乐器就已经存在了。在这种情况下，"乐"字将不是装在架子上的各种不同规格鼓的具体写照，而是一个合成字，字的两部分"丝"和"木"共同向人们提供足以解释清楚"乐"这个概念所需要的联想。

现在的问题仅仅是，包括在后来的金文中和经常被解释成鼓的那个圆形或椭圆形的东西到底是什么。这个问题到现在仍然没有完全解决。

"乐"字也有"喜"的意思，对于我们绝大多数人来说随时都要"作乐"，对于古代的中国人来说更会如此。对于没有广播、电视、唱片和被我们视作生活中自然要素的能发出美妙音响的大量乐器的人来说，在他们祈求风调雨顺、五谷丰登，请巫师向神灵表示神秘的宗教虔诚以及举行经常有音乐伴奏的各种集体庆典时，伴舞的歌必然会成为单调、劳累生活中的闪光点。生活会通过它们有节奏的重复而获得光明和意义。

对于那些曾经创造了文字和把文字镌刻铸造在甲骨和铜器上的文人来说，宗教仪式特别是大型的庆典管弦乐是一种重大经历。当箫的婉转音调、笙的柔和乐声、铜钟和磬发出的柔和而低沉的声音——如荀子描写的那样"清纯如潺潺流水"——与惊天动地的鼓声会合在一起，所有在场的人都知道，正是在这个时刻，乐声连同祭祀用的肉、酒和谷物的香味儿一同升到天上，开通了他们与苍天和祖先的联系——这时候很容易感觉到音乐、欢乐和作乐是一回事。

徽州府祁門縣箬坑善和里程氏譜

迄今我们遇到的字不是器物就是日常生活现象的简单写照，或者是构成较多综合和概念形象的集合体。但是也有一小批纯粹的抽象的字，"上"和"下"两个字就属于这种情况。

在甲骨文中"上"和"下"的形象是很清楚的。借助于两笔——一长一短——人们就能表示出简单的位置描写。

在周朝的某个时候，人们开始给两个字增加一个竖，可能为了预防在字中占主要成分的较短的笔画受到忽略。

如今这两个字大量用于与"上"和"下"有关的不同的词里：上去——下来、上马——下马、上乘——下乘、上等——下等、上卷——下卷、上月——下月等等。

凸 凹

根据类似的原则设计的这两字是"**凸**"和"**凹**"，但是它们到唐朝才出现，所以没有古代形式。

我们过去看到过，"**大**"字是一个人的形象，他或者是真大或者是装作大，或者至少做一个大的姿势。但是"**小**"字却不是一个小人或者孩子的形象。它是三个小笔画或者是三个小点。很难说它究竟是什么。《说文解字》里说，"**小**"字表示一件东西被分成很多小份。可能是这样。然而最有意思的是它纯粹是一个抽象的字。现代中国的语言学家也是这么说。

实际上这三个小点儿可能不代表多少意思。无论是谁都能看到，它很"小"。

除了这些和一小部分其他的字以外，绝大多数抽象的字不是数字和大写数字就是循环的字，借助于它们人们把天和年分成可操作的单位。

在欧洲，我们很早以前就接受了阿拉伯数字。相反，中国人在自己的整个历史上，直到20世纪初都使用自己的数字系统。这种系统似乎源于一种细竹棍，有十五厘米长，人们把它们摆成不同的形状，让它们代表数字。

目前人们所了解的最早的算筹是20世纪70年代初在几座汉墓里发现的，

但是早在公元前4世纪的文献中就多处提到这种算筹，似乎在商朝就已经使用。当时已经使用十进位法。立算筹代表一、百和万，卧算筹代表十、千和十万。

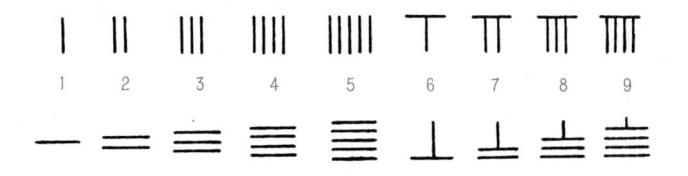

从周朝后期开始，人们简单地用空格代表"零"，但是从13世纪开始人们把"零"写成一个圆圈。

这个就是6708：

从这个系统可能显得原始，但是从数学的观点看，它比古代巴比伦、埃及、希腊和罗马使用的数字系统——当时它们被誉为代表很高的数字标准——要先进得多。当人们为了表达某些较高的数字而用特殊的标志表示不同的十位数和百位数时人们不得不用加法和减法——记得吗，罗马人把19定成IXX（20减1），把50写成L，把100写成C——而中国人用九根立或卧的数字可以表达任何高位数。按照李约瑟的观点，在这方面可能是世界首创，一个合成数的值取决于它们与其他数字相互摆放的位置，与我们今天使用的数字系统完全相同。

在明朝的时候，人们把立和卧的数字综合成一个系统。

上海卢湾中心小学的数学课

这种数字形式一直沿用至今，商人们给商品标价时仍然使用它们。但是在绝大多数情况下，阿拉伯数字已经通行中国，学生们用阿拉伯数字做算术题。

算筹至少使用了两千年。但是在14世纪算盘风行的时候，它们就寿终正寝了，同样，现在计算器可以淘汰算盘了。

算盘是由一个长木框组成的。中间有一个横梁，上面装有一系列木棍，每根棍上串有七个算盘珠。它们由横梁隔开，上面两个，下面五个。上面一个珠子相当于下面的五个珠子。平常使用的算盘一般有十一排或十三排珠子，但是也可以有更多，比如人们要算很大的数，或者很多人同时使用一把算盘，这是完全可能的。人们可以从算盘的任何地方开始算。但是在开始之前，必须确定个位所在位置。学生们经常用粉笔画出个位的位置。

中国目前最长的算盘保存在天津历史博物馆。它有三点六米长，当年它摆在一家药铺的柜台上，供五六名店员同时使用。另外一把有趣的算盘放在北京的革命博物馆。它的算珠是胡桃核，是20世纪40年代内战时期由大学生们在延安制作的，这是他们在当时困难的条件下能找到的唯一材料。

中国的小学生还有日本的小学生都要接受怎样使用算盘的基本教育。计算器被禁止使用，因为学生们很容易依赖它们。教育部门强调他们首先必须学会使用脑和手。

问题是，如何使这种设计天才、运算准确的算盘流传下去。它不用交流电或电池，因此不会造成任何污染。奇妙的是在加减法方面，它比计算器要快。无论是谁只要有几根细棍，一把果核或豆子，就可以做一把算盘。尔后就可以运算。十亿的数字不费吹灰之力就可以算出。非常神速。

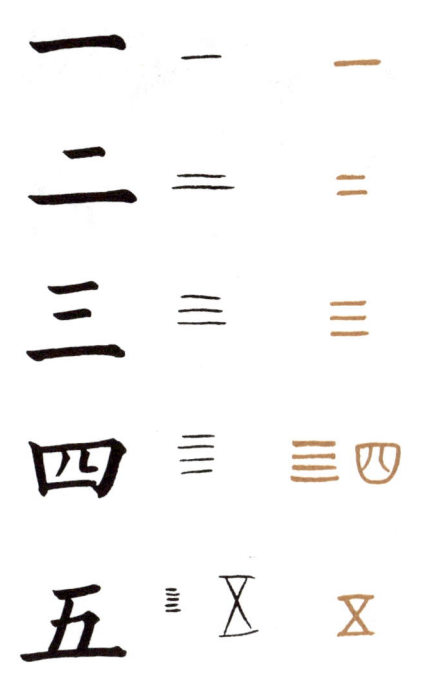

　　就像我们有用单词表示的数字一样，中国人也有用汉字表示的数字。下边最上面的三行表示一、二、三，很容易猜到，它们的样子从甲骨文时代到今天一直未变。很可能它们的形象源于古老的算筹。

　　"四"字最早被写成四根平行线，但是在公元前2世纪，人们开始经常用一个方框来代替，此后就沿用了。

　　"五"在甲骨文里也写成平行线，但是早在甲骨文里人们就开始用一个叉号来替代除了最上面一条和最下面一条的所有平行线——其形状与罗马数字"十"完全相同——而这个叉号反过来又成为"五"字字形的出发点。

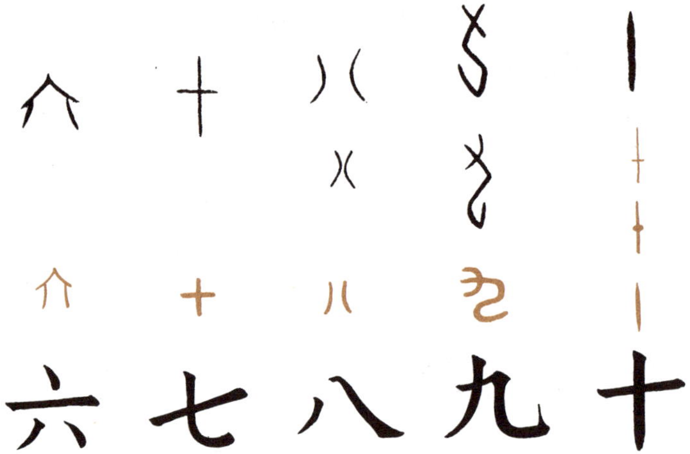

六　七　八　九　十

"六"、"七"、"八"、"九"和"十"是人们反复争论的，但是直到今天仍然没有对其形状做出普遍能接受的解释。就像一至五一样，其形状源于算筹的解释应该是合乎情理的，"六"、"七"和"十"最古老的形式由直线组成，与一至五的笔画属于同一个长度和同一类型——这就清楚地表明它们有着相同的源头。

真正成为问题的数字实际上只有两个，即八和九。这两个字的原始形状是由柔软的曲线组成，不可能源于算筹，因为就我们所知，算筹是长度相同的直棍。因此唯一的出路只有等考古新发现。

数字十一至九十九是由数字一至十的不同的组合形式构成。十一至十九，二十一至二十九等等，是通过十位和个位的加法构成。十位上有几个一就是几十。

11：十一　12：十二

20：二十　21：二十一……

99：九十九

"**計**"就是"言"加"十"：可以数到十，"言十"。"十"和"口"加在一起是"**古**"：一件事经过十"口"即十代。确实可视为古老。

"**百**"是一个特殊的字，看起来像是一个陶罐的写照，但究竟是什么东西，眼下还没有人知道。

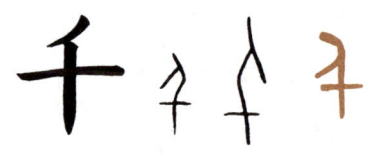

"千"字表示一个人，在其腿上加一画。背后的含义是什么也不清楚。可能与某个军事组织有些联系。

"萬"是个借用字。它的真正意思为"蝎"，是长着螯（夹碎猎物）和弯曲毒钩（用于置其他动物于死地）的一种动物的清楚形象。

"万"和"蝎"在古代发音相同，由于某种原因，人们让"蝎"字也代表"万"、"千千万万"，此数如此之大，它远远超过常人的理解力。如我们看到的那样，古代黄河流域比现在要潮湿得多和温暖得多，当时遍地布满蝎子吧？想起来多么令人不愉快！

直到今天"万"字仍然是日常生活中的高数，一百个千用十万来表示；一百万就是一百个万。外国人出去考察，人们说出一大串表示生产成果的数字，外国人很容易发生记错笔记的事，但是对中国人来说表达高位数字是很容易的。

当我们为某人过生日时，我们通常唱歌，祝他生日愉快、长命百岁！对于帝王和毛泽东，中国人则又加了一码，他们高高地举起手喊：万岁！万岁！万万岁！

很多数字随着岁月的流逝有了神秘的象征意思。它们不仅表示数字的单位，而且对现实进行分类和解释。

"阴"和"阳"是宇宙万物的根本规律和互相消长的原始动力。"阴"被理解为土地、雌性、黑暗、消极和接受者。它存在于偶数、山谷与河流中，用虎和断线代表。"阳"存在于奇数中，被理解为天穹、雄性、光明、积极，用龙和连线代表。

这种划分没有好与坏的含意。诚然"阴"与"阳"是互相对立的，但宇宙不是静止不变的，它是有生命的，处在不停的变化之中。永恒的生长和消亡、聚合与扩散使宇宙保持运动状态。"阴"和"阳"——就像人们借助正和负的力量解释现代自然科学中的宇宙一样——互相依存、互为条件的，通过它们的循环往复不停地重新创造一切。

和谐被视为理想状态，只有各种力量平衡宇宙才能运转。只有这个时候人间才能得到幸福、健康和良好的社会秩序。中国人认为，宇宙是一个巨大的有机体，在这个有机体中，有时候这部分处于领导地位，有时候另一部分处于领导地位，所有的部分，不管是大还是小，都按着自身的条件在运转，就像一个庞大的乐队，只不过没有指挥。

一切事物在与其他事物的联系中有其时间和空间，一切都属于不可分割的整体。

五行

这种理解现实的方法是与"五行"（金、木、水、火、土）说紧密相连的，更确切地说它们被视做过程和形而上学的力量，而不是具体的东西。

就像"阴"和"阳"一样，它们也是处于互相克胜的长河之中。它们同时相互"消"和"长"。

木生火（木头能燃烧）

火生土（灰能肥土）

土生金（用土陶器盛住炼熔的金属）

金生水（奇异的观念，可能跟某种夜间仪式有关：金盘承露？熔化的金属也称"水"，如"铁水"）

水生木（树木生长需要水）

木胜土（木犁破土，树芽破土而出）

土胜水（堤坝挡水，土能吸水）

水胜火（不言自明）

火胜金（火能熔化金属）

金胜木（人用斧子砍倒树）

象征宇宙的两种根本原则。

天为阳，用白色表示。

地为阴，用黑色表示。

我们看到从上至下的各个点，

在那里两种对立的物质势力互相消长。

周围的文字解释不同的周期。

随着"五行"说的出现，又产生了很多其他的词组："五方"、"五星宿"、"五音"、"五谷"、"五味"等等。这些词组构成一个庞大的体系，借助于它们人类自认为可以解释天地之间所有的过程和万物。

有些词组让人觉得相当自然，如"夏"、"火"和"南"，以及"土"、"中"和"黄"——而其他则显得很勉强，至少按照我们看待事物的方法如此。但是它们顽强地生存下来，并且仍然被当做解释万物的模式，比如在传统的中医领域。

在中国古籍中人们经常遇到方位的表述，"五行"和被认为与此相关的现象都被综合到一个圆里。我们看到中间是"土"，周围是与其相关的内容，其余四个领域是"木"、"火"、"金"、"水"及与它们相关的内容。

五行：	木	火	土	金	水
五方：	东	西	中	南	北
五星：	木星	火星	土星	金星	水星
五官：	耳	舌	口	鼻	眼
五味：	酸	苦	甜	辣	咸
五谷：	麦	豆	黍	麻	稷
五牲：	羊	鸡	牛	犬	豕
五色：	青	赤	黄	白	黑

数字神秘主义在世界上的其他地区也有，但是没有哪个民族像中国人那样执著，他们长期坚持把现实分为各种不同的数字。孙中山把自己的和国民党的纲领称做"三民主义"，它们是民族主义、民权主义和民生主义。它们被证明无法实现，但是在1912年至1949年期间，在中国官方政策中，仍然起到纲领作用。

共产党的历史充满类似口号，人们把政治指示归纳为"三"、"五"、"八"等为开头的词组。其中最著名的一个是"三大纪律"（后来又加了"八项注意"），20世纪30至40年代用来指导红军战士：

三大纪律：

一、一切行动听指挥；

二、不拿群众一针一线；

三、一切缴获要归公。

八项注意：

一、说话和气；

二、买卖公平；

三、借东西要还；

四、损坏东西要赔；

五、不打人骂人；

六、不损坏庄稼；

七、不调戏妇女；

八、不虐待俘虏。

诚然1951年革命已经成功，但是为了使国家经过几十年战争以后运转起来，特别要使官僚机构适应新社会的行为规范，人们开展了"三反"运动：反贪污、反浪费和反官僚主义。

第二年又开展了针对经济生活和商业领域里各种违法活动的"五反"运动：反行贿、反偷税漏税、反盗窃国家财产、反偷工减料和反盗窃国家经济情报。

当孙中山先生制定自己的纲领和共产党开展政治运动时，他们都是从阴阳五行所属的传统概念出发。这个概念可能最早始于周朝初年。这个传统把人们对自然界和人类生活变化的观察系统化，但是在随后的各个朝代里人们大肆渲染特别是从道教、佛教的世界观以及孔子的道德规范里吸收的新材料，但不是把一切都套在"五"开头的词组里。这时候人们设计了新词组，不管什么内容都要归纳到某个词组去。

这类新词组有保卫天官江山的"四大天王"——人们在寺庙的入口处可以看到他们的塑像，他们高大的身躯和可怕的面部表情足以令坏人不敢有任何非分之想。

1982年福建省厦门出版的一张年画

另一些词组有"文房四宝"——文人的主要工具：纸、笔、墨和砚——以及《四书》——它们是构成传统教育基础的主要著作。

除了前面我们说的以"五"字开头的词组以外，还有很多其他的。其中一个最重要的是"五常"，如果人们正确遵循这些标准，就能保证国泰民安，即保持君臣、父子、夫妻、兄弟和朋友之间的正确关系。

还有"五德"、"五毒"、"五内"和"五刑"（刺字、割耳、砍脚、阉割和砍头，但帝制废除以后这些刑罚就消失了）。现在的死刑用枪决，一般的犯人坐牢房。

人们仍然能够在很多餐馆里看到的一个以"五"字开头的词组是"五香"，它是八角、桂皮、茴香、丁香和四川胡椒的混合物，做肉和鸭时经常使用；年画里总是出现"五福"，它概括了一个人的所有愿望：福、寿、康、宁、乐。有时候人们把这种愿望局限在三点上：子、福和寿——能有这三点也就够了。

在这张年画上我们看到一个金鱼缸——象征富裕——周围是手持吉祥物的五个胖娃娃。硬币代表财富，牡丹以及靠右边的那位小姑娘拿的那个弯曲的树枝（灵芝。——编者）代表情操。作为对新时代价值观的让步，娃娃中有两个女孩，但是她们在后面不明显的位置上。

"七出"，总结了一个男人休妻时能想到的理由：无子、淫乱、不事舅姑、口舌、盗窃、妒忌和恶疾。当时离异是很不寻常的。一位贫穷的男人和他的双亲很难再娶进一位新妻子，而有钱人家的男主人总是妻妾成群，并且使用

"七出"来恐吓妻子就范。直到1950年颁布了婚姻法男女才逐渐平等。

"八"也是一个重要的数字，构成六十四卦基础的"八卦"就是以"八"字开头的，人们相信借助于它们就可以解释世界和生活，预测未来。

"八仙"是一群道士，他们通过考察大自然而成了仙。但是他们并未失去自己的人性。他们喜欢喝上几杯酒，或者做出一些怪异的事情，但他们是神，在白云里飘来飘去。值得指出的是，其中有两个女人（原文如此。——编者）——像很多古代的妖魔和巫师一样。人们经常在瓷器的装饰画上看见他们的形象，由于他们富有人性，所以在民间艺术中是令人喜爱的形象。

"九"自古以来就是一个重要的神秘主义数字。相传大禹在四千多年前成功地将洪水引入大海，使国家重新成为适合人类居住的地方，如我们已经说的那样，他把国家分为九州，下令铸九鼎，象征九州。铜鼎象征国家权力，后来各朝代都继承下来。

有九巅山（五个道教的，四个佛教的）、九天和九品官。

九龙——象征皇帝的权力——过去都装饰在孔庙和衙门前面的照壁上，以驱恶避邪。北京的北海公园有九龙壁，但是最壮观的九龙壁在山西北部的大同，五颜六色，金碧辉煌。它长四十五米，高八米，厚二米，建于14世纪后半叶。九条金龙飞舞奔腾于波涛云气之间，它们象征着太阳、阳刚和法制。

在皇宫的大门上装饰有九乘九数字的半球形铜钉。门钉的数量不是随心所欲的，"九"被视为最高雅的数——"九九归一"。九乘九是八十一。如果我们把八和一加起来，还是得九。

北京的天坛可能是中国最漂亮、最精心设计的建筑，它把数字九作为设计出发点。坛是由三层台阶组成

北京天坛。前景为祭天台，是皇帝每年向苍天祈求五谷丰登、风调雨顺的地方。

丑牛			子鼠			亥猪		
1岁	乙丑	1985年生	2岁	甲子	1984年生	3岁	癸亥	1983年生
13岁	癸丑	1973年生	14岁	壬子	1972年生	15岁	辛亥	1971年生
25岁	辛丑	1961年生	26岁	庚子	1960年生	27岁	己亥	1959年生
37岁	己丑	1949年生	38岁	戊子	1948年生	39岁	丁亥	1947年生
49岁	丁丑	1937年生	50岁	丙子	1936年生	51岁	乙亥	1935年生
61岁	乙丑	1925年生	62岁	甲子	1924年生	63岁	癸亥	1923年生
73岁	癸丑	1913年生	74岁	壬子	1912年生	75岁	辛亥	1911年生
85岁	辛丑	1901年生	86岁	庚子	1900年生	87岁	己亥	1899年生
97岁	己丑	1889年生	98岁	戊子	1888年生	99岁	丁亥	1887年生

戌狗			酉鸡			申猴		
4岁	壬戌	1982年生	5岁	辛酉	1981年生	6岁	庚申	1980年生
16岁	庚戌	1970年生	17岁	己酉	1969年生	18岁	戊申	1968年生
28岁	戊戌	1958年生	29岁	丁酉	1957年生	30岁	丙申	1956年生
40岁	丙戌	1946年生	41岁	乙酉	1945年生	42岁	甲申	1944年生
52岁	甲戌	1934年生	53岁	癸酉	1933年生	54岁	壬申	1932年生
64岁	壬戌	1922年生	65岁	辛酉	1921年生	66岁	庚申	1920年生
76岁	庚戌	1910年生	77岁	己酉	1909年生	78岁	戊申	1908年生
88岁	戊戌	1898年生	89岁	丁酉	1897年生	90岁	丙申	1896年生
100岁	丙戌	1886年生	101岁	乙酉	1885年生	102岁	甲申	1884年生

未羊			午马			巳蛇		
7岁	己未	1979年生	8岁	戊午	1978年生	9岁	丁巳	1977年生
19岁	丁未	1967年生	20岁	丙午	1966年生	21岁	乙巳	1965年生
31岁	乙未	1955年生	32岁	甲午	1954年生	33岁	癸巳	1953年生
43岁	癸未	1943年生	44岁	壬午	1942年生	45岁	辛巳	1941年生
55岁	辛未	1931年生	56岁	庚午	1930年生	57岁	己巳	1929年生
67岁	己未	1919年生	68岁	戊午	1918年生	69岁	丁巳	1917年生
79岁	丁未	1907年生	80岁	丙午	1906年生	81岁	乙巳	1905年生
91岁	乙未	1895年生	92岁	甲午	1894年生	93岁	癸巳	1893年生
103岁	癸未	1883年生	104岁	壬午	1882年生	105岁	辛巳	1881年生

辰龙			卯兔			寅虎		
10岁	丙辰	1976年生	11岁	乙卯	1975年生	12岁	甲寅	1974年生
22岁	甲辰	1964年生	23岁	癸卯	1963年生	24岁	壬寅	1962年生
34岁	壬辰	1952年生	35岁	辛卯	1951年生	36岁	庚寅	1950年生
46岁	庚辰	1940年生	47岁	己卯	1939年生	48岁	戊寅	1938年生
58岁	戊辰	1928年生	59岁	丁卯	1927年生	60岁	丙寅	1926年生
70岁	丙辰	1916年生	71岁	乙卯	1915年生	72岁	甲寅	1914年生
82岁	甲辰	1904年生	83岁	癸卯	1903年生	84岁	壬寅	1902年生
94岁	壬辰	1892年生	95岁	辛卯	1891年生	96岁	庚寅	1890年生
106岁	庚辰	1880年生	107岁	己卯	1879年生	108岁	戊寅	1878年生

的，每层周围都绕以汉白玉栏杆。台阶从东西南北一直通向最高层，每年冬至皇帝在那里举行隆重的祭天仪式。

最上面一层有九十英尺宽，它由九块扇形石块组成，其他各层也是这样。最高一层围绕七十二根雕有白云的汉白玉石栏，中间一层围绕一百零八根，最低一层围绕一百八十根，总共三百六十根，与一个圆有三百六十度一样多。把三、六和零加在一起——啊，不多不少——是九。

不管在农业、文化生活和卫生领域开展的临时运动，还是较一般的政治

甲 子
乙 丑
丙 寅
丁 卯
戊 辰
己 巳
庚 午
辛 未
壬 申
癸 酉
　 戌
　 亥

活动，人们都创造了以不同数字开头的专门词组。中国人在20世纪50年代讨论的消灭城乡、工农、脑力劳动和体力劳动之间的"三大差别"就是这样。知识分子被号召投身"三大革命"：阶级斗争、生产斗争和科学实验，集合在"三面红旗"下：总路线、大跃进和人民公社。

20世纪70年代开展了批判"四人帮"运动，毛泽东的遗孀和她的同伙被指控对"文化大革命"中给国家造成的动乱（或者叫"十年浩劫"，现在看来这样称呼有些不准确）负责，随后中国再次提出了"四个现代化"。

商朝时中国人就使用六十天为一周期的历法。天的名字由两个字组成，一个取之于天干中甲、乙、丙、丁、戊、己、庚、辛、壬、癸，另一个字取之于地支中子、丑、寅、卯、辰、巳、午、未、申、酉、戌、亥。这些字的原义众说纷纭，这里不再赘述。天干很可能是当时人们使用的每周十日的名字，地支原义是每年十二个月和组成每昼夜十二个时辰的名字。

通过把六轮天干和五轮地支合在一起，人们得出六十个不同的组合。在商代人们利用这些组合标志天，人们在甲骨文上能看到它们，上面标出应该在哪个时辰祭祖。古代中国人用它们标志年，把年分为六十年一轮。

天干和地支的配合就像两个大小不等的齿轮一起运转一样。人们把天干中的第一个字与地支中的第一个字结合起来，就得到了六十年一轮中的第一年的名称。以此类推，直到天干没有了为止。这时候地支还有两个。人们再从天干第一个字开始。地支的第十一个字与天干的第一个字结合，然后再重新开始。

十二个地支中的每一个代表一种动物——鼠、牛、虎、兔、龙、蛇、马、羊、猴、鸡、狗、猪——从而也象征一年。

除了使用西历的公元以外，中国仍然使用这种历法，即农历，绝大多数中国人都清楚地记得他们的属相，当年是什么属相，尽管他们不再相信属相对他们的生活和工作有多大意义。

这种六十年为一轮的计算方法也有问题。每个具体的年份在六十年为一轮中的位置很清楚，但是年代久远以后，人们要想知道一件事究竟发生在哪一轮的那一年就很困难。

因此人们开始使用皇帝的年号，然后再讲发生在哪一个六十年一轮的哪一年，因此排除了差错。

我们在上面这张1985年的年历上可以看到十二个属相，这是从1878年以来的各种属相的综合图。鸡鸣、狗吠与金文一样生动！

牛、马、蛇、龙和虎似乎是从汉砖和汉朝的浮雕上复制下来的，但是鼠和猪似乎出自画册。

从传统到现代

高名潞

迄今我们看到字——从"日"字到"乐"字——大体上都很清楚易懂。但是汉字绝对不像本书前面出现的那些字那样简单。我一直没有说的是，早在商代人们就开始使用一种形声字。让我们具体看一看。

象形

如我们看到的那样，最初的文字是不同东西和现象的简单图像。最古老的形式富有表现力，其中有很多直到今天还保持着自己的形象特征。根据一项最新的统计，甲骨文中出现227个不同的简单象形字。有一半我们在前面已经看到。公元121年许慎著的《说文解字》中，总数增加到364个。它们是汉语的基本字，相当于化学中的基本元素。

如果仅仅是为了表达具体的东西，如日和月、妇女和儿童、车、田地、战斧等等，象形文字还是很胜任。如果反映一些抽象的字，它就无能为力了。有些抽象的字，如数字和"上"、"下"这些概念，只能通过简单的提示符号来表现。在另外一些情况下，我们让表现一个具体东西的象形文字转义，表示一个抽象的意思。"日"的形象也可以代表"日子"，表示昼夜中有太阳的时间，"月"也可以表示"月份"——月亮转一圈正好是一个月。"高"也可以用一座高大建筑物来表示，等等。

合成象形字——会意

但是很多字不可能用简单的手段来表现。早在文字的初期发展阶段，人们就开始把两个或两个以上相同的字合在一起，让它们组成一个独立的字。如我们看到的那样，两个"**木**"组成"**林**"，三个"**木**"组成"**森**"，表示森林、阴森和森严等意思。

有不少字是由两个或三个相同的字组成的，但是用这种方法造字的可能性是非常有限的。一个更加有效的方法是把更多不同的字组合起来。有时候字的各个部分有着共同的特点，有时候这一部分从属于另一部分。

明   "日"和"月"都能发出光，它们组成"**明**"字。

"女"和"子"组成"**好**"。

 "人"和"言"组成"信"。

根据这一原则，甲骨文中出现396个这种结构的字。在《说文解字》中有1167个。中文里称之为"会意"，瑞典文里通常称之为"合成象形字"或"意结"。其中绝大多数表示抽象的意思，但是也有一些表示具体的意思，如：

商代的文字主要在帝王和他们的巫师遇有宗教和治理国家问题时，祭祖问天时使用，对于日常生活中的大量事情没有理由询问更高的主宰，因此人们没有创造出与现实有关的文字。

但是语言还是有的。当国家的政治、经济和社会组织随着岁月发生变化时，把存在的大部分口语用文字来表达的需求大大增加。合同、商业协议以及税赋和日常活动都必须记录下来。新的工具和制造过程，新的科学和哲学概念使得词汇量大增。在文字的童年时代能满足需要的有限数量的文字显得远远不能满足新时代的要求。

富有创造性的造字者们借助简单的象形字创造了很多新的和易懂的合成象形字，早在商代它们就占了所有文字的百分之四十。但是在周朝某个时候造字活动停止了。很可能有一个限制，规定以现在的文字为基点可以创造出多少会意字的数量。此外，几乎无法再利用很多抽象的字创造出可以理解的字，不管人们把多少不同的象形字组合在一起。出路在何处？

   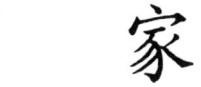

假借

为了摆脱这种困境，人们采用了借字的极为简单的办法，让它们充当书写里没有的同音字。

音同义不同的字在很多语言里都有。让我们看一看瑞典语里"vad"这个字吧，是疑问代词，是法律术语，是身体的一部分，是一个捕鱼工具，转义是河，而"led"意思为开口、路、可恨或丑，还是"遭受"的过去式。

在中文里同音字的数量很大。当造字者们的想象力枯竭的时候，他们就使用这个方法。比如有这样两个字，它们的发音相同：一个是谷物的名字，很可能是一种麦类，另一个字的意思是"来"。人们已经有了一个表示这种谷类的字——我们前面已经看到过表示它的"麦"字，它是一棵麦子和芒的形象——但是没有表示"来"的字。

在这种情况下，人们不是再造一个新字，而是借用表示这种谷类的字，让读者决定，在什么情况下它是"麦"，在什么情况下它是"來"。

萬 其

同样，人们用"萬"字——我们在前面已经看到过这个相当可怕的昆虫形象，它的尾巴上长着毒钩——表示数字"万"，而人们把器物的"其"字当做指示代词和物主代词用：表示"这个"、"那个"、"他的"、"她的"和"它的"等。

这是临时解决困难问题的一个实用方法，在一个时期里这个方法是常用的。但是很难想象人们在更大的范围里继续使用这个方法。如果每一个字都有很多意思完全不同或相互不关联的意思，很多文章就会变得不可理解，人们只得猜字。人们怎么能知道是用这个字的原义还是仅仅是借用它的音呢？

在某些情况下被用做借音的字早已被淘汰，而借音字的使用则全无问题。人们已经完全忘记它的原义，而新的意思则取而代之。但是在很多其他情况下人们还是同时使用一些字的原义和借音。因此总是会带来误解。为了限制这种语言混乱，人们开始在原字上增加一些说明性的补充，以此来提示读者这里使用字的原义。

比如在"其"字——它本身就明显地表示出是一个编成的器物——增加"⺮"字头，"箕"一般是由竹子编成的，原来的"其"字仍然被当做代词使用，人们很难再创造出一个新字。

相同的命运也落在很多其他表示具体东西的老象形字上。如果想一想原象形字是多么清楚、易懂，人们就觉得增加的部分经常是画蛇添足，但无论如何语言的清楚程度和文字数量还是增加了。

转注

但是还有其他的问题。其中之一是，很多字的意义范畴在几百年中发生很大变化，有时候扩大了，有时候变成专有名词。很多字也有了隐喻、转义和转注的意思。"文"字就是这样，它又有了"文字"、"语言"、"文学"的意思。为了便于读者区分不同的意思，人们给"文"字增加个"糸"，在人们使用原字的时候，就知道它的具体意思已转为"文字"、"语言"、"文学"。

不管文字的创造者怎么样狡辩，当他们决定增加"糸"字旁时，很不容易理解，但是这种选择方法是合乎逻辑的：组成这些图案的丝绸布上千变万化的图案和千万条线，即"线条"，是任何其他原料所没有的。还应该指出的是，"糸"字旁以相当容易理解的方式加强这个字的意思：笔画、线条、图案。

"畐"字在甲骨的卜辞中也当做"福"用。这些意思有连带关系——饱、余和幸福——尽管如此，早在商代因为某种需要人们就把它们分开了。通过增加能预示福与祸的"示"字旁，人们造了一个新字，它以巧妙的方式告诉人们两个意思当中到底是哪

畐　　福

一个。

很多用这种方法创造的字初看时似乎都是根据与合成象形字"明"、"好"和"信"相同的设计方法创造的，在这些字中，各部分有共同的特征，或者其中一部分从属另一部分，但实际上不是。它们都是来自一个"母字"，并准确构成这个字的不同意思。属于不同类别的同义词的那些字在词源和语义方面都是近亲，因此很容易让人想起构成印欧语言鲜明特征的转注字和隐喻。

形声

如我们看到的那样，借助于不同的方法人们造了一大批新字。但归根到底，造字者们仍然没有解决根本问题：人们怎么样给口语中上万个有音无字的词造字呢？

这个任务似乎无法解决。但是在借字和区分某些字的不同含义的工作中，人们创造了一个新的、革命性的造字原则：一个合成字中，一部分表形，另一部分表声。人们不必过多地顾及它的意思，只用它代表声。人们没有表示"找"和"紊"的字。在这种情况下不是造新字，而是直接把发音相同的"文"拿过来，加上能表示意思的部分，就直接获得两个新字。

"扷"：左边是"扌"右边是"文"。这个字发音与"文"相同，与手也有关系——人们正是用它掸掉外衣和裤子上的灰尘。

"紊"：上边是"文"，下边是"糸"。这个字与"文"发音相同，与"糸"有关系——细细的丝线搅在一起，让人烦心。

这类字表示意思的部分被称做形旁，表示声音的部分称做声旁。当人们讲到用这样的方法创造的字，一般称做形声字，或者叫义声同体字。也有其他的提法，就这个术语的问题爆发过很多激烈的辩论。

有必要让我们看一看使用新的造字法能造出哪些字。

选用同音字是一个很大的创造，声旁相同的字之间意思经常有些相同。因此有时候很难准确地断定，某些字是属于会意字、转注字还是形声字。在很多情况下，专家们各执一词。

	形旁＝意思	声旁＝发音	新字
輻	车	畐	车条
菖	草	畐	一种多年生蔓草
幅	巾	畐	布面宽度，匹
副	刀	畐	副手
富	屋顶	畐	财富，富余

"富"字就是一例。酒是一种珍贵的产品，经常作为礼品。在房顶下，即在房子里，有一个大酒缸，这个字是表现富的极好形象。因此人们要表达这样的思想，它是一个合成象形字，它的两部分共同表现一个意思。但是这个字到周朝后期才出现，当时新的会意造字法还没有形成，因此很可能属于形声字，表房子的"宀"表意（"家"），另一部分表声。

因此情况有些复杂：

有象形字，简单的与合成的；

有形声字；

在这两者之间还有很多界限不清楚的过渡型的字。

假借字，它们已经失去了原有的意思，只用它的音旁。

有些古老的象形字，人们给它们加了一些表意的部分，以便使人能够明白这里使用的是它的具体的原意。

有些由古老的象形字转义过来的字，人们给它们增加了一些解释性的部分。

但是绝大多数字没有问题。它们是形声字，一部分表意，另一部分表声，其他的没有了。让我们看一看以"方"字为出发点所造的字："方"字也被用作"平方"、"地方"、"四方"、"方面"、"各方"。"方"字经常出现在甲骨上的卜辞中，很多被称做"蛮人"的少数民族的名字有这个字，他们生活在商王国的边远地区，在文明旁边的"地方"。

方

"方"字最初是一个什么东西的形象，专家们之间有不同的看法。我们感到有意思的是人们如何以"方"字为基础创造出一批新字。对于某些有音无字的词来说，过去人们经常使用"方"字，希望读者可以理解人们要表达的意思，但是它们当中没有一个自己独立的字。试举几例：

两只船紧紧靠在一起

一种树

一种强壮的牛

一种鱼

房子，家

作坊

明亮，此刻

芳香，好闻

纺线

仿效，类似

查访，寻求

解除约束，放走，赶走

妨碍，妨害

对有些字来说，表意的声旁本身就很清楚。表示某种船、牛和鱼的字完全应该包含"舟"、"木"、"牛"和"鱼"字，初学者从字的结构都能看到这一点。

对"房子"而言，人们可能想到表示屋顶的表意形旁"宀"。另一种可能是"户"字，它最初是通向家里各个房间的单门的形象。

对作坊来说，人们不会想出比"土"字做表意形旁更好的字，过去人们搞建筑都把土当原料——堤和墙、住房、猪圈和工场以及它们之间的街道。人们打场和办市场的空场也是用细土夯实的，像屋里的地面一样平。"坊"字最早也当做"市场"、"村庄"和城市所划分的不同的"区"用。

"昉"此刻大概主要指太阳吧？先是静悄悄的黎明，然后——光芒四射——第一缕阳光直接照耀着我们，就是太阳初升的那一明亮时刻。

"芳香"，这是人们需要做些真正美妙的联想的：一束鲜花，从熟睡的孩子头发上散发出的香味，炉子上的锅慢慢地煮沸着，葱和味美的草药散发着香味儿。"食"、"吃"或者用更确切的字"鼻"更能起到表示意思的形旁作用，但是我觉得"艹"字更好。因为艹字也表示草药，很多中国草药香味儿扑鼻。

创造文字的人永远不会脱离大自然。人们生活的城市也处于半农村状态，房屋之间是田野和草地，不管他们走到哪里，被踩断的叶子都会散发出清香，它们是与野生谷子和草共生在小路边的不同的草本植物：艾草、蓍草、薄荷、菊和葱。

它们当中有不少属于著名的中草药，终年用来治疗给人带来麻烦的伤风感冒和胃病。

艾草——俗名蒿子，在瑞典和中国都很常见——有多种不同的用途，它们的香味扮演着重要角色。劈劈啪啪慢慢燃烧的艾草冒出的烟可以驱蚊、蝇、蠹鱼、甲虫和室内其他小爬虫——是今日驱蚊药的先驱——人们用干艾草叶，预防粮仓里的害虫。用艾草煮的水喷蔬菜和鲜花，预防脱叶和病虫。当人们患有风湿病和泌尿感染时，可以在需要化淤活血的穴位上放一丸磨碎的干艾草叶，点着以后可以去病。艾草叶丸会慢慢燃烧而没有火苗，但热可以传到身体里，屋里也充满强烈的艾草香味儿。被称做艾灸的治疗方法至今仍然盛行，不仅仅在中国，在整个东南亚都这样。

"纺"，主要在"麻"和"丝"之间做选择，哪一个更适合于做表意的形旁。考虑到丝在中国古代社会的中心角色——特别是作为支付手段——和丝绸织物上的美丽图案，选择还是容易的："丝"。

"仿"，这里肯定有多种可能。"手"可能很适合。我们正是通过模仿别人而学会用手的正确姿势，比如演奏一种乐器、切葱头或用刨子。选择"彳"（用脚走路）也是可能的。"步其后尘"这个比喻经常意味着一个人愿意像另一个人一样选择某个职业领域继续发展。但是选择"亻"最合适。谁都听说过一个人多么像另一个人的感叹，而谁不梦想自己像班里的明星那样风光和有那么多的朋友呢？

"访"比较困难，调查可能有多种办法。一种可能是增加一个提手，当我们在箱子里寻找我们需要的东西时，首先需要手的动作，当我们打开一件破损的东西，看一看能否修补一下的时候也是如此。但是查访经常指知识性活动。人们打开书，与有学问的人谈话，寻求某种问题的症结所在。如果这个字有这种含义，加上"言"字旁是合适的。

"放"也属于这种情况，"扌"是人们要考虑的主要表意的形旁之一。人们用手解开船的缆绳，解开拴畜的绳子，用绳子捆俘房。但是"放"的意思意味着某种富有暴力性的活动，用"攵"可能更合适。"攵"表示手高举着镐或斧子往下砍，而用这样的工具或武器肯定会解决很多问题——至少是棘手问题——赶走任何人都不在话下。

"妨"这个字对我来说首先联想到武器、暴力和钳制。如果我们强调事情的暴力方面，斧、刀和戟是可做表意形旁的几个例子。但是稍加思索就会想起"伤"和"害"字。缺乏理解和尊敬、有意识利用人、冷漠和高傲——人类很有可能相互伤害、阻止和诋毁。从这个观点出发，"言"或"人"字旁可能是最好的偏旁。但是在这种情况下我们不得不为"仿"或"访"找其他的表意的形旁。怎么办呢？

古代的文字创造者们最后选了下面的字：

舫 枋 牥 鲂 房 坊
昉 纺 芳 仿 访 放

要想完全知道当时的文字创造者出于什么考虑选择表意的偏旁是不可能的。当人们接触到"妨"的时候，就更百思不得其解。选择这个表意偏旁的背景是什么？

损坏、阻止、伤害

妇女受到伤害、阻拦和干扰是很常见吗？还是妇女本身令人讨厌，伤害、阻拦和干扰其他人？

我们很少在中国古代文献中看到能够说明当时人们如何看待普通妇女生活和工作的资料，但是仍然可以知道，周朝发生的广泛的经济和社会变化造成妇女的工作任务越来越局限于管理家务。新石器时期以来她们所承担的重要活动，如制陶和农业，成功地被男人接替。

陶轮和牛拉的铁犁提高了生产力，但同时加大了劳动强度。它要求"专人"，而不再能当副业对待。人口的增长带来对土地的压力，过去男人们从事的狩猎完全失去了养家糊口的意义。土地变成了主要的生产资料，到周朝后期由王公和部落所有变成了私人所有。每个家庭变成了标准生产单位，男人牢牢掌握着家庭，成为家庭的主宰。这一点是怎么样影响了妇女地位，目前还没有调查清楚。

也没有人对这种巨大变化对文字结构的影响进行分析。直到现在语言学家们只有在个别情况下才利用考古学家、历史学家、经济学家、社会学家和人种学家等的研究成果。但是有一点是可以肯定的：人们为各种不同的字选择的表意偏旁绝对不是偶然的，其目的是，尽可能简单明了地向读者提示文字的含义，人们是以文字被创造的时代公众所承认的经验、价值、观念和风俗习惯为出发点的。

为了能获得如何使用"女"字旁的大概轮廓，我查阅了《说文解字》里收录的以"女"字为形旁的222个字。大概有四分之一是指家族中的很多女性成员，如"娘"、"婶"、"姐妹"、"嫂"和"姨"等，或者是指家里及与家庭有关的其他妇女："婢"、"妃"、"媒"。

另外四分之一是与"嫁"、"婚"、"妊"、"娩"或者与"娱"有关，此外还有"妍"、"嫖"、"娼"等概念。

剩下的一半字或是表现妇女的美貌或举止优雅的褒义字，如"姁"、"姚"、"妙"、"姗"、"娆"、"婉"、"姣"、"娜"、"妮"、"姿"、"娉"、"婥"、"婧"、"娴"，或是贬义字如"奸"、"妖"、"娸"、"娇"、"嫉"、"妒"、"媪"、"嬉"、"嫌"、"嫺"、"嬒"和"嬅"——这是一个让人感到压抑的字表。

这些贬义的字似乎主要表现一位失意和不幸的女人对自己丈夫和家里其他成员发泄的不满情绪。在无法改变自己处境的情况下，她生气了，是否在这种情况下她"伤害"、"妨碍"和"打扰"了其他人？

如我们看到的那样，用做表意偏旁的这些字——"亻"、"女"、"扌"、"日"、"衤"、"土"、"木"、"艹"、"纟"、"糸"、"鱼"、"牛"、"车"、"刂"、"巾"、"户"、"宀"和"言"——也包括在很多其他字的表意偏旁中。我们在本书前面看到的所有其他象形字也被当做表意的偏旁用。每一个字都有其特殊的使用范畴。"忄"表示与感情和经历有关系的字，或者与速度有关——内心受到打击而心跳加快，"食"与菜名和做菜的方法有关，"贝"与经济价值有关：贸易、品质、贿赂、赠予或盗贼。

"口"包括在很多从口里发出声音的字里，如叹息、呻吟和喊叫，从幼儿咿呀学语到冻僵的人结结巴巴地讲话和人说话、吐痰、喘气、喝水、咳嗽、吹哨、吻、吐或叫喊发出的声音。动物发出的声音：黄蜂的嗡嗡声、鸟在黄昏回巢时发出的叽叽喳喳的叫声以及狗吠声。

"氵"——用得很多的偏旁——包括在表示液体的字里或者与水池生活有关的字里。有表示平坦河畔和河岸的字，有表示潮水和浪花声的字，有表示透明的急流和混浊旋涡的字，有表示从污泥中慢慢冒出气泡的字，有表示沙、雾和滂沱大雨的字。从字里我们看到了人们生活在河畔的情况，汲水、洗衣和洗澡，晚上坐在河边，感受河水散发出的沁人肺腑的微微香味儿。

形声造字法显示了很高的效率。突然间要造多少字就可以造多少字的愿望变成了可能。人们就是这样做的。早在商代用形声法创造的字就占当时使用的文字量的百分之三十左右，在随后的年代里这类字越来越多。在公元121年许慎编的《说文解字》中提到九千三百五十三个字，而这类字占百分之八十；成书于12世纪的郑樵编的《通志》共使用二万三千个字，这类字约占百分之九十；1716年出的《康熙字典》收录四万八千六百四十一个字，这类字占百分之九十七。很多字是很早以前就消失了的姓氏、地方和工具的名字等等，但字保留下来。

而新字不停地被创造。人们需要一个字，但是没有，人们就可以造。我记得有一次，一位朋友托我帮助她刻一枚印章。问题是，人们如何把她的长而复杂的瑞典文名字变成中文，最好不超过三个字，因为中国人的名字就是这样。我们靠在柜台上足足有一个小时，翻来覆去地讨论名字的意思和叫起来顺口，选哪几个字合适。最后我们找好了三个字，音意都不错。但是刻字的人摇头。

"是都不错，"他说，"问题是它给人的印象是一个男人的名字。"

新的讨论又开始了，直到一个店员建议，在组成人名的一个字上或者像我们说的姓上加"女"字旁。问题解决了。这个字原来"没有"，但是每个看见它的人都能明白它的发音，都能知道它是个女人的名字。

我相信，这是我第一次真正明白形声造字原则究竟是怎么运用的。

我们本来可以到此为止，但是这可能会误导读者。就形声造字而言还有一个很大的问题，就是读音的问题，当人们在商代按照形声法造字的时候，没有人能预见在随后的三千年当中语言的读音会发生如此广泛的变化。

尽管我们平时不特别注意，口语的变化还是很快的。发音合并或改变性质，其他的音混入，笔画的变化或被取消等等。像我们瑞典语这样的字母文字，此举不会带来很大问题。经过一段时间的调整，书面文字和口语会彼此适应，过去被视为错误或者不当的表达方法和形式逐渐会被公众所接受。

中国口语也像其他语言一样变化很大，但文字都保留了昔日的形状。因此形声造字的天才思想失去了某种意义。手持词汇表，我们可以这样说，昔日很多恰如其分的表声的字，如今丝毫也不能正确提示读者该字的读音。

我前面有意识地回避读音的问题。读音不是本书要讲述的，深入探讨这个内容就会离题太远，不管这方面的话题会多么有意思。让我们仅简单地看一看能证明形声字发生什么变化的某些例子。

部首	音	意	现代读法
力	工	功	gong
攵	工	攻	gong
穴	工	空	kong
絲	工	紅	hong 或 gong
木	工	杠	gang
水	工	江	jiang

早在商代"工"字就有多种不同但相近的意思，但都与工作有关系。通过增加"力"字，组成"功"这个概念；通过增加一只手高举斧头往下砍的"攵"，组成了"攻"字。

当这一点清楚以后，人们给原则上都发"工"字音的很多字加了一个"扌"。其中有些字离"工"这个概念已经很远，而绝大多数字是指与此完全无关的其他活动或领域。在古代这些字都与"工"字发相同的音。但是随着岁月的流逝发音的差别越来越大。在某些情况下，如今已乱成一团。说"工"是"江"的声旁合理吗？对，合理，就是这样。自汉朝以来人们都这样说，当时人们还记得怎样用形声法造字，两个字发音也很相近。但是直到高本汉的研究成果问世以后，它们之间的关系才露端倪，特别是他成书于1940年的《汉字形声论》。

高本汉上小学时就开始了自己的研究生涯。起初主要是因为好玩。他的哥哥安东在乌普萨拉大学研究语言，暑假回家时带了一本词汇表，上面有三千多个典型的瑞典文单词。

系统地研究瑞典方言的工作刚开始不久，像植物学家林奈派学生到大自然中去收集动植物一样，当时也派年轻的语言学家去调查瑞典方言中的词语和发音，其目的是，人们以收集到的材料为出发点，调查早期的语言阶段轮廓，解释不同方言之间的彼此关系。

有几个夏天高本汉奔走在塔贝里地区的特维达和莫沃县的各个庄园之间，他家的夏季别墅就在这个地区。借助于瑞典方言字母"字"，把这个地区的农民和穷人如何发音记录在词汇表上。1908年——他当时十六岁，是一名高中学生——把所做的记录发表在一家很有名的科学杂志上。

此后一发不可收拾。在乌普萨拉大学刻苦攻读几年语言学以后，二十岁时来到中国山西的省会太原，该地区坐落在巨大的黄土高原的中心地区。他一学会中文，就像在斯莫兰的家乡一样做起了调查。他到农村去调查、记录方言。他以调查词汇表上列的三千多个典型字为出发点，到城乡去寻访一直都生活在那个地区、发音纯正的人，记录下中国人是怎样发音。不管听起来有多么奇怪，效果还是非常好。

辛亥革命爆发之前，他收集到七十种方言。这场革命结束了中国两千多年的帝制。高本汉在太原从近处目睹了这场斗争，尔后他通过西伯利亚铁路回到瑞典。借助于他收集到的资料和抄录的一本7世纪的音韵字典——后来证明对他的研究工作有极大的价值——投身到探索方言的共同起源即中世纪中文的研究中去。这一工作是怎么进行的，后来他怎么样成功地复原周朝初期的发音，从而得以解释汉字的结构——这是一部很长的历史，需要很长的篇幅加以论述，这里没有这个条件。

我们似乎离题太远了——汉字及其与现实的联系——实际不是这样。正好相反。尽管书面文字经历了巨大的变化，最初的象形字仍然是书面文字的基础。男人和女人，山和水，鸟和鱼，车和船，竹，木和丝——后有的字都以单个或以合成形式出现，就像海塞的《玻璃珠游戏》一样变幻无穷，各个部分相辅相成，互为补充，互为解释。不管一些字在不同的合成字中起何种作用，它仍然保持自己的特征和鲜明的形象。一旦人们记住了它们理解了它们，它们不仅会成为了解书面文字的钥匙，而且也是了解现实的钥匙，从它们最初成形时的现实，到现在的状况，都能迎刃而解。

A

安 290
凹 359

B

八 363
百 364
保 52
北 26
貝（贝）168
奔 187
本 251
鼻 34
比 26
筆（笔）327
兵 273
秉 204
亳（bó）304
卜 15
步 45

C

采 256
册 324
厂 68
車（车）150
臣 195
齒（齿）36
斥 272
臭 133

芻（刍）187
出 45
初 268
川 59
窗 313
从 25

D

大 26
單（单）122
旦 62
刀 265
得 169
翟（dí）111
典 326
電（电）182
鼎 223
門（斗）43

E

耳 33
二 362

F

伐 275
帆 166
反 41
方 385
舫 388
枋 388

牪 388
坊 388
芳 388
鲂（鲂）388
房 388
妨 388
昉 388
紡（纺）388
仿 388
訪（访）388
放 388
吠 132
分 268
焚 252
豐（丰）345
缶（fǒu）225
夫 27
福 214、382
菖（fú）384
伏 133
輻（辐）384
幅 384
副 384
富 384
父 42

G

甘 36
羔 138
高 303
告 142

革 146
戈 274
羹 138
工 279
弓 85
宮 292
古 364
谷 67
鼓 341
瓜 210
貫（贯）169
鸛（鹳）108
龜（龟）94
郭 303
果 256

H

好 51、379
禾 199
和 201
合 220
黑 329
轟（轰）152
壺（壶）215
虎 113
户 308
華（华）64
化 25
灰 74
卉 187
圂（hùn）319
火 73

霍 182

J

疾 85
集 253
舌（吉）283
几 260
計（计）364
夾（夹）28
家 291
姦（奸）48
見（见）31
疆 174
匠 272
交 28
焦 110
角 146
解 146
戒 275
斤 269
京 304
經（经）236
井 190
韭 198
酒 213
九 363
具 169

K

開（开）308

看 40
口 35
哭 133
困 319

L

來（来）381
牢 291
雷 181
耒 176
里 178
李 254
禮（礼）346
立 28
力 175
鬲 222
利 268
林 252
六 363
龍（龙）125
鹿 90

M

麻 228
馬（马）143
麥（麦）204
眉 31
美 138
門（门）306
米 207
面 32

苗 186
明 20、379
鳴（鸣）106
末 252
墨 330
母 47
畝（亩）174
目 29
牧 142
木 248

N

男 175
内 84
年 203
輦（辇）153
鳥（鸟）99
寧（宁）292
牛 140
奴 49
怒 49
女 47

P

圃 189

Q

七 363
其 260、381

箕 260、378
器 134
气 184
千 365
磬 339
秋 203
囚 319、378
取 41
犬 130
雀 108
囷（qūn）319

R

人 24
刃 267
日 12、13、18、376

S

三 362
傘（伞）247
桑 256
森 253、377
山 61
閃（闪）308
扇 309
上 358
射 88
身 46
生 197
聲（声）340

矢 84
十 363
石 68
食 219
豕（shǐ）134
示 294
手 38
首 91
守 292
獸（兽）120
受 165
黍 200
門（门）308
雙（双）108
水 58
絲（丝）231
四 362
宿 291
孫（孙）233
隼（sǔn）109
所 310

T

天 29
田 172
同 220
突 310
凸 359
圖（图）320
土 177

W

瓦 317
萬（万）365、379
王 278
网 81
文 331、381
纹 381
扰 383
紊 383
我 276
五 362
武 275

X

息 38
析 271
喜 352
系 232
下 358
仙 66
香 201
象 97
小 359
心 37
信 333、378
行 158
杏 254
休 253
穴 310

Y

炎 74
言 332
羊 137
葉（叶）255
一 362
衣 242
意 334
音 334
友 40
酉 212
卣 218
魚（鱼）77
渔 82
羽 112
雨 180
獄（狱）333
聿 327
原 72
月 12、13、18、378
龠 334
樂（乐）353
雲（云）183

Z

災（灾）74
爪 42
折 272
支 42
隻（只）106
止 44

至 84
雄 111
中 347
忠 351
州 59
舟 159
朱 255
竹 244
隹（zhuī）99
子 51
自 34
宗 293
走 45
坐 178

译者后记

《汉字王国》是林西莉女士耗时八年完成的一部介绍中国语言和文字的力作。作品问世后得到广大读者和文化界的很高评价，并很快被译成英文、芬兰文、德文和法文。在我接触的瑞典朋友当中，几乎没有人不知道这部作品。很多中国留学生和华人，还通过这部作品向自己的同学、同事介绍中国的古代文化。

林西莉女士是瑞典著名汉学家、作家和中国问题专家，20世纪60年代初曾在北京大学留学，后来多次到中国访问，在山东、陕西有她自己的点（村庄），隔一段时间她就到那些地方看一看，从而准确地了解中国政治、经济、文化和社会的变化。因此她的有关中国的文章、讲话显得分外忠实、可信。

林西莉女士是我相识多年的好朋友，当我提出把她的《汉字王国》译成中文时，她非常高兴。在我翻译的过程中，得到了她具体、细致的帮助和指导，有时是面对面，有时是通过书信、传真和电话。

从理论上讲，这是一部关于中国语言和文字的作品，但内容却关系到整个中国的文明史。林西莉女士没有使用"经院式"的语言，而是使用她特有的表达方式：轻松、自如、优美、动听。因为她主要是为了普通的瑞典人而写作，他们对中国的文化、历史和其他方面都比较陌生。

有一点我特别赞赏林西莉女士：既然劳动创造了人，那么我们的祖先创造文字时，肯定会借助于他们创造物质财富时所使用的工具，如"工"的论述；我们的祖先在制造工具时，从自身的形体获取灵感，而后又转向文字，如"鬲"字。随着考古新发现，她的这种认识越来越深刻。

我用了两年时间翻译这部作品，虽然辛苦，但学到了很多东西。我请教过不少专家、学者，但是里边还会有错译、误译的地方，欢迎广大读者指出，以便有机会时改正。

中国的古代文化是人类共有的，每个人都有权根据自己的文化传统对它进行研究、解释和欣赏，而不管他（她）的民族归属。只有这样才能使它更丰富多彩、更宜于传播和被人接受。

李之义

Copyright © Cecilia Lindqvist, 1989

Published by Albert Bonniers Förlag, Stockholm, Sweden.

Published in the Chinese Simplified characters language by arrangement with Bonnier Rights, Stockholm, Sweden and The Grayhawk Agency.

Simplified Chinese Copyright © 2019 by SDX Joint Publishing Company.

All Rights Reserved.

本作品简体中文版权由生活·读书·新知三联书店所有。

未经许可，不得翻印。

图书在版编目（CIP）数据

汉字王国／（瑞典）林西莉著；李之义译. —2 版. —北京：生活·读书·新知三联书店，2017.1 （2025.4 重印）

（中学图书馆文库）

ISBN 978−7−108−05703−7

Ⅰ. ①汉…　Ⅱ. ①林…②李…　Ⅲ. ①汉字−通俗读物　Ⅳ. ① H12-49

中国版本图书馆 CIP 数据核字（2016）第 111536 号

特邀编辑	汪家明
责任编辑	王　竞
装帧设计	朱　锷　鲁明静
责任印制	董　欢
出版发行	生活·讀書·新知 三联书店
	（北京市东城区美术馆东街 22 号 100010）
网　址	www.sdxjpc.com
图　字	01-2005-2033
经　销	新华书店
印　刷	河北鹏润印刷有限公司
版　次	2008 年 11 月北京第 1 版
	2017 年 1 月北京第 2 版
	2025 年 4 月北京第 32 次印刷
开　本	787 毫米 × 1092 毫米　1/32　印张 12.625
字　数	320 千字　图 450 幅
印　数	270,001−280,000 册
定　价	48.00 元

（印装查询：01064002715；邮购查询：01084010542）